S'INSTALLER
À SON COMPTE

Éditions d'Organisation
1, rue Thénard
75240 Paris Cedex 05
www.editions-organisation.com

Dans la même collection

Vendre ses prestations, Joël GUILLON
Trouver ses clients, Francine CARTON

Le code de la propriété intellectuelle du 1er juillet 1992 interdit en effet expressément la photocopie à usage collectif sans autorisation des ayants droit. Or, cette pratique s'est généralisée notamment dans l'enseignement, provoquant une baisse brutale des achats de livres, au point que la possibilité même pour les auteurs de créer des œuvres nouvelles et de les faire éditer correctement est aujourd'hui menacée. En application de la loi du 11 mars 1957, il est interdit de reproduire intégralement ou partiellement le présent ouvrage, sur quelque support que ce soit, sans autorisation de l'Éditeur ou du Centre Français d'Exploitation du Droit de copie, 20, rue des Grands-Augustins, 75006 Paris.

© Éditions d'Organisation, 2003, 2005
ISBN : 2-7081-3282-2

LES GUIDES DU FREELANCE

Michel PAYSANT

S'INSTALLER À SON COMPTE

Deuxième édition

Éditions
d'Organisation

Sommaire

Introduction 1

Chapitre 1
Se mettre à son compte 3
Une période de transition 4
Quel choix ? 6
    La structure juridique 6
    La protection sociale 12
    Le statut fiscal 14
    Qui consulter avant de vous enregistrer ? 22
    Les endroits où vous n'aurez jamais d'information 24
L'enregistrement 25
    Le bon moment 25
    Le CFE, un passage obligé 25
    La procédure à suivre 26
    Bien préparer la suite 29
Le portage salarial, une phase transitoire ? 31
    Une société de portage sous forme de Scop 33

Chapitre 2
Combien ça coûte ? 35
Les organismes de protection sociale 37
    L'URSSAF 37
    L'assurance maladie maternité 37

      Les caisses de retraite et d'invalidité-décès 38
      Les assurances et mutuelles privées 38
Les cotisations sociales 39
      Les deux premières années 39
      Les années suivantes 43
Les frais d'exploitation : un quart du chiffre d'affaires 52
Taxes, impôts et abattements 53
      La TVA, rappel 53
      L'IRPP, impôt direct 54

CHAPITRE 3
La protection sociale 57
Les prestations santé 58
      En cas de maladie ou d'accident 58
      La maternité 60
      Arrêts de travail 61
Allocations familiales 62
Vieillesse 62
      La retraite de base 63
      La retraite complémentaire obligatoire 64
      Conclusion sur la retraite 66
L'invalidité-décès 66
      Invalidité 66
      Décès 67
La pluriactivité 67
      Activité salariée et activité non-salariée 68
      Activités non-salariées 68
La dépendance 69

CHAPITRE 4
Les assurances professionnelles 71
Les assurances de vos biens professionnels 72
L'assurance responsabilité civile 73
Les mutuelles santé 75
      Pourquoi une assurance santé complémentaire ? 75
      Les pièges 77
      Comment choisir ? 78

Sommaire

Les indemnités journalières	78
Loi Madelin	79
Invalidité-décès	80
Retraite surcomplémentaire	82

CHAPITRE 5
Les clients 85
- Comment trouver les clients ? 85
  - Cible/stratégie/tactique : le trio gagnant 85
  - Le positionnement 89
  - Votre tarif 91
  - Le « bouche à oreille », une valeur sûre mais longue à rentabiliser 93
  - Le marketing, la valse à quatre temps 94
  - Les petites annonces et la pub dans les médias 97
  - Les salons professionnels 98
  - Les intermédiaires 100
- Comment convaincre vos futurs clients 103
  - L'entretien de vente 103
  - Le contrat 105
- Comment avoir des clients satisfaits ? 114
  - Les supports de matérialisation 114
  - Gardez le contact pendant la mission 115
  - À la réception 116
- Comment fidéliser vos clients 116
- Votre budget marketing 117
  - Combien allez-vous dépenser ? 117
  - Combien ça vous rapporte ? 119

CHAPITRE 6
Votre formation 121
- Les types et les moyens de formation 121
- Le FIF-PL 124
- La veille professionnelle 125

CHAPITRE 7
La vie au quotidien 129
- L'installation physique 129

    Chez soi 129
    Louer un bureau 130
    Comment vous installer ? 131
  La comptabilité 137
    La facture 137
    La comptabilisation des achats 139
    Les frais de votre local professionnel 140
    Les autres frais divers 141
  Les banquiers et autres alliés 143
    Les banques 143
    Les autres interlocuteurs 145
  La gestion du temps 146
    Une question de priorités 146
    Prendre du recul 148
  Les confrères 150
    L'association informelle 150
    L'association loi de 1901 151
    Autres types de regroupement 152
    Pourquoi pas une SARL ou une SA, tout simplement ? 154
    Un groupement de freelances n'est pas une entreprise 155
  La pluriactivité 156
    Pluriactif pour qui ? 156
    Comment y échapper ? 157

Chapitre 8
L'avenir 159
  Les agacements de la vie quotidienne 159
    L'accueil des freelances 160
  Le statut de freelance 161
  La protection sociale 166
    Simplification administrative : le guichet unique 166
  La variabilité du revenu des freelances 172
  Préparer l'avenir 173

Conclusion
Vous êtes prêts ? Partez ! 175

Sommaire

Annexes 177
Annexe A : Liste des associations agréées et des centres
de gestion agréés 179
Annexe B : Adresses utiles 180
Annexe C : Lectures utiles 185
Annexe D : Textes de loi 188
Annexe E : La micro-entreprise, précisions 204
Annexe F : Artiste/auteur 208
Annexe G : Combien ça coûte ? 213
Annexe H : Revenu des freelances 2003 220
Annexe I : Document d'enregistrement 223

Introduction

S'installer à son compte est simple. C'est comme de passer le permis de conduire. Il faut apprendre le code de la route, savoir faire un créneau et pouvoir se payer quelques leçons d'auto-école. Et tout le monde arrive à passer le permis.

Qu'on ne compte pas sur nous pour pleurer sur le sort du freelance, les formalités qui l'accablent, les charges qui l'écrasent et la paperasse qui l'assomme. D'abord parce que c'est faux, et ensuite parce que ce langage démagogique n'est pas à la hauteur du dynamisme d'une population qui, justement, refuse de rester enfermée dans un statut de subordination ou d'assistanat.

Le souci numéro un du freelance, c'est de trouver des clients. Ensuite de les garder, en accroissant sa compétence et en capitalisant sur son expérience. Après seulement, surviennent les problèmes de gestion, dont la complexité n'est pas un frein en soi. Les obstacles à une gestion sereine se situent dans l'adaptation incomplète de l'environnement juridico-social à l'évolution actuelle des modes de travail. Ils s'appellent : revenus en dents de scie, charges et impôts déconnectés des recettes immédiates, multiplication des lois et des règlements, absence de protection financière (*protection* entendue dans le sens de la protection contre les *conséquences* des aléas financiers, de même que la *protection sociale* protège contre les *conséquences* des aléas de l'emploi, de la santé ou de l'âge). C'est un tout autre problème.

Avant, il faut démarrer.

Ce livre est un guide. À l'égal des guides touristiques, il situe le pays du freelance, il renseigne sur les us et coutumes des interlocuteurs qu'on y rencontre, il apprécie la cuisine qu'on y goûte, donne le taux de change (aujourd'hui) et compile quelques bonnes adresses.

Futur freelance, vous y trouverez des explications détaillées sur votre entrée dans le pays. Freelance expérimenté, des rappels et des approfondissements sur le séjour. Il donne aussi des conseils, raconte des expériences vécues, dévoile certaines ficelles et aborde, mais très rapidement, quelques réflexions sur l'avenir – pour mettre l'eau à la bouche, en quelque sorte.

Un dernier rappel : le *freelance n'existe pas*. C'est un être imaginaire, un fantôme, un concept virtuel. Tel le caméléon, il s'adapte à son environnement pour camoufler son originalité, son exception. Tantôt il est *travailleur indépendant*, tantôt il est *créateur d'entreprise*, tantôt il est *porté, vacataire, pigiste, intermittent du spectacle, artiste, auteur*... avec toutes les déclinaisons de ces titres. Tantôt même, il en cumule plusieurs à la fois.

Nous préférons donc le définir par sa pratique : « *Le freelance, c'est celui qui cherche ses clients, qui définit avec eux sa mission, et qui la réalise ensuite en toute indépendance.* »

À être jugé sur ses résultats, qu'importe le titre ? Et n'oublions pas que c'est l'imaginaire qui guide le monde.

Bienvenue dans le pays du freelance.

CHAPITRE 1

Se mettre à son compte

« La chose la plus répandue parmi les techniciens, c'est la conscience professionnelle. On en a trop profité pour les mal payer. »

Auguste DETŒUF, *Propos de O.L. Barenton, confiseur,*
Éditions d'Organisation

Anne est une jeune informaticienne de 26 ans. Diplômée de l'Université, elle a été embauchée immédiatement par une des grandes sociétés de service de la place. Sa vie professionnelle est passionnante, à peine se sent-elle un peu bridée dans son ambition personnelle : « *Comment faire sa place dans une organisation aussi hiérarchisée ?* » demande-t-elle. « *Vous êtes un pion dans un jeu dont les règles sont purement commerciales. Aujourd'hui on m'envoie remplacer un collègue démissionnaire, demain corriger des bogues dans un logiciel à la veille de la recette.* » Elle voudrait mener un projet du début à la fin, et apporter un véritable service à ses clients. « *Et puis, si j'étais indépendante, je serais utilisée en fonction de mes capacités et non pour tenir les promesses ambiguës du commercial qui a arraché l'affaire.* » Bref, Anne songe à se mettre à son compte.

Elle est déjà allée frapper à la porte de la chambre de commerce et d'industrie locale. Ses interlocuteurs, très aimables, ont été incapables de la renseigner : « *Vous pouvez créer une société. Remplissez ce formulaire et apportez-nous les documents décrits sur la feuille ci-jointe. – Mais pourquoi une* société ? – Parce qu'ici nous nous occupons des sociétés, ou des commerçants. Si vous voulez créer une entreprise individuelle, il faut aller à l'URSSAF. » Anne se rend à l'URSSAF, où on la dirige vers le CFE, le centre de formalités des entreprises : « *Remplissez ce formulaire, on s'occupe de tout – Mais que faut-il mettre dans la case* statut fiscal ? *demande-t-elle – Allez voir le centre des impôts, ils vous expliqueront tout.* » Au centre des impôts, etc.

De bureau en bureau, Anne accumule les questions mais pas les réponses. Sans compter les inquiétudes de son entourage : « *Vous voulez vous mettre à votre compte ? Vous n'arrivez pas à trouver un vrai travail ?* » Ou les mises en garde : « *Attention, l'informaticien indépendant, cela n'existe pas, cette profession n'est pas inscrite dans la liste des professions libérales (sic).* »

Heureusement, Anne a rencontré un informaticien freelance, camouflé parmi les prestataires intervenant chez un de ses clients (c'est une SSII qui l'avait placé en lui faisant jurer d'annoncer qu'il était un de leurs salariés…). Grâce à ses conseils, elle est devenue indépendante. Elle connaît maintenant la différence entre une *entreprise individuelle* et une *société*, une *micro-entreprise* et une *imposition au réel*. Toute une éducation…

Caricatural, ce récit du parcours du candidat à l'indépendance ? Hélas non ! Et tout récent freelance a une histoire semblable à vous raconter. Comme aucun organisme n'a pour mission le conseil aux futures entreprises individuelles lorsqu'elles ne sont ni commerçantes, ni artisanales, ni libérales « réglementées », chacun vous renvoie… ailleurs, au hasard des bonnes volontés. Au moins, personne ne pourra être suspecté de vous avoir incité à quitter le « vrai travail », le travail salarié !

UNE PÉRIODE DE TRANSITION

Pourquoi renoncer au statut de salarié ? Pourquoi quitter ce douillet environnement où tout le monde s'occupe de vous : le patron pour vous dire ce que vous devez faire, le service du personnel pour cotiser en votre nom aux assurances santé, maternité, prévoyance, retraite et chômage ; le comité d'entreprise pour vos sorties et vos vacances ; les syndicats pour vos augmentations ; la médecine du travail pour votre santé et même les assistantes sociales d'entreprise pour vos éventuels soucis financiers et familiaux.

Cela fait deux cents ans bientôt que le salariat existe, que des entreprises embauchent des subordonnés et que la société toute entière s'organise autour de la formule : « *Tu m'obéis, et je t'assure un travail, un revenu et la sécurité à vie.* »

Il se trouve que ce syllogisme a vécu. Depuis la crise des années quatre-vingt-dix, les entreprises sont menacées de mort subite. Sous la pression combinée de la concurrence internationale (la *compétition globale*, selon le jargon à la mode) et de la pression d'actionnaires exigeants, les entreprises ne sont plus assurées de survivre au-delà de la fin de l'année, voire du mois en cours. Elles allègent alors leurs frais fixes, parmi lesquels le personnel permanent. Elles n'embauchent plus que des CDD, des temps partiels, des « contrats de qualif. », quand elles ne continuent pas de licencier des services entiers. Les fonctionnaires eux-mêmes se voient privatisés, puis réduits au lot commun de « la productivité par la diminution des effectifs ».

Parallèlement, le mode de travail est en train de changer. Nous entrons dans une ère de services, et la main-d'œuvre (la « matière grise » en réalité) devient un service comme un autre : on l'utilise quand on en a besoin, on la jette, on la reprend. Les entreprises se resserrent autour d'un noyau de professionnels hautement qualifiés entourés d'employés à temps partiel ou temporaires, et de sous-traitants spécialisés : le schéma du trèfle « Shamrock » annoncé dès la fin des années quatre-vingt par un auteur prophétique, Charles Handy, dans *L'âge de déraison*[1], un ouvrage qui n'a pas eu en France le succès qu'il méritait (par hasard ?).

Les sous-traitants font appel à d'autres sous-traitants et, de fil en aiguille, à des professionnels indépendants qui eux-mêmes se rassemblent en réseaux. Harry Dent, dans son livre *Job Choc*, compare ces deux organisations : « Dans une mer encombrée », dit-il, « le banc de sardines évolue avec souplesse et rapidité, alors que la baleine rentre de plein fouet dans l'obstacle ».

---

1. Les coordonnées des ouvrages cités dans le texte sont rassemblées en annexe C.

Cette évolution de l'environnement économique est maintenant bien connue, sinon parfaitement admise. D'autres évolutions se conjuguent : la démographie, la famille, la technologie, la biologie. Elles concourent à créer un bouleversement du paysage social qui ne peut plus être seulement baptisé *évolution* : c'est une *mutation* profonde.

Le problème des freelances réside dans l'inertie des mentalités et dans l'inadaptation des structures sociales pendant la période de transition. Construites pour protéger les individus des aléas matériels, ces structures étaient adaptées à un monde bien organisé : des entreprises ou des administrations d'un côté, employant de plus en plus de salariés à plein temps et à vie ; et, de l'autre, des indépendants, agriculteurs, commerçants, artisans ou professions libérales à vie.

En se mettant à son compte, Anne bouleverse l'ordre établi et les structures traditionnelles. Elle doit s'insérer dans celles qui existent. De quels choix dispose-t-elle ?

QUEL CHOIX ?

On a vu la perte de temps et d'énergie qu'il faut consacrer à ce choix. Dans un autre sens, c'est une chance, car les offres sont nombreuses.

Comment faire le tri ? Trois critères sont à considérer : l'aspect juridique, l'aspect social et l'aspect fiscal. *L'aspect juridique* traite de la structure dans laquelle vous allez exercer votre activité professionnelle, avec ses composantes légales, fiscales, patrimoniales, avec les responsabilités financières, civiles, pénales même que vous prenez. *L'aspect social* traite de la protection financière vis-à-vis des aléas de votre santé et de vos vieux jours. *L'aspect fiscal*, enfin, décide de la plus ou moins grande simplification de la présentation de vos résultats.

La structure juridique

Le premier aspect est le plus complexe, et ne dépend que partiellement de votre choix. Certaines activités professionnelles sont en effet précisément réglementées : si vous êtes *journaliste*, vous êtes salarié (permanent ou pigiste) ; *travailleur à domicile, VRP, assistante maternelle, mannequin, ouvreuse de cinéma, gérant de station-service, artiste ou technicien du spectacle, concierge...* aussi. Le statut d'autres activités dépend de leur exercice. Par exemple si vous êtes *formateur*, vous devenez salarié (vacataire) lorsque vous animez des sessions dans les locaux d'un établissement d'enseignement, selon un horaire et un programme fixés par celui-ci ; *sous-agent d'assurance*, salarié si vous travaillez « d'une façon habituelle et suivie » dans les locaux d'un agent principal ; *sportif*, quand vous êtes rémunéré pour une compétition ; *photographe, rédacteur, illustrateur, maquettiste,* si vous travaillez directement pour un organe de presse. Toute activité relevant d'une subordination permanente pendant son exercice est, *a priori*, salariée, *cf.* page 105, *la situation juridique du Freelance*.

En dehors de ces cas, et même, pour certains, si vous n'en tirez pas « l'essentiel de vos revenus », vous avez le choix entre deux statuts : l'entreprise individuelle et la société.

LES CAS PARTICULIERS

« Bonsoir,
Je vous contacte car j'ai une question plutôt compliquée (pour moi en tout cas). Je suis modèle photo et mannequin depuis plus de trois ans. Je me fais parfois rémunérer et cet argent je le déclare dans mes impôts. Mais je ne crois pas que cela suffise. J'ai parcouru votre site et j'ai vu que pour devenir freelance il fallait créer une entreprise ou une société. Mais je ne gagne pas beaucoup d'argent : moins de 1 000 euros par an. Pouvez-vous me renseigner sur ce cas que je pense spécial ? Ou bien me mettre en relation avec des sites spécialisés ?
Merci d'avance.
G. A. »

Réponse : *« L'article L 763-1 du Code du travail précise que : "Tout contrat par lequel une personne physique ou morale s'assure, moyennant rémunération, le concours d'un mannequin est présumé être un contrat de travail." Il ajoute : "Est considéré comme exerçant une activité de mannequin toute personne qui est chargée soit de présenter au public, directement ou indirectement par reproduction de son image sur tout support visuel ou audiovisuel, un produit, un service ou un message publicitaire, soit de poser comme modèle, avec ou sans utilisation postérieure de son image, même si cette activité n'est exercée qu'à titre occasionnel." (Loi du 12 juillet 1990.) Votre cas est clair – mais guérissable. Vous êtes un freelance salarié, comme les journalistes et les vacataires de formation permanente... Pas besoin de vous enregistrer comme entreprise. Vérifiez bien cependant que vous disposez d'un bulletin de salaire, sinon vos employeurs sont dans l'illégalité la plus totale (pas vous, eux). »*

● L'entreprise individuelle (dite aussi « en nom propre »)

Sa caractéristique principale est qu'elle n'existe pas. L'entreprise individuelle est une fiction juridique (mais une réalité fiscale) qui ressemble de loin à une société, mais qui ne jouit d'aucune existence légale – elle est le « Canada Dry » de l'entreprise. Elle n'a pas de « personnalité », sinon celle de son propriétaire, qui n'en est même pas propriétaire puisqu'on ne peut pas posséder quelque chose qui n'existe pas. En un sens, le terme anglo-saxon de *self-employed* est plus conséquent puisqu'il désigne clairement le professionnel qui se cache derrière le particulier. Le *freelance*, encore un anglicisme (toujours par hasard ?), c'est vous et moi exerçant en dehors de nos temps de loisirs une activité professionnelle.

Qu'est-ce qu'une activité professionnelle ? À quel moment définit-on, en droit français, que ce que vous faites est professionnel ? Charles Handy, déjà cité, raconte une histoire. Il se promène dans la périphérie de Londres par un beau soleil printanier. Au-delà d'une haie clôturant un jardin, il aperçoit, par la fenêtre, une femme en train de repasser une chemise. « *Traditionnellement* », dit-il, « *on eut interprété l'activité de cette ménagère comme familiale : elle repasse la chemise de son mari, banquier à la City, qui rentrera par le train de 17 h 30 passer une soirée tranquille à la maison. Mais aujourd'hui, reprend-il, l'interprétation peut être multiple : peut-être cette femme travaille-t-elle à domicile pour un pressing ? Peut-être échange-t-elle ce service avec un voisin qui lui tond la pelouse ? En service bénévole pour une association de handicapés ? Ou peut-être, effectivement, pour son mari ou son ami en gage de tendre affection ? Où se situe l'activité professionnelle ?* »

Ce n'est pas l'activité en soi qui est professionnelle, donc. Ce sont plutôt les conclusions qu'en tirent le fisc et la Sécurité sociale : si vous tirez un revenu d'une activité, alors elle est professionnelle, et vous devez en reverser une part au fisc (TVA – taxe sur la valeur ajoutée –, autres taxes, impôts), aux caisses de protection sociale (maladie maternité, allocations familiales, prévoyance et retraite) et aux fonds de récupération des dépenses de formation. À tel point que toute transaction non financière, un échange de services par exemple, doit être déclarée afin de donner lieu à paiement des différentes cotisations. Les systèmes d'échange libre (SEL) sont douloureusement tolérés par les institutions, mais en aucun cas lorsqu'il s'agit d'activités professionnelles. La boucle est bouclée.

DROITS D'AUTEUR

Daniel écrit des livres, Suzanne des chansons, Gilles est styliste. Ils sont reconnus comme auteurs parce qu'ils créent des « œuvres de l'esprit » concrètes et originales, telles qu'énumérées par le Code la Sécurité sociale : « Œuvres littéraires et dramatiques, musicales et chorégraphiques, audiovisuelles et cinématographiques, graphiques et plastiques, ainsi que photographiques » (art. L. 382-1). Leurs revenus doivent bien sûr être déclarés, mais ils n'ont pas besoin de se constituer en « entreprise » pour ce faire. Leur protection sociale est assurée par le régime général de la Sécurité sociale via l'Agessa – ou la Maison des artistes pour les peintres, sculpteurs, etc. – si les revenus tirés de cette activité sont supérieurs à un plafond fixé par la loi, actuellement 900 fois le Smic horaire moyen : 6 309 €.

Quoi qu'il en soit, vos activités professionnelles sont celles où vous exercez votre compétence et en contrepartie desquelles vous êtes rémunéré. Ce revenu doit être déclaré aux autorités compétentes et, en France, donner lieu à l'enregistrement d'une « entreprise » qui fonctionnera comme une pseudo-société. Les seules exceptions sont les revenus perçus à titre de droits d'auteur et les revenus fonciers.

Résumé

CGI, art. 92.1. Sont considérés comme provenant de l'exercice d'une profession non commerciale ou comme revenus assimilés aux bénéfices non commerciaux, les bénéfices des professions libérales, des charges et offices dont les titulaires n'ont pas la qualité de commerçants et de toutes occupations, exploitations lucratives et sources de profits ne se rattachant pas à une autre catégorie de bénéfices ou de revenus.
Cas particuliers : *artistes, auteurs, artistes du spectacle, cf. Annexe F.*

Si vous optez pour l'entreprise individuelle, vous restez le responsable de tout ce qui s'y passe et, en particulier, des dettes qui peuvent s'accumuler, que vos créanciers peuvent se faire rembourser par toute ponction sur vos biens, ceux de votre conjoint s'ils ne sont pas (par contrat de mariage) séparés ou ceux de vos enfants mineurs. Ce point est essentiel. On a l'habitude de citer les banques comme source de saisies indésirables, mais celles-ci sont plus avisées et vous demandent une caution personnelle en cas de crédit élevé ; que vous soyez alors entreprise individuelle ou société importe peu. Alors que les fournisseurs sont plus inquiétants : si vous exercez un métier vous mettant en intermédiaire entre un sous-traitant (un imprimeur, par exemple) et un client pour des sommes importantes, le risque existe que votre client ne vous paye pas ou vous paye très tard (une collectivité publique, par exemple). Non payé lui-même, votre créancier peut faire saisir les biens qui lui chantent pour récupérer ses fonds. Ainsi la création d'Euro Disneyland en 1988 a eu pour conséquence le dépôt de bilan de 200 artisans, payés trop tard alors qu'ils devaient payer leurs ouvriers et leurs fournisseurs ! La société présente alors des avantages indéniables, nous en parlerons plus loin.

Avantage en contrepartie : l'entreprise individuelle est facile à gérer, du moins un peu plus que la société. Suivant l'option fiscale choisie, vous n'aurez qu'à amasser vos factures, vos notes de frais, vos loyers et autres frais déductibles pour les confier à votre comptable en début d'année. Nous verrons les détails au chapitre 7, page 137, lorsque nous aborderons quelques rudiments comptables.

La société

Vous l'avez compris dans le texte ci-dessus, la société est la seule véritable forme de structure professionnelle. Elle a une vie indépendante de la vôtre, elle gagne ou perd de l'argent, émet des factures, paie ses fournisseurs et verse aux différentes institutions les cotisations, taxes et impôts qui sont la reconnaissance de son existence légale. En un mot, elle a une personnalité qui a été ironiquement dénommée « morale » pour la distinguer de la vôtre, la « physique ».

La société a des statuts qui indiquent son objectif social – et le limitent aussi, elle ne peut entreprendre d'activités étrangères à celui-ci –, un siège social et un capital.

SARL/EURL

La SARL doit comporter au minimum deux associés et au maximum 100. L'EURL n'a qu'un seul associé. C'est la seule différence notable entre les deux structures.
Le capital minimum de la SARL/EURL est de 1 €. Il peut être apporté en espèces, en nature ou en industrie. Nous ne conseillons pas d'utiliser cette valeur, aucun client ou fournisseur ne vous fera confiance avec 1 € dans la poche. En revanche, cette latitude vous permet de choisir le montant qui vous convient.

▶▶

> *La société est dirigée par un ou plusieurs gérants.*
> *Le revenu des gérants est assimilé fiscalement à un salaire, avec les déductions habituelles de 10 %, puis 20 %. En revanche, sa protection sociale est celle des salariés s'il est gérant minoritaire ou égalitaire, celle des non-salariés s'il est gérant majoritaire. Toutefois, dans aucun des deux cas, il ne peut bénéficier de la protection chômage.*
> *La SARL est imposée à l'IS – impôt sur les sociétés. L'EURL, en principe, à l'IR – impôt sur le revenu –, sauf si elle opte, irrémédiablement, pour l'IS.*
> **Cas particulier : la SARL de famille.** *Société créée entre conjoints, enfants et parents, cousins cousines. Nous ne développerons pas cette forme de société, car elle ne peut pas exercer d'activité libérale.*

Vous n'en êtes que l'associé, majoritaire si vous en possédez la majorité du capital, égalitaire ou minoritaire si vous en possédez 50 % ou moins. L'assemblée des actionnaires, qui se réunit au moins une fois par an, nomme celui qui la dirige (le gérant) en suivant les directives de l'assemblée. Vous pouvez être ce gérant, ou nommer quelqu'un qui n'est pas associé. Mais, d'après la définition du freelance, c'est forcément vous. Si vous êtes gérant et associé égalitaire ou minoritaire, et si vous agissez en réalisateur des tâches – freelance, c'est forcément votre cas –, ou PDG d'une SA, vous en êtes aussi le salarié (on verra les conséquences dans le chapitre suivant). Donc, si vous êtes gérant minoritaire d'une SARL ou PDG d'une SA, vous touchez un salaire mensuel, et des primes quand vous le méritez (en fin d'année en général, s'il reste des euros dans la caisse). Si vous n'êtes pas salarié, vous touchez une *rémunération* décidée par l'assemblée des associés.

Cette description concerne la SARL (société à responsabilité limitée). L'EURL (SARL à entrepreneur unique) fonctionne comme une SARL, à l'exception qu'elle n'a qu'un seul actionnaire : vous. Obligatoirement associé unique, vous en êtes le gérant et ne pouvez en être le salarié que si vous avez opté pour le statut fiscal de l'impôt sur les sociétés – encore faut-il que vous fassiez la preuve que votre activité justifie un contrat de travail. La SA (société anonyme) a une assemblée d'actionnaires, mais celle-ci nomme un conseil d'administration qui nomme le président et le directeur général, à moins qu'elle ne soit « à directoire » mais nous ne rentrerons pas dans les subtilités d'une structure que bien peu de freelances créent, sa gestion étant lourde et onéreuse.

S'installer à son compte

Depuis le 12 juillet 1999, la réforme de la SAS (société anonyme par actions simplifiées) permet à celle-ci d'avoir une ou plusieurs personnes physiques ou morales comme actionnaires (au lieu de plusieurs sociétés auparavant). Le capital minimum est de 37 000 €, mais il peut n'être libéré – payé – que pour moitié à la création, soit 18 500 €. La complexité de sa gestion (la même qu'une SA) n'en fait cependant pas un outil naturel pour le freelance.

La responsabilité limitée de la SARL/EURL est son atout principal (tant que votre chiffre d'affaires reste dans des limites raisonnables) : les créanciers ne peuvent en exiger que le montant du capital et des biens investis. En cas de faillite sans faute grave de votre part, vous vous en tirez au mieux et sans dettes personnelles. Vous avez perdu votre investissement, mais vos biens personnels ne sont pas en cause si les dettes dépassent les créances. Les banques, malignes, vous rattrapent au tournant parce qu'elles vous ont fait cautionner personnellement les crédits engagés, c'est votre seul risque – restons simple.

RÉSUMÉ

Pour vous enregistrer, vous avez le choix entre :
  – L'entreprise individuelle, personne physique ;
  – La société (EURL, SARL, SA, SAS), personne morale.

La protection sociale

Le deuxième aspect est plus simple à expliquer puisqu'il est basé sur l'institution fondamentale de la protection sociale en France : la Sécurité sociale. Tout le reste en découle. Pour celle-ci, c'est simple : vous êtes soit salarié, soit non-salarié. Si vous êtes non-salarié, vous êtes soit agricole, soit non-agricole. Définition par la négative : ni salarié ni agricole – les « ni-ni », comme il est dit parfois. Nous n'étudierons dans ce livre que la branche « ni-ni » de l'alternative, mais quelques comparaisons avec la protection des salariés seront présentées (voir le chapitre 3). Comme partout, il existe des exceptions : si vous êtes artiste, auteur ou compositeur, bien qu'indépendant, vous êtes couvert par le « régime général » (comme un salarié) de la Sécurité sociale, de même que si vous êtes PDG de votre SA ou SAS ou dirigeant d'une SCOP (société coopérative ouvrière de production).

Se mettre à son compte

Quelles différences entre les deux statuts, salarié ou non-salarié ? L'assurance maladie maternité est identique. Les prestations maternité, les indemnités en cas d'invalidité ou de décès sont peu différentes. Les pensions de retraite des salariés et des non-salariés peu éloignées, si on compare des périodes de cotisations identiques.

LA COUVERTURE CHÔMAGE EN DÉBUTANT

Pour les anciens salariés « en recherche d'emploi », il est dur de quitter soudainement la couverture chômage le jour où l'on enregistre son entreprise.
Aussi l'Unedic a-t-elle aménagé son ancienne position pure et dure, sous deux aspects :
  – Quelle que soit la forme de votre départ (licenciement, mais aussi démission), vous pourrez bénéficier de la couverture chômage (ARE, allocation d'aide au retour à l'emploi) si votre projet de création d'entreprise échoue moins de trois ans après la fin de votre emploi salarié. Si vous aviez été licencié, vous reprenez vos droits antérieurs. Si vous aviez démissionné, vous pouvez bénéficier de l'ARE si votre nouvelle activité « a cessé pour des raisons indépendantes de votre volonté ».
  – Pendant les dix-huit mois (la limite de dix-huit mois ne s'applique plus après 50 ans) qui suivent la création de votre entreprise, vous pouvez bénéficier d'un maintien de l'ARE, si l'équivalent mensuel de vos revenus non-salariés est inférieur à 70 % de votre « salaire de référence ». Tant que ces revenus ne sont pas connus, l'Assedic prélèvera une somme fixée en fonction d'un équivalent mensuel de 521,50 € la première année et de 782,25 € la deuxième. Une régularisation interviendra lorsque vos revenus réels seront connus.

La seule vraie différence réside dans les indemnités journalières, inexistantes pour les non-salariés professions libérales, dans l'indemnisation des accidents du travail – pas de prise en charge particulière pour les non-salariés. C'est aussi vrai dans des domaines de protection sociale qui ne dépendent pas de la Sécurité sociale : la médecine du travail (pas de service de médecins du travail pour les non-salariés), l'assistance sociale (il faut faire appel aux services sociaux de votre mairie) et l'indemnisation du chômage.

L'Unedic (institution paritaire entre les syndicats ouvriers et patronaux), la maison mère des Assedic, ne couvre en effet pas du tout les travailleurs non-salariés. Comme équivalents à ces derniers on trouve trois assurances privées, la garantie sociale du chef d'entreprise (GSC), l'association pour la

© Éditions d'Organisation

S'installer à son compte

protection des patrons indépendants (APPI) et la garantie chômage des dirigeants d'April, lesquelles ne vous offrent de protection que si vous déposez le bilan de votre entreprise. Or le chômage du freelance correspond plutôt à une période intermédiaire entre deux contrats de travail, « l'inter-contrat ». Pas d'indemnités dans cette situation, et c'est pourtant là que le besoin se fait sentir.

En contrepartie, bien sûr, vous ne payez aucune cotisation pour ces services. C'est la raison pour laquelle les cotisations sociales sont moins élevées pour les non-salariés. Aussi du fait que les non-salariés dépensent moins pour leur santé – ils sont moins souvent malades, et pour cause ! Nous aborderons leur calcul dans le chapitre 2.

Résumé

Pour votre protection sociale, vous avez le choix entre deux statuts :
  – Salarié de la société que vous avez créée ;
  – Non-salarié non agricole.

Le statut fiscal

Trois éléments caractérisent ce statut : *le type d'impôt que vous allez payer* (IRPP – impôt sur le revenu et les personnes physiques –, ou IS – impôt sur les sociétés), *le mode de présentation de vos résultats* (micro-entreprise ou réel) et *l'assujettissement ou l'exonération de la TVA*.

Le calcul de vos impôts

Vos résultats (bénéfices) : pour les entreprises individuelles, on distingue deux modes de calcul, suivant que votre activité est commerciale, industrielle ou artisanale (le bénéfice industriel ou commercial, BIC) ou qu'elle est purement intellectuelle (le bénéfice non-commercial, BNC). Dans le second cas, le BNC est constitué de la différence entre vos recettes et vos dépenses, du moins celles d'entre ces dernières admises comme déductibles par le fisc. Dans le premier cas, le BIC tient compte en plus des différences de stocks de produits achetés et vendus en début et en fin d'exercice. D'autres subtilités différencient ces types de résultats, nous ne les évoquerons pas dans cet ouvrage.

Se mettre à son compte

Entre ces deux modes de calcul, vous n'avez aucun choix. C'est le code des activités professionnelles des entreprises (APE), attribué par l'Institut national de la statistique et des études économiques (INSEE) d'après la nomenclature des activités françaises (NAF), qui vous classera *a priori* dans un type de bénéfice. Toutefois, et ça se complique, des exceptions existent, il faut donc être vigilant et demander conseil, en cas de doute, auprès de l'inspection des impôts de votre domicile.

EXEMPLE D'EXCEPTION

Exemple : vous faites du conseil en entreprise (activité intellectuelle), mais vendez parfois des matériels ou des logiciels à vos clients, activité commerciale par essence. Tant que vos recettes de vente ne dépassent pas environ 20 % de votre chiffre d'affaires global, et que les produits vendus sont « directement liés à votre prestation », vous restez BNC. Sinon, vous devrez séparer les comptabilités des deux activités, l'une assujettie aux BIC, l'autre aux BNC : vous êtes devenu pluriactif, félicitations !

Pour les sociétés, le calcul des bénéfices suit le mécanisme des BIC.

Vos impôts : IS ou IRPP ? En 2004 l'IS (impôt sur les sociétés) atteint 15 % des bénéfices dans la limite de 7,63 millions de chiffre d'affaires et de 38 120 € de bénéfices, sous réserve que 75 % au moins du capital soit possédé par des personnes physiques (CGI, art. 219 Ib), plus une *contribution additionnelle* de 3 % de l'impôt ainsi calculé (CGI art. 235ter ZA). Au-delà, le taux est de 33,1/3 % plus 3 % de contribution additionnelle et éventuellement 3,3 % de *contribution sociale* sur la fraction de l'IS dépassant 763 000 € (CGI, art. 235ter ZC).

La partie des bénéfices – après impôt – que vous vous attribuez (les dividendes) rentre dans votre revenu personnel, catégorie capitaux mobiliers, où il est soumis à l'impôt sur le revenu des personnes physiques (IRPP) – variable – et à la CSG/CRDS. Un avoir fiscal évite la double imposition, mais il devrait disparaître dans les prochaines années.

> ### L'IRPP
>
> L'IRPP, c'est l'impôt sur les revenus des personnes physiques, celui que vous payez chaque année. Vous déclarez les revenus sur un formulaire 2042, retranchez quelques abattements, calculez votre quotient familial, appliquez les barèmes – progressifs – et retranchez encore les réductions autorisées (l'avoir fiscal, par exemple).
> Faire une moyenne nationale dans ce calcul hautement individuel relève de la gageure, aussi le meilleur choix ne peut-il être généralisé. Le site internet de la Canam (http://www.canam.fr) vous permet de faire des simulations.

Une SA est toujours imposable à l'IS. Une SARL est toujours imposable à l'IS sauf si elle est « familiale » (si vous la constituez avec des membres de votre famille) et exerce une activité commerciale, industrielle ou artisanale, auquel cas elle peut choisir l'IRPP. Pour l'EURL, c'est l'inverse : elle est en principe soumise à l'impôt sur le revenu, mais peut opter – ce choix est alors irrévocable – pour l'IS.

Une entreprise individuelle est toujours soumise à l'impôt sur le revenu.

● Le mode de présentation des résultats

Société : aucun choix, c'est le « réel normal » décrit ci-dessous.
Pour l'entreprise individuelle, le choix s'est fortement simplifié en début d'année 1999 : *micro-entreprise*, *réel simplifié* ou *réel normal* pour les BIC, *régime déclaratif simplifié* et *de déclaration contrôlée* pour les BNC. Des instructions du fisc ont apporté les précisions nécessaires fin juillet 1999, que nous avons résumées en annexe E, pour les lecteurs déjà en exercice. Pour les débutants, voici les choix :

La micro-entreprise (BIC) ou le régime de déclaration simplifié (BNC)

Nous baptiserons ces deux régimes identiques « micro-entreprise ». La simplification administrative y a atteint l'optimum, mais, comme nous allons le voir, elle se paye cher. Attention, ces régimes ne sont applicables que dans les cas suivants : votre chiffre d'affaires annuel ne dépasse pas 76 300 € si vous avez une activité commerciale, 27 000 € si vous êtes prestataire de services ou profession libérale. S'il est inférieur, vous avez le droit de renoncer à ce régime (CGI art. 50-0 et 102ter).

Les avantages

- Une comptabilité fortement simplifiée : vous déclarez, en annexe de votre déclaration de revenu des personnes physiques 2 042 (IRPP), la liste des sommes reçues dans l'année en paiement de votre activité professionnelle, correspondant donc à celles de vos factures dont le paiement a été encaissé. Vous devez garder à la disposition du fisc la liste des factures. C'est tout, et ne justifie donc plus les services d'un comptable pour ordonner et déclarer votre comptabilité.
- Vous « bénéficiez » obligatoirement de la franchise de TVA, mais cet avantage n'est pas lié au régime de la micro-entreprise. Il se trouve simplement, par hasard, que les limites sont les mêmes. Vous pouvez refuser le régime de la micro-entreprise et conserver la franchise de TVA. L'inverse n'est pas vrai : si vous voulez bénéficier du régime de la micro-entreprise, vous devez conserver la franchise de TVA. Et c'est bien dommage.

Les inconvénients

- Ne déclarant plus de TVA, vous ne pouvez pas récupérer celle que vous payez à vos fournisseurs. Vous payez donc le prix fort (TTC) pour tous vos achats : téléphone, ordinateur, livres, formation, etc. Même si vous pouvez ensuite déduire cette TVA de vos recettes (dépenses déductibles du revenu imposable), vous l'avez payée. Vous êtes donc pénalisé par rapport à une entreprise non exonérée qui, dans les faits, ne paye que le prix hors taxes de ses achats.
- Le fisc déduira de vos revenus un « abattement » forfaitaire pour vos charges et frais professionnels : 72 % si vous êtes commerçant, 52 % prestataire de services ou 37 % profession libérale. Dans ce dernier cas, l'expérience montre qu'un freelance dépense en réalité beaucoup plus que 37 % de charges et frais – en moyenne environ 50 %, *cf.* Chapitre 2, *Combien ça coûte ?* L'abattement forfaitaire n'est donc intéressant que si vous avez peu de frais professionnels.
- Hors micro-entreprise, en cas de déficit de votre exploitation (dépenses > recettes), vous reportez ce déficit sur votre déclaration de revenus. Dans le cas de la micro-entreprise, cette possibilité est exclue d'office puisque le fisc ne prend en compte que vos recettes.
- Vous pouvez toujours adhérer à un Centre de gestion agréé ou à une Association agréée, mais vous ne bénéficiez plus des 20 % d'abatte-

ment sur votre revenu imposable professionnel. En revanche, si vous optez pour un régime réel d'imposition, vous récupérez le droit à cet abattement, plus une réduction d'impôts pour « frais de comptabilité et d'adhésion à un centre de gestion » maximum de 915 €.
- Enfin, l'exonération de TVA mise en évidence dans vos factures montre à vos clients que votre chiffre d'affaires est faible. Si vous vous présentez par ailleurs comme un freelance expérimenté, ils auront du mal à vous faire confiance. La limite de 27 000 € pour les professions libérales est encore trop courte, il faudra attendre qu'elle soit portée à 75 000 € comme en Grande-Bretagne pour que les freelances puissent devenir crédibles en micro-entreprise.

EXEMPLE CHIFFRÉ

Durant votre première année d'exercice, le total de vos recettes encaissées atteint 20 000 €. Vous êtes en dessous du seuil de la micro-entreprise. Mais vous dépensez environ 6 000 € TTC de frais professionnels – ordinateur, logiciel, téléphone, déplacements, etc. Même si les 1 000 € de TVA que vous avez payés sur ces frais sont fiscalement déductibles, vous les avez payés et ne pouvez pas les récupérer sur la TVA facturée aux clients.

Votre revenu imposable, calculé par le fisc sera de 20 000 × 63 % = 12 600 €, dont vous ne pouvez pas déduire l'abattement de 20 % pour adhésion à une Association agréée. Vous calculerez donc vos impôts à partir de cette somme.

Si vous aviez choisi le « régime de déclaration contrôlé », vous auriez (sans doute) dépensé l'équivalent de la TVA pour les services d'un expert-comptable, mais votre revenu professionnel ne serait plus que de 10 000 € (statistiques générales), auxquels vous pourriez retrancher 2 000 € d'abattement. La base de calcul de vos impôts serait alors de 8 000 €.

RÉSUMÉ

En conclusion, nous vous déconseillons donc, en général, le statut de micro-entreprise, sauf si :
1. *vous travaillez essentiellement avec des particuliers ou des associations qui ne récupèrent pas la TVA (l'exonération de TVA baisse vos prix de 19,6 %) ;*
2. *vous avez de faibles charges ;*
3. *vous pouvez justifier auprès de vos clients d'une autre activité expliquant votre faible chiffre d'affaires.*

Se mettre à son compte

Attention : le régime de la micro-entreprise et de la franchise en base de TVA est automatiquement appliqué aux entreprises nouvelles, sauf option formelle de leur part sur les formulaires d'enregistrement.

Les autres statuts fiscaux, les centres de gestion et associations agréés

En dehors de la micro-entreprise, il s'agit du *réel simplifié* et du *réel normal* pour les BIC, de la *déclaration contrôlée* pour les BNC. Peu de chose les sépare et, pour rester simple, disons que le réel normal est plus complexe que le réel simplifié. C'est donc ce dernier statut ou celui de la déclaration contrôlée qui convient le mieux à un freelance.

Il impose entre autre une déclaration fiscale – la 2 031 pour les BIC, la 2 035 pour les BNC – à établir chaque année avant le 30 avril.

Dans un premier temps, sachez simplement que cette déclaration est transmise, par vous même ou votre expert-comptable, à un Centre de Gestion Agréé (CGA) si vous êtes société, commerçant ou artisan, ou à une Association agréée (AA) si vous êtes profession libérale. Le rôle de ces intermédiaires est de valider votre déclaration – vérifier qu'elle est correctement établie et ne comporte pas d'anomalies flagrantes – avant d'être transmise au fisc. Cela évite à celui-ci de vérifier en détail chaque déclaration, et lui permet de consacrer tout son temps aux analyses en profondeur des déclarations « douteuses »... (Tâchez de ne pas rentrer dans ce dernier cas !)

Ce passage par un centre ou une association agréé est facultatif. Il vous coûte entre deux et trois cents euros de cotisation annuelle à l'organisme en question, mais vous permet, ensuite, de bénéficier d'un abattement de 20 % sur votre revenu imposable pour le calcul de vos impôts (sauf régime de la micro-entreprise – *cf.* ci-dessus). Ce qui n'est pas négligeable !

Ces organismes ont en outre une fonction de conseil qu'ils remplissent en général avec amabilité et compétence. Ils diffusent un bulletin périodique vous tenant au courant de la réglementation juridique, sociale et fiscale, organisent des réunions et des formations diverses. Vous en trouverez la liste en annexe A du présent ouvrage.

● La TVA

La taxe sur la valeur ajoutée est une invention française qui fut copiée par de nombreux pays, en particulier tous ceux de l'Union européenne. Cocorico ! Le principe en est simple : toute entreprise encaisse la TVA sur ses ventes ou ses prestations, et la paye à ses fournisseurs. Comme *a priori* l'entreprise gagne plus d'argent qu'elle n'en dépense, elle encaisse un montant de TVA supérieur à celui grevant ses achats. Elle reverse donc au fisc la différence. Dans le cas inverse, le fisc la rembourse ou lui accorde un avoir sur ses prochains versements.

Le mécanisme s'arrête au consommateur final qui ne « récupère » de TVA auprès de personne. Il la paye, point. C'est ce qu'on appelle un impôt indirect, parce qu'il n'est pas payé directement à l'État. En ce sens, la micro-entreprise et l'association loi de 1901 ressemblent au consommateur : elles payent la TVA mais ne la récupère pas – elles ne facturent pas de TVA. Lorsque ces trois acteurs, consommateurs, micro-entreprises et associations travaillent les uns avec les autres, un sous-marché s'instaure, hors TVA (mais l'impôt direct vient rétablir la ponction).

De même, lorsque les entreprises assujetties à la TVA travaillent entre elles, elles ignorent la TVA : tout le monde la paye et la récupère. Un autre sous-marché se crée, dans lequel les entreprises ne raisonnent plus que hors TVA (on dit plus couramment « hors taxes », HT). Cas particuliers : les banques et les compagnies d'assurance ne sont pas assujetties à la TVA.

Les seuls acteurs pénalisés sont ceux qui travaillent à cheval entre les deux marchés : la micro-entreprise ou l'association, qui payent la TVA sur leurs achats, et qui ne l'encaissent pas de la part de leurs clients. Si leurs clients sont des entreprises, celles-ci y voient peu d'inconvénients et peu d'avantages, c'est neutre. Mais les clients consommateurs sont, eux, très heureux. Les « micro-entrepreneurs » travaillant avec des consommateurs compensent donc en chiffre d'affaires la perte de récupération de la TVA sur leurs achats. Mais ce n'est pas le cas de ceux qui travaillent avec des entreprises.

La franchise en base de TVA

Comme indiqué dans le paragraphe sur *la micro-entreprise* ci-dessus, l'exonération de TVA est obligatoire pour bénéficier du régime fiscal de la micro-entreprise. Mais on peut accepter la franchise en base de TVA sous

Se mettre à son compte

un autre régime fiscal, et même en société, pour peu que l'on respecte les plafonds fixés : 76 300 € pour une activité de vente de biens, 27 000 € pour des prestations de services.

Nous maintenons cependant notre hostilité au régime de la franchise en base de TVA pour les activités de services aux entreprises. (*cf.* les arguments présentés plus haut.)

Attention : de même que pour le régime de la micro-entreprise, la franchise en base de TVA est automatiquement appliquée aux entreprises nouvelles, sauf renoncement formel sur les formulaires d'enregistrement. Si le créateur ne coche pas la bonne case, il ne pourra pas récupérer la TVA sur tous ses achats « en vue de la création de l'entreprise ».

CAS PARTICULIER : LES FORMATEURS

Les formateurs freelances sont exonérés de TVA, quel que soit leur chiffre d'affaires, à condition d'être titulaires d'une « attestation » délivrée par la délégation régionale à la formation professionnelle (une copie doit être transmise immédiatement à leur centre des impôts). Ils doivent aussi, pour continuer de bénéficier de cette exonération, transmettre chaque année à la même délégation un « bilan pédagogique et financier » de leur activité (articles 920-4 et 920-5 du Code du travail).

Les exonérations, allégements, etc.

L'Accre (Aide aux chômeurs créateurs et repreneurs d'entreprise) ne donne plus droit à aucune prime, mais il en reste une exonération de charges sociales pendant un an (voir chapitre 2). Le dossier doit être retiré et présenté à la DDTE (Direction départementale du travail et de l'emploi) de votre département. Il existe peu d'autres aides pour les freelances.

Il faut en particulier démythifier l'exonération d'impôts offert aux entreprises nouvelles : celle-ci n'est offerte qu'aux sociétés dont l'activité est industrielle, commerciale ou non commerciales mais imposée à l'IS et employant au moins trois salariés, et exerçant dans les « zones prioritaires d'aménagement du territoire » développées par les pouvoirs publics. Renseignez-vous précisément, car les conditions sont remplies de pièges.

S'installer à son compte

Voici les sigles de quelques-unes de ces zones :
- TRDP : Territoire Rural de Développement Prioritaire
- ZAT : Zone éligible à la Prime d'Aménagement du Territoire
- Zone franche Corse
- ZFU : Zone Franche Urbaine
- ZRU : Zone de Redynamisation Urbaine
- ZUS : Zone Urbaine Sensible.

Si votre activité est industrielle, commerciale, artisanale ou agricole, vous avez des chances. Consultez la Chambre de Commerce, des Métiers ou Agricole de votre région, elle vous donnera les informations à jour sur les aides dont vous pouvez bénéficier.

Qui consulter avant de vous enregistrer ?

Il y a un véritable manque dans notre société à ce sujet. Aucune organisation n'a vocation à remplir ce rôle, sauf pour des corporations bien définies : les chambres de commerce et d'industrie pour les commerçants et les sociétés, les chambres des métiers pour les artisans et les ordres professionnels pour les professions libérales réglementées. En dehors de celles-ci, vous trouverez en annexe B, les adresses de quelques autres associations, en général professionnelles, susceptibles de vous aider.

Sinon, plusieurs structures sont à votre disposition pour des informations précises (coordonnées en annexes A et B) :
- **Les experts-comptables,** qui sont vraiment les assistants précieux des freelances. Outre leur rôle technique de traitement de votre comptabilité, ils connaissent bien la réglementation fiscale, sociale et juridique des indépendants (du moins les experts-comptables spécialisés dans ces professions, vérifiez). Ils vous reçoivent généralement très aimablement, et gratuitement pour un premier entretien. Présentez votre projet à votre expert-comptable, votre situation personnelle et familiale, vous aurez un bon conseil et un allié pour votre future vie professionnelle. C'est une visite pratiquement obligatoire à faire le plus tôt possible avant la mise en route de votre projet.
- **Les centres de gestion agréés ou les associations agréées** (*cf.* paragraphe précédent) sont aussi une excellente source d'informa-

tion. Consultez la liste en annexe A pour choisir la plus proche de votre domicile. Ils sont présents dans toute la France.
- **L'inspecteur des impôts** de votre domicile, celui spécialisé dans les entreprises ou les travailleurs non-salariés. Vérifiez sa spécialité avant de prendre rendez-vous. Ils ne sont pas toujours très au fait de toutes les subtilités de la réglementation, mais devraient vous informer des grandes lignes de vos droits et devoirs.
- **L'Association pour la création d'entreprise (APCE)**, dont le site Internet fourmille déjà d'informations intéressantes (http://www.apce.fr). Leurs conseillers sont plus orientés vers la « création d'entreprise », au sens de la création et du développement d'entreprises d'une certaine taille, ce qui est une problématique légèrement différente de celle du freelance, mais leur connaissance des formalités et des réglementations est impressionnante. Ils sont malheureusement moins disponibles ces dernières années, depuis que les subventions leur ont été chichement comptées. À Paris seulement.
- **L'Association pour l'emploi des cadres (APEC)**, si vous êtes ou avez été cadre dans une entreprise. Un magazine, *Courrier Cadres*, et des conseillers sont de bonnes sources d'information. À Paris et dans les principales villes de province.
- **La Caisse d'assurance maladie maternité des non-salariés non agricoles (CANAM).** Sa vocation est de gérer votre protection santé et non de répondre à vos demandes de renseignements précis et personnels. Mais vous trouverez sur leur site Internet (http://www.canam.fr) une foule d'informations très utiles, et un CD-Rom, *Objectif entreprise* (quel statut juridique, quel statut fiscal, quelle protection sociale choisir ?) est à votre disposition gratuitement, sur simple demande.
- **La Maison des Artistes**, qui peut vous aider à préciser si vous rentrez dans leur juridiction (artistes des arts plastiques créateurs d'œuvres originales). Une boîte vocale répond déjà à bien des interrogations, ils ne peuvent hélas répondre que difficilement aux 10 000 appels téléphoniques qu'ils reçoivent chaque semaine. Il reste à vous déplacer à leur siège, à Paris.
- **L'Agessa** (Association pour la gestion de la Sécurité sociale des auteurs), si votre activité professionnelle est rémunérée en droits d'auteur (hors arts plastiques). Elle est difficile à joindre par téléphone, mais vous pouvez être reçu par un conseiller sur place. À Paris uniquement.

S'installer à son compte

Les endroits où vous n'aurez jamais d'information

Il paraît curieux, et inutile, de lister les organismes n'offrant aucune information. Cependant, trop de candidats freelances s'y cassent le nez et perdent leur temps et leur énergie à essayer d'entrer en contact pour ne pas vous en avertir.

Le silence de ces organismes n'est pas dû à une mauvaise volonté particulière, mais au fait que la communication n'est pas leur vocation, et qu'ils n'ont donc ni les moyens ni les compétences pour répondre à vos questions. C'est ainsi. Mieux vaut le savoir.

- **Les renseignements administratifs**, qui n'ont aucune compétence sur la création d'entreprise par des freelances.
- **Les caisses de retraite**, ORGANIC, CANCAVA, CNAVPL, CIPAV ou CREA.

UN CAS FRÉQUENT

Thierry, webmaster : « *Passionné d'informatique, j'ai acquis une bonne compétence dans le développement de sites internet. Quelques amis, ou des amis d'amis, me demandent de créer et de mettre à jour leurs sites, ce que je peux faire en dehors de mes heures de travail officielles – surtout maintenant avec les 35 heures. Faut-il absolument que je déclare cette activité ?* »

Réponse : « *Le principe de base de la solidarité sociale impose que toute rémunération donne lieu à versement de cotisations sociales et paiement d'impôts. Vous devez donc déclarer votre activité professionnelle, quel que soit le montant que vous en tirez. Sinon, cela s'appelle du travail au noir.* »

L'ENREGISTREMENT

Ça y est, arrivé à ce niveau de lecture, vous avez consulté les instances compétentes, fait vos choix parmi les différents statuts, vous êtes prêt à l'action.

Quand, comment, où ? Suivez le guide.

Le bon moment

La réglementation précise : « *Dans les trente jours à compter de la date à laquelle [vous] remplissez les conditions légales d'assujettissement [au régime d'assurance maladie et maternité des travailleurs non-salariés des professions non agricoles]* » (Code de la Sécurité sociale[1], art. R. 615-16). Ceci s'applique aux entreprises individuelles comme aux sociétés, puisque cela concerne la personne physique qui va effectuer une activité professionnelle, auto-employée ou gérante de SARL.

Tant que vous n'avez pas de mission, donc « d'activité non-salariée », rien ne vous oblige à vous enregistrer. Ne le faites donc qu'à la dernière minute, lorsque vous avez conclu un contrat avec votre premier client. Pour celui-ci, vous serez, en attendant la preuve de l'enregistrement, une entreprise « en cours d'enregistrement ». Mais ne traînez pas trop, parce qu'il risque d'être accusé d'avoir recours au « travail clandestin » (loi du 11 mars 1997).

Délais d'enregistrement : quinze jours pour une entreprise individuelle, un mois pour une société. Mais les préalables à l'enregistrement d'une société (blocage du capital à la banque, parution dans un journal d'annonces légales, etc.) risquent de prendre plusieurs jours en amont de votre déclaration au CFE (Centre de formalité des entreprises) de la Chambre de commerce.

Le CFE, un passage obligé

Les CFE ont été créés spécialement pour cette démarche (décrets de 1981, 1987 et 1990, loi 94-126 du 11 février 1994). Leur utilisation est obligatoire et aucune rémunération ne peut vous être demandée (tribunal administratif de Strasbourg, 13 décembre 1988).

---

[1]. Il est logique que ce soit le Code de la Sécurité sociale qui traite de l'enregistrement des freelances en entreprise individuelle, puisque, civilement parlant, ces entreprises n'existent pas !

Ils exercent leurs activités au sein des chambres de commerce et d'industrie, pour les commerçants et les sociétés, dans les chambres des métiers ou de la batellerie artisanale pour les artisans, dans les greffes des tribunaux de commerce ou de grande instance pour les agents commerciaux, dans les préfectures (de police le cas échéant) pour les associations suivant la loi de 1901, à l'URSSAF pour les professions libérales et dans les Centres des impôts pour les artistes.

Les CFE vont transmettre l'existence de votre entreprise au service des impôts, à l'URSSAF, aux caisses d'assurance maladie maternité et vieillesse, aux Assedic et à l'inspection du travail si vous déclarez un salarié. Et à l'Insee qui va vous attribuer un code APE et un numéro de SIRET, numéro de référence de votre entreprise dans tous ses actes civils et commerciaux.

La procédure à suivre
Entreprise individuelle

Vous remplissez un document délivré par l'URSSAF (formulaire P0, *cf.* annexe I) et devez présenter quelques pièces.

Ce document à remplir comporte une déclaration de début d'activité non-salariée (formulaire P0 PL, Cosa 11 768*01 pour les activités libérales ou d'agent commercial, P0 CMB, Cosa 11 676*01 pour les commerçants et les artisans, téléchargeables sur le site service-public.fr) :

- Vos noms, adresse, nationalité, etc. et ceux de votre conjoint s'il ou elle collabore à votre entreprise ;
- Les principales activités de l'entreprise. Une classification de leur nature et lieu d'exercice est aussi demandée pour les produits que vous fabriquez, vendez ou extrayez. Ne prenez pas ces rubriques trop à la légère, c'est à partir d'elles que vous serez répertorié dans la classification NAF (Nomenclature des activités française, d'où votre code APE est issu) et, de là, dans une profession déterminée, donc un régime fiscal (BIC ou BNC) et auprès d'une caisse vieillesse ;
- L'enseigne ou le nom commercial (facultatif), que vous avez aussi intérêt à déposer à l'INPI (Institut national de la propriété industrielle) pour en garder la propriété ;
- L'effectif salarié de début d'exercice ;

- Cadre n° 11 : le régime fiscal. Optez pour le paiement de la TVA si vous voulez renoncer à la franchise en base de TVA et au régime fiscal de la micro-entreprise.
- Le choix de votre immatriculation : au Registre du commerce et des sociétés (RCS) si vous êtes commerçant ou société ; au Répertoire des métiers (RM) si vous êtes artisan ; au Registre spécial des agents commerciaux (RSAC) si vous êtes agent commercial ; ou au Répertoire de la batellerie artisanale (REBA) si vous exercez ce métier. Ne cochez aucune case si vous estimez relever d'une profession libérale.

Partie déclaration sociale :
- Votre numéro de Sécurité sociale ;
- Le dernier organisme d'affiliation à une caisse primaire d'assurance maladie ;
- Votre situation antérieure (salariée ?) et actuelle si vous exercez simultanément une autre activité professionnelle ; idem pour votre conjoint ;
- Une liste détaillée des membres de votre famille qui seront couverts par votre assurance maladie ;
- Le choix d'une caisse de retraite interprofessionnelle ou professionnelle ;
- Le choix d'un organisme d'assurance maladie ; le CFE dispose d'une liste des organismes conventionnés gérant les cotisations et les prestations sociales d'assurance maladie maternité pour le compte de la Canam. Les règles de fonctionnement et de calcul des cotisations sont identiques pour tous.

Pièces à présenter :
- Photocopie de la carte d'identité (carte de séjour pour les étrangers) ;
- Déclaration sur l'honneur de non-condamnation ;
- Extrait d'acte de mariage et copie du contrat de mariage, extrait d'acte de naissance annoté du divorce le cas échéant (pas pour les professions libérales) ;
- Pour les artisans, une attestation de suivi d'un stage d'initiation à la gestion ;
- Pour les agents commerciaux, un contrat passé avec le client.

Voilà, c'est terminé, votre entreprise est enregistrée. Gardez un exemplaire des documents remplis que vous pouvez toujours présenter en preuve de votre immatriculation. Vous recevrez d'ici quelques semaines un certificat d'identification au répertoire national des entreprises en provenance de l'Insee. Gardez précieusement ce document qui atteste officiellement de votre immatriculation, et comporte toutes les indications à reporter sur vos documents commerciaux : numéros de Siren (9 chiffres) et Siret (Siren + 5 chiffres) qui servent de référence pour tous les actes civils, catégorie juridique (profession libérale, etc.) ainsi que le code APE.

● *Société (EURL, SARL)*

La procédure est un peu plus complexe.

SARL

- Il faut deux associés au minimum, 100 au maximum ;
- L'un devra être majoritaire (ce n'est pas une obligation mais, en cas de litige, il y en a au moins un qui peut prendre une décision). En tant que freelance, le gérant sera probablement vous ;
- Baptisez la SARL mais, auparavant, vérifiez auprès de l'Inpi que le nom n'est pas déjà utilisé pour une activité similaire ;
- Rédigez les statuts, en général à partir de statuts types que vous trouvez facilement (Chambre de commerce, APCE, http://www.comptanoo.com, ouvrages en librairie). Faites appel à un avocat si vous soupçonnez quelques complications.
- Le statut fiscal est automatique. En revanche, vous devez opter pour le paiement de la TVA si vous voulez renoncer à la franchise en base de TVA.

SARL DE PRESSE

Capital minimum 1 €. Son objet social doit être la publication de presse écrite (les éditions sur Internet ne sont pas concernées) diffusée auprès du public et paraissant régulièrement. Certains services télématiques et serveurs Web peuvent remplir ces conditions. Commandez la fiche professionnelle de l'APCE sur ce sujet, 8 €).

Démarches d'enregistrement :
- Enregistrement des statuts (4 exemplaires signés des associés) auprès du centre des Impôts du siège de la société (droits d'enregistrement gratuits) ;
- Blocage du capital dans une banque (compte professionnel obligatoire) ;
- Publication d'un avis de constitution dans un journal d'annonces légales de votre département (tarif fixé par arrêté préfectoral). Frais, environ 100 € ;
- Déposez le dossier complet dans le CFE de la Chambre de commerce du siège. Il vaut mieux leur avoir déjà rendu visite, les formalités complètes variant d'un département à un autre, les frais aussi (bien que légalement aucun ne soit dû…). Environ 100 € ;
- Ce jour-là verra la naissance officielle de votre société ;
- Ensuite, enregistrez-la au bureau de poste dont dépend le siège, prenez un abonnement téléphonique, assurez-la, achetez les livres légaux (registre des assemblées, livre d'inventaire…), choisissez un expert-comptable.

Vous recevrez un Kbis, un numéro de Siren, un code APE (NAF) environ 15 jours plus tard. Vous pouvez alors débloquer les fonds à la banque.

EURL
À peu près identique à la Sarl, sauf qu'il n'y a qu'un actionnaire, en général gérant : vous. Les démarches de création sont les mêmes.

Bien préparer la suite

Vous allez recevoir dans les jours qui suivent votre enregistrement un certain nombre de documents. Certains en provenance des organismes sociaux – assurance maladie, URSSAF, assurance vieillesse – à garder, remplir ou renvoyer soigneusement ; d'autres en provenance de prestataires divers vous proposant leurs services – ils récupèrent auprès de l'Insee la liste des freelances récemment immatriculés. Analysez et jetez si rien ne vous intéresse, mais faites attention, certains documents officiels ont des allures commerciales…

Ensuite, il faut vous préoccuper de diverses formalités importantes pour votre vie professionnelle :
- assurances complémentaires maladie, prévoyance, retraite, *cf.* chapitre 4.
- assurances de vos biens professionnels, de votre responsabilité civile, *cf.* chapitre 4 ;
- documents commerciaux, cartes de visite, plaquette, site Internet, papier à en-tête, en-tête de facture, enveloppes pré imprimées, logo de votre entreprise, *cf.* chapitre 5 ;
- enregistrement de votre marque, nom commercial, logo à l'INPI (Institut national de la propriété intellectuelle) pour éviter qu'ils ne soient utilisés par d'autres entreprises ;
- déclaration de votre entreprise auprès de la poste de votre domicile si vous êtes société ou si vous utilisez une marque distincte de votre nom personnel. Il faut bien que leurs services fassent le rapprochement ;
- lettre de mission d'un expert-comptable pour faire gérer votre comptabilité, *cf.* chapitre 7 ;
- adhésion à une association agréée (si vous êtes profession libérale) ou à un centre de gestion agréé (commerçant ou artisan) : vous avez trois mois pour le faire.

Et enfin réalisation de votre première mission et recherche de nouveaux clients. On aborde la phase active de votre vie professionnelle, c'est parti !

Nous allons voir en détail chacun de ces éléments dans les chapitres suivants mais, pour terminer sur le statut de votre entreprise, nous allons évoquer une structure très particulière, ayant vu le jour récemment et susceptible de vous intéresser : le « portage salarial ». Au-delà de leur présentation commerciale, quels services ces structures vous apportent-elles ?

LE PORTAGE SALARIAL, UNE PHASE TRANSITOIRE ?

Dans le principe, le portage salarial est une idée géniale : vous êtes embauché dans une entreprise qui vous laisse les coudées franches pour chercher vos clients et réaliser vos missions, quand, comment, où et avec qui vous voulez. Vous êtes un freelance complet, sans patron, avec les avantages de la protection sociale des salariés (indemnités journalières, chômage). Vous appartenez en plus à une entreprise qui prend soin de vous, vous offre des locaux, vous permet de croiser d'autres freelances, et se charge, à votre place, de toutes les formalités administratives qui rebutent bien des indépendants : comptabilité, cotisations sociales, déclarations aux diverses administrations, etc. Ils facturent vos clients et peuvent recouvrer leur paiement. Tout cela en contrepartie d'une commission raisonnable d'environ 10 % de vos recettes.

En réalité, l'inconvénient principal, sans parler d'autres risques de plus ou moins bonne gestion que vous leur déléguez, réside dans le coût des cotisations sociales que vous devez assumer puisque vous allez régler à la fois les cotisations sociales *salariales* et *patronales* du régime général de la Sécurité sociale. Examinons bien ce point (qui sera développé dans le prochain chapitre) : vous payez environ 25 % de charges sociales sur votre « salaire » brut, plus environ 45 % de charges patronales. Ramenés aux recettes brutes que versent vos clients, ces pourcentages représentent 40 % desdites recettes.

Hors commission et charges sociales, il vous reste 50 %, annoncent fièrement les sociétés de portage. Certes, mais, comme tous les freelances, vous êtes soumis à des frais de fonctionnement incontournables : équipement informatique, fax, téléphone, frais de déplacement, frais commerciaux pour prospecter votre clientèle, formation personnelle, qui se montent, en moyenne chez les freelances « indépendants » à 20 à 25 % de leurs recettes. Même si certains frais disparaissent (comptabilité, taxe professionnelle, cotisation à une association agréée) et même si d'autres (limités par la législation) peuvent être introduits dans votre paye – vous les payez toujours, mais ils sont déduits de l'assiette de calcul des cotisations sociales – leur montant grève toujours ces 50 % « restants ». En réalité, il ne vous reste guère que 30 à 35 % du montant de vos recettes… (voir tableau page suivante).

S'installer à son compte

Comparaison des statuts[1]

La comparaison réelle est difficile, les charges sociales de l'indépendant étant réparties sur deux ans (avec des taux variables)

Euros	Entreprise individuelle		Gérant salarié de SARL		Salarié d'une société de portage	
Recettes		60 000		60 000		60 000
Frais d'exploitation	25 % des recettes	– 15 000	25 % des recettes	– 15 000		
Commission sté portage					10 % des recettes	– 6 000
Frais liés aux clients					10 % des recettes[3]	– 6 000
Charges sociales	20 % des recettes	– 12 000	60 % du salaire net[2]	– 15 750	Revenu versé en salaire	48 000
					Charges patronales[4]	– 14 897
Taxes, divers	5 % des recettes	– 3 000	5 % des recettes	– 3 000	Salaire brut	33 104
					Charges salariales[4]	– 8 276
Revenu imposable	BNC	30 000	Salaire net	26 250	Salaire net	24 828
Abattements	20 %	– 6 000	10 % + 20 %	– 7 350	10 % + 20 %	– 6 952
Net imposable		24 000		18 900		17 876
Impôts (hyp. 15 %)		– 3 600		– 2 835		– 2 681
Frais non liés aux clients					10 % des recettes[5]	– 6 000
Reste net		**26 400**		**23 415**		**16 147**

1. Pour la compréhension des calculs, voir chapitre 2.
2. Pas de cotisations chômage.
3. Une partie des frais d'exploitation peuvent être imputés directement aux clients (déplacements, repas, etc.).
4. 45 % (charges patronales) + 25 % (charges salariales) = 70 % du salaire brut, soit 93 % du salaire **net**.
5. Une partie des frais ne peuvent pas être imputés aux clients (ordinateur, logiciel, formation, etc.).

Remarque : les charges sociales sont versées l'année de l'obtention des revenus par les salariés (d'une SARL ou d'une société de portage). Elles sont versées en fonction des revenus de l'année N-2 et N-1 pour les entrepreneurs individuels…

Autres avantages/inconvénients :

- **plus de temps disponible pour vos affaires,** puisque la société de portage s'occupe des formalités administratives. Mais vous leur déléguez la gestion de vos affaires, cela nécessite une sérieuse confiance ;
- **les clients font plus confiance** à une société ayant « pignon sur rue » qu'à un freelance. La nuance est subtile, puisque vous êtes le seul responsable du succès de votre mission – à tel point que certaines sociétés de portage vous demandent de souscrire vous-même une assurance responsabilité civile ;

- **vous bénéficiez d'une protection sociale de meilleure qualité,** en particulier de l'assurance chômage à la fin de votre contrat de travail – un CDD en général pour débuter. Cela coûte quand même beaucoup plus cher, et allez-vous jouer en permanence au yoyo CDD/chômage/CDD/chômage ? Toutefois, cet argument est sérieux et montre comment une meilleure protection des freelances pourrait être envisagée ;
- **vous êtes quand même à la limite de la légalité** en cumulant autant de CDD que de missions chez vos clients ; le CDD est, légalement, limité à une seule reconduction avec un plafond de 18 mois, que se passe-t-il ensuite ? Certaines sociétés de portage, après un premier essai, vous proposent d'ailleurs de signer un CDI, votre temps de travail étant « annualisé », donc non soumis à un Smic mensuel ;
- **le meilleur argument** en faveur du principe du portage réside cependant dans son accompagnement des freelances « débutants ». Le choc psychologique du passage du salariat à l'indépendance totale est atténué par un pseudo-salariat avec filet de sécurité (l'indemnisation du chômage). Débarrassé de ce stress et allégé des formalités administratives, le « jeune » freelance peut se consacrer à la tâche primordiale de son statut, à savoir la recherche et la satisfaction de ses clients.

C'est en ce sens que les sociétés de portage apportent un réel confort aux freelances : en les aidant à démarrer leur activité. La période de portage, même onéreuse, peut alors être considérée comme un investissement pour la création d'une entreprise et la constitution d'un savoir-faire et d'un fond de clientèle. Mais dans notre esprit, elle reste une aide – précieuse – limitée dans le temps.

Une société de portage sous forme de Scop

La Scop (Société coopérative ouvrière de production) est une société dans laquelle chaque personne active possède une part du capital (donc des bénéfices). Toutes les décisions sont prises sous la forme « un homme, une voix ». Les sociétés de portage pourraient se créer sous cette forme sociale, permettant d'associer à leur gestion et à leurs résultats les freelances « portés ». Une société de portage de Marseille a ainsi évolué en Scop courant 2000 : Initiatives Développement Conseil. Quelques *umbrella companies* (compagnies parapluies, l'équivalent britannique de nos sociétés de portage) fonctionnent couramment selon ce modèle Outre-Manche.

RÉSUMÉ

À n'évoquer que le cas général, vous avez le choix pour vous mettre à votre compte :
— *Du statut social : entreprise individuelle ou société (EURL ou SARL) ;*
— *De la protection sociale : salarié ou non-salarié ;*
— *Du statut fiscal : micro-entreprise ou réel.*
En réalité, ces choix sont combinés entre eux, de la façon suivante :
— *Entreprise individuelle* → *non-salarié* → *micro-entreprise ou réel*
— *Société* → *salarié (gérant minoritaire ou égalitaire de SARL) ou non-salarié (gérant majoritaire d'EURL ou de SARL)* → *impôt sur le revenu (EURL) ou impôt sur les sociétés (EURL ou SARL)*

Si votre revenu est inférieur à un certain plafond, vous pouvez aussi choisir d'être exonéré de TVA (obligatoire pour être « micro entreprise », facultatif autrement).

Les sociétés de portage vous proposent une solution « d'indépendant salarié ».

Pour vous enregistrer, les CFE sont à votre disposition :
- *à la Chambre de Commerce si vous êtes commerçant ou société ;*
- *à la Chambre des Métiers si vous êtes artisan ;*
- *à l'URSSAF si vous êtes profession libérale ;*
- *au greffe du Tribunal (Registre spécial des agents commerciaux) si vous êtes agent commercial ;*
- *à la Maison des Artistes (pour la protection sociale) si vous êtes artiste plasticien auteur ;*
- *à l'Agessa (pour la protection sociale) si vous êtes rémunéré sous forme de droits d'auteurs (sauf artiste plasticien) ;*
- *dans un Centre des impôts si vous êtes artiste ou chauffeur de taxi locataire de son véhicule.*

CHAPITRE 2

Combien ça coûte ?

« Je voudrais m'établir comme indépendant, demande Jean-Michel M., mais on me dit que les charges sociales sont très élevées. Y a-t-il une solution qui permette de les éviter ? » Après quelques années passées comme salariés, beaucoup de candidats s'effraient de devoir payer pour bénéficier de ce qui leur semblait gratuit chez leurs employeurs. Habitués à ne regarder que la ligne « salaire net » de leurs bulletins de paye, ils sont surpris, voire choqués, de devoir « payer » en contrepartie de leur situation d'entrepreneurs. Ce chapitre est donc consacré à la démystification de toutes les sommes dépensées par l'entrepreneur, durant les premières années puis en régime de croisière. Le chapitre suivant évoquera les protections obtenues en contrepartie.

Les vrais professionnels ne demandent pas « Combien ça coûte ? », mais : « Combien ça rapporte ? » C'est l'éternelle question du verre à moitié vide ou du verre à moitié plein, et le véritable souci du freelance, vous le découvrirez assez tôt, est de trouver suffisamment de clients pour le remplir. Il se videra tout seul.

Pour résumer le chapitre, disons qu'après les dépenses obligatoires (protection sociale, taxes diverses et autres prestations) et les dépenses raisonnables (investissements, frais d'exploitation, formation), il vous reste environ 50 % de vos gains avant impôts. Plus votre chiffre d'affaires augmente, plus ce pourcentage diminue (effets de seuil de certaines dépenses), mais plus vos impôts augmentent… La recherche de l'optimum peut vous prendre un certain temps, c'est une question de caractère : êtes-vous *cigale* ou *fourmi* ?

S'installer à son compte

Il faut cependant tenir compte de deux facteurs importants qu'aucune éducation primaire, secondaire ou supérieure ne vous a jamais enseignés, et qui seront pourtant la base financière de votre nouvelle vie :

- vous ne saurez jamais vraiment combien il vous reste « en poche » d'après vos gains de l'année N : en effet, les impôts et les cotisations diverses sont payés l'année N + 1 et l'année N + 2, suivant des barèmes réactualisés à ces échéances ! Ceci a été très bien décrit par l'auteur de l'ouvrage *Moi, Émile Landormy, indépendant du XXIe siècle* (Éditions Téraèdre) : « *Ce que l'on gagne de fait, c'est ce qu'il vous reste lorsque tout le monde est passé sur votre porte-monnaie. Or les candidats sont nombreux et voraces… Ils travaillent avec une inertie incroyable [et] ils mettent un temps fou à savoir ce qu'ils vont vous prendre…* » C'est le vrai scandale qu'un certain nombre d'organismes représentant les freelances essaient de faire disparaître.

- une certaine partie de vos dépenses correspond à des frais « mixtes », à savoir à cheval entre votre vie personnelle et votre vie professionnelle. Il n'est pas fait allusion à des « magouilles » comptables, mais à des dépenses relatives à votre bureau chez vous, par exemple, aux déplacements professionnels, à la lecture d'un certain nombre de livres ou de journaux, etc. L'acquisition d'un ordinateur, par exemple, payé hors taxes puisque vous récupérez la TVA, est imputée dans vos investissements professionnels. De même, le voyage à Paris pour prospecter votre futur client. Cela tient essentiellement au fait que vous allez souvent mélanger vos deux vies : qui peut dire si la lecture d'un ouvrage de science-fiction ne fait pas partie de votre Recherche & Développement pour la création de sites Internet ? À déguster cependant avec modération (*cf.* les éléments comptables, chapitre 7).

On peut classer les dépenses en deux groupes distincts, d'ailleurs d'importance à peu près égale : les cotisations sociales et les frais d'exploitation. Avant d'aborder les premières, décrivons d'abord les acteurs.

Combien ça coûte ?

Les organismes de protection sociale

Vous aurez à faire à quatre groupes d'organismes : l'URSSAF pour les Allocations familiales, la CANAM pour l'assurance maladie-maternité, les Caisses de retraite et d'invalidité-décès, et enfin les compagnies d'assurances privées auprès desquelles vous allez souscrire des assurances complémentaires.

L'URSSAF

Contre-exemple unique de la complexité du système de protection sociale : les URSSAF (Unions de recouvrement des cotisations de Sécurité sociale et d'allocations familiales) traitent indifféremment des cotisations des salariés (*via* les employeurs) et des non-salariés (en direct). Elles sont chargées d'immatriculer les freelances et les entreprises, de recouvrer les cotisations d'allocations familiales des deux, la CSG (Contribution sociale généralisée) et la CRDS (Contribution au remboursement de la dette sociale), ainsi que la contribution des non-salariés à la formation continue. (Nous incluons la CSG et la CRDS dans les cotisations sociales, puisqu'elles sont reversées aux caisses concernées, bien qu'elles soient considérées comptablement comme des taxes.)

L'assurance maladie maternité

C'est la CANAM qui coordonne l'action des Caisses mutuelles régionales (CMR) gérant ce secteur. Celles-ci délèguent leurs attributions (encaissement des cotisations et paiement des prestations) à des organismes conventionnés (OC), sociétés d'assurances ou mutuelles habilitées par la CANAM. Lors de votre immatriculation, vous devrez choisir l'organisme conventionné dont vous dépendrez – nous n'avons toujours pas compris selon quels critères, car ils sont astreints à une gestion identique.

NB : La Canam est en cours de fusion avec l'Organic (assurance vieillesse des commerçants et industriels) et la Cancava (assurance vieillesse des artisans) dans le RSI : régime social des indépendants. En tant que libéral, vous n'aurez à faire qu'à l'assurance maladie maternité. Nous continuons donc à parler de la Canam, de l'Organic et de la Cancava, même si, à l'avenir, il s'agira de services du RSI.

© Éditions d'Organisation

Les caisses de retraite et d'invalidité-décès

Travailleur non-salarié (TNS), vous dépendez de la CNAVPL si vous êtes libéral, de l'ORGANIC si vous êtes commerçant ou exercez certains métiers classés par décret dans cette caisse (agent commercial, chef d'établissement d'enseignement privé, dessinateur créateur publicitaire, éditeur de publications, marchand de journaux en kiosque, exploitant d'auto-école ou de laverie automatique, et d'autres de moindre fréquentation comme pratiquant en sciences occultes ou parapsychologiques), de la CANCAVA si vous êtes artisan (les graphistes sont artisans).

Pour ces deux dernières caisses (commerçants et artisans), vous y adhérez à travers des caisses de base locales, professionnelles ou interprofessionnelles chargées de percevoir les cotisations et de verser les pensions. Nous n'évoquerons pas les mécanismes de participation à ces régimes, les free-lances étant majoritairement définis comme professions libérales.

Pour les professions libérales, plusieurs caisses professionnelles adhérentes à la CNAVPL – plus celle des avocats qui ne dépend pas de la CNAVPL – se partagent la protection vieillesse. La majorité d'entre elles gérant la retraite des professions libérales réglementées et des agents d'assurances, une seule vous concerne : la CIPAV.

Les assurances et mutuelles privées

Elles vous proposent des contrats de protection complémentaire. Il y a plusieurs centaines de compagnies d'assurance en France, classées en quatre groupes : les sociétés à but lucratif ; les « vraies » mutuelles, souscrivant au Code de la mutualité, à but non-lucratif, dont le statut est remis en cause par la Commission européenne ; les sociétés d'assurance mutuelles, à cheval entre le monde capitaliste et le monde mutualiste ; et les institutions de prévoyance, organismes paritaires employeurs-salariés. Nous en parlerons au chapitre 4, en évoquant les assurances privées.

Combien ça coûte ?

LES COTISATIONS SOCIALES

Comme elles sont basées sur votre chiffre d'affaires, il faut distinguer deux périodes : les deux premières années d'exercice, pendant lesquelles les organismes de recouvrement ne connaissent pas vos revenus, et les années suivantes.

Les deux premières années

Une rumeur voudrait que les freelances débutants soient exonérés de cotisations tant que leurs revenus restent inférieurs à ❏ 1 000 €, ❏ 10 000 €, ❏ 30 000 € (cocher la bonne réponse). Hélas ! Nous avons eu beau chercher dans les textes et interroger les experts, cette rumeur est infondée : les cotisations sont dues dès le premier sou gagné.

Toutefois, si vos revenus prévus sont très faibles, vous pouvez demander aux caisses d'allocations familiales et de maladie maternité d'être dispensé de cotisation la première année (la deuxième, ils connaissent vos revenus de l'année précédente). De sa propre initiative, la caisse de retraite, la CIPAV, ne vous demandera de cotiser qu'un quart de la cotisation annuelle la première année. S'ils vous l'accordent, vous n'aurez plus à payer qu'une somme infime. Mais vous devez quand même vous enregistrer.

Depuis le décret du 30 août 2000, le forfait de cotisation (allocations familiales, CSG/CRDS et assurance maladie maternité) des deux premières années est calculé sur des assiettes fixes : 18 fois la base mensuelle de calcul des prestations familiales de l'année précédente (6 258 € en 2004) la première année, 27 fois la deuxième année (9 387 €). La première cotisation ne sera pas recouvrée pendant les quatre-vingt-dix premiers jours d'activité, décret du 31 août 2000.

Allocations familiales

Nous allons rentrer pour la première fois dans le calcul des cotisations, accrochez-vous.

    Assiette. AF : 6 258 € la première année, 9 387 € la deuxième ; CSG/CRDS : idem (*cf.* paragraphe ci-dessus).

    Taux. AF : 5,4 %, CSG/CRDS : 8 %.

Recouvrement (vous recevrez un avis). Les cotisations sont trimestrielles, payées le trimestre suivant (ex : la cotisation du 1er trimestre 2005 est payée le 15 mai suivant). Elles ne commencent à être prélevées que 90 jours après l'enregistrement. Si vous vous enregistrez le 1er janvier, vous paierez la cotisation du premier trimestre le 15 mai ; si vous vous enregistrez le 1er octobre, vous la paierez le 15 février de l'année suivante.

Montants. AF : cela fait donc 84 €[1] chaque trimestre de la première année (cotisations payées le 15 mai, le 15 août, le 15 novembre et le 15 février de l'année suivante), 127 € pour chacun des deux premiers trimestres de la deuxième année (payés les 15 mai et 15 août). À partir du troisième trimestre (payé le 15 novembre), l'URSSAF, prenant en compte votre revenu réel de la première année, y rajoute la moitié de la régularisation entre votre cotisation forfaitaire et celle que vous auriez dû réellement payer, *cf.* chapitre 2, les années suivantes. *Total : 252 € la première année calendaire, 465 € plus la moitié de la régularisation relative à votre revenu réel de la première année, la deuxième année.*

EXEMPLE
Si l'assiette réelle de calcul de la cotisation AF de la première année était de 10 000 €, la régularisation portera sur une différence de (10 000 − 6 258), multipliée par le taux applicable (5,4 %) et divisée par deux (15 novembre de la deuxième année et 15 février de la troisième) = 101 €. Total à payer la deuxième année : 465 + 101 = 566 €.

CSG/CRDS, taux 8 %. Même calcul avec 125 € les 15 mai, 15 août et 15 novembre de la première année calendaire et le 15 février de l'année suivante ; 188 € les 15 mai, 15 août et 15 novembre de cette deuxième année. Total : 375 € la première année ; 689 € plus une régularisation au mécanisme similaire la deuxième année.

---

1. Valeur en 2004.

Combien ça coûte ?

> **EXEMPLE**
> *Avec une assiette de 12 000 €, la régularisation portera sur une différence de (12 000 – 6 258), multipliée par le taux applicable (8 %) et divisée par deux (15/11 de la deuxième année et 15/2 de la troisième) = 230 €. Total à payer la deuxième année : 689 + 230 = 919 €.*
>
> *NB : on verra plus loin pourquoi l'assiette des AF n'est pas la même que celle de la CSG/CRDS, cette dernière intégrant en plus les cotisations sociales obligatoires.*

Exonérations (sur demande accompagnée de pièces justificatives) :
- indépendant âgé d'au moins 65 ans (60 ans pour une femme solo) et ayant assumé la charge d'au moins 4 enfants ;
- chômeur créateur d'entreprise, inscrit (indemnisé ou non) à l'ANPE pendant au moins 6 mois au cours des 18 derniers mois, ou bénéficiaires du RMI, de l'allocation parent isolé ou de l'allocation veuvage (ACCRE = Aide aux chômeurs créateurs d'entreprise) ; exonération pendant 12 mois des cotisations d'AF (si vous étiez indemnisé par les Assedic, sur la partie de votre revenu inférieure ou sinon égale à 120 % du Smic) mais pas de la CSG/CRDS ;
- cumul avec un emploi salarié, exonération possible (sauf de la CSG/CRDS) pendant un an dans la limite de 120 % du Smic ; vous devez avoir effectué au minimum l'équivalent de 910 heures chez votre employeur actuel pendant l'année précédent votre enregistrement, et conserver une activité salariée d'au moins 455 heures pendant les 12 mois suivants ;
- faibles revenus : si les revenus réels ont été inférieurs à la base de calcul des prestations d'AF (4 172 € en 2004), les cotisations AF et CSG/CRDS versées seront remboursées (vous pouvez demander une exonération préalable à l'URSSAF, mais faites-le dès votre enregistrement, et leur accord n'est pas automatique).

Report du paiement des cotisations sociales la première année
La loi pour l'initiative économique (août 2003) permet aux créateurs d'entreprise de suspendre le paiement des cotisations sociales forfaitaires des douze premiers mois, sur simple demande aux caisses concernées adressée avant la date de la première échéance, soit 90 jours après l'enregistrement.

Le paiement de ces sommes peut ensuite être étalé durant au maximum les cinq années suivantes (application à partir de novembre 2005).

● *Contribution à la formation professionnelle continue*

Montant : 0,15 % du plafond de la Sécurité sociale (45 € en 2004), recouvrée par l'URSSAF en même temps que les Allocations Familiales le 15 février de l'année N + 1. Pas de paiement la première année, réduit la deuxième. Exonérations identiques à celles des AF.

● *Assurance maladie maternité*

Même assiette que les allocations familiales.

Taux. 6,5 % jusqu'à 29 712 €.

Montants. Les cotisations d'assurance maladie portent sur une année allant du 1er avril au 31 mars. La première année vous allez donc payer la cotisation de l'année en cours (au prorata des mois d'activité) basée sur l'assiette forfaitaire de 6 258 €, plus le premier trimestre de l'année suivante (d'avance), basée sur l'assiette forfaitaire de 9 387 €. Total : 560 € si vous vous êtes enregistré le premier janvier. Ensuite, 305 € le 1er avril de la deuxième, à nouveau 305 € le 1er octobre plus la régularisation liée à votre assiette réelle de la première année. Une deuxième régularisation interviendra le 1er octobre de la troisième année.

> **EXEMPLE**
> *Avec la même assiette que dans les exemples précédents, 10 000 €, la régularisation de la deuxième année sera de 243 €. Total à payer la deuxième année : 610 + 243 = 853 €.*

Exonérations :
- chômeur créateur d'entreprise, inscrit à l'ANPE pendant au moins 6 mois au cours des 18 derniers mois, ou bénéficiaire du RMI (ACCRE) ; exonération pendant 12 mois.

Report du paiement des cotisations sociales la première année
Idem allocations familiales et CSG/CRDS.

Combien ça coûte ?

• *Assurance vieillesse*

Retraite de base : 538 € de cotisation « forfaitaire » la première année, 794 € la deuxième.

Retraite complémentaire : 720 € de cotisation chacune des deux premières années (classe 1). Un abattement de 75 % maximum peut être demandé, mais entraînera la réduction équivalente du nombre de points acquis pour la retraite.

Exonérations :
- chômeur créateur d'entreprise, inscrit à l'ANPE pendant au moins 6 mois au cours des 18 derniers mois, ou bénéficiaire du RMI (ACCRE) ; exonération pendant 12 mois.
- moins de 30 ans, exonération pendant 12 mois. Aucun trimestre ni aucun point ne sont validés.

Report du paiement des cotisations sociales la première année
Idem allocations familiales et CSG/CRDS.

• *Invalidité-décès*

76 € chaque année.

TOTAL GÉNÉRAL
Environ 2 500 € la première année, 4 000 € la deuxième année (plus, si vos recettes réelles de la première année dépassent 20 000 euros). Cf. tableau 1, page suivante.

Mais attention aux régularisations la troisième année ! Examinons en effet le mécanisme des années de croisière.

Les années suivantes

Après vos premières années de forfait, vous allez rentrer dans le paiement de vos cotisations « au réel ». C'est-à-dire que les organismes chargés du recouvrement de celles-ci vont calculer, d'après votre déclaration de revenus, le montant des cotisations. Ils vont alors retrancher le forfait que vous avez versé, et vous réclamer la différence.

© Éditions d'Organisation

S'installer à son compte

À partir de quelle base (quelle « assiette ») sont calculées vos cotisations ?

● *Le revenu professionnel, base de tous les calculs*

Le calcul s'effectue à partir de votre revenu professionnel. C'est « l'assiette » de vos cotisations, définie par l'article L. 131-6 du Code de la Sécurité sociale (CSS).

Tableau 1

		Année 1 *Année pleine*	Année 2
HYPOTHÈSES			
	Assiette réelle cot. Sociales	10 000	
	Assiette réelle CSG	12 000	
Allocations familiales *		252	566
CSG/CRDS *		375	919
Formation professionnelle		0	45
Maladie maternité *		560	853
Retraite de base		538	794
Retraite complémentaire**		720	720
Invalidité-décès		76	76
	Total	2 521	3 973

* La régularisation en fonction des revenus réels a lieu en fin de deuxième année.
** Des abattements de 25 à 75 % peuvent être demandés la deuxième année.

Les chiffres de cotisation retraite sont ceux appliqués par la CIPAV (architectes, experts, techniciens).
Pour ceux des autres métiers, renseignez-vous directement auprès des caisses concernées.

Combien ça coûte ?

Nous ne résistons pas au malin plaisir de vous en citer un extrait, propre à écœurer toute vocation prématurée de juriste : «... *Le revenu professionnel pris en compte est celui retenu pour le calcul de l'impôt sur le revenu avant déductions, abattements et exonérations mentionnés aux articles 44 quater, 44 sexies, 44 septies et 44 octies, au sixième alinéa de l'article 62, au deuxième alinéa de l'article 154 bis du code général des impôts, à l'exception des cotisations versées aux régimes facultatifs institués dans les conditions fixées par l'article L. 635-1 du présent code par les assurés ayant adhéré auxdits régimes avant la date d'effet de l'article 24 de la loi n° 94-126 du 11 février 1994 relative à l'initiative et à l'entreprise individuelle, au 4 bis de l'article 158 et aux articles 238 bis HA et 238 bis HC du code général des impôts...* »

Traduction : c'est le total de toutes vos recettes *encaissées* – et non pas facturées – diminué des frais d'exploitation, achats, amortissements, frais variés (*cf.* chapitre 7) et des charges sociales (obligatoires et facultatives) payés la même année pour les BNC.

Par exemple, si votre chiffre d'affaires de 2003 était de 60 000 €, vous en déduisez les cotisations sociales obligatoires (12 000 €) et facultatives (mettons 3 000 €), les frais d'exploitation (mettons 15 000 €) : votre revenu professionnel net sera 30 000 €. C'est sur celui-ci que sera basé l'impôt sur le revenu. Cet exemple nous servira tout au long de ce chapitre.

Pour calculer l'assiette des cotisations sociales obligatoires, il faut réintégrer les cotisations aux régimes complémentaires « facultatifs » (mutuelles santé, retraites surcomplémentaires). Dans notre exemple, disons + 3 000 €, soit 33 000 € au total. Grossièrement, l'assiette est évaluée à 55 % de vos recettes et non 50 %.

Petit détail : la partie non déductible de la CSG, plus la CRDS complète, sont aussi à réintégrer dans l'assiette des cotisations sociales.

Cette assiette a été harmonisée par la loi du 11 février 1994, dite « loi Madelin », pour les allocations familiales, l'assurance maladie maternité et la partie proportionnelle de la retraite de base. Pour l'assiette de la CSG/CRDS, il faut y réintégrer encore les cotisations sociales obligatoires, soit une assiette de 45 000 € dans notre exemple.

Les pourcentages que nous allons citer s'appliquent donc en réalité à 50, 55 % ou 75 % (environ) de votre chiffre d'affaires, et non à sa totalité.

S'installer à son compte

Méfiez-vous des comparaisons avec le régime des salariés dont les cotisations, patronales ou salariales, s'appliquent au salaire brut (*voir page 32 tableau comparatif*).

Vous trouverez en Annexe G un exemple détaillé de calcul des cotisations sociales et des impôts.

RÉSUMÉ

Assiette CSG/CRDS = recettes – frais d'exploitation.
Assiette cotisations sociales obligatoires = assiette précédente – cotisations sociales obligatoires payées dans l'année.
Revenu professionnel = assiette précédente – cotisations sociales facultatives.
Revenu imposable = revenu professionnel + part non déductible de la CSG/CRDS.

Allocations familiales

Taux : 5,4 % du revenu net, sans plafond.

Mécanisme de versement : le 15 mai et le 15 août, vous payez 25 % de la cotisation due sur les revenus de l'année N-2 (à titre de provision). Au 15 novembre et au 15 février de l'année suivante, vous payez à chaque fois 25 % sur ce même revenu, plus la moitié de la régularisation par rapport au revenu réel de N-1.

Exemple : assiette 2002 = 24 000 €, cotisation AF = 1 296 € ; assiette 2003 = 33 000 €, cotisation AF = 1 782 €. Régularisation 2002-2003 = 486 €
- 1er trimestre 2004, payé le 15 mai 2004 : 324 € (25 % de la cotisation annuelle 2002) ;
- 2e trimestre 20034, payé le 15 août 2004 : 324 € (idem) ;
- 3e trimestre 2004, payé le 15 novembre 2004 : 324 + 243 (moitié de la régularisation 2002-2003) = 567 € ;
- 4e trimestre 2004, payé le 15 février 2005 : 567 € (idem).

Vous avez bien payé 1 782 € au total.

Révision d'assiette

« Vous pouvez demander une révision de l'assiette de calcul des cotisations et contributions, à la hausse ou à la baisse, sans avoir à fournir de pièces justificatives. Dans ce cas, le revenu de l'année N que vous proposerez se substituera au revenu N-2 normalement pris en compte. Cependant si le revenu réel de l'année N est supérieur de plus d' 1/3 au revenu estimé par le cotisant, une majoration de 10 % sera appliquée sur l'insuffisance de versement des acomptes provisionnels résultant de la sous-évaluation du revenu réel. » (Circulaire de l'URSSAF).

Offre intéressante ? Sur un plan purement théorique, sans doute. Néanmoins, quel freelance peut prévoir, en cours d'année, le montant de son revenu de l'année ? Et si vous l'avez sous-estimé de plus d'un tiers, vous êtes passible de la majoration de 10 %...

Exonérations :
- si votre revenu net est inférieur à une base annuelle fixée chaque 1er octobre pour l'année suivante (4 172 € pour 2004), vous êtes exonéré de la cotisation ;
- si vous êtes travailleur indépendant (pas de salarié extérieur à la famille), âgé de plus de 65 ans et ayant élevé plus de quatre enfants, exonération totale ;
- si vous êtes les deux, vous n'êtes exonéré qu'une fois.

MENSUALISATION DES VERSEMENTS

L'URSSAF vous offre la possibilité de mensualiser, par prélèvement automatique, le versement de vos cotisations. Le recouvrement se fait alors ainsi : de janvier à octobre, l'URSSAF prélèvera 10 % de la cotisation de l'année précédente. Vous recevez début novembre le calcul réel de ce que vous auriez dû payer, qui est prélevé en novembre et décembre. Attention, le 4e trimestre, d'habitude recouvré en février de l'année suivante, et réintégré l'année même.

CSG/CRDS

Assiette : c'est l'assiette des cotisations d'allocations familiales dans lequel il faut réintégrer l'ensemble des cotisations sociales obligatoires (AF, maladie maternité, vieillesse – une cotisation sur la cotisation...). Dans l'exemple cité plus haut, votre revenu 2003 soumis à ces cotisations est donc de 45 000 €, ligne L du tableau 2 (page 214).

S'installer à son compte

Taux : CSG, 7,5 % et CRDS, 0,5 %. Soit 3 600 € dans notre exemple.

Mécanisme de versement : le même que celui des AF, les cotisations sont d'ailleurs appelées conjointement tous les trimestres.

Exonérations : identiques à celles des allocations familiales.

Déductibilité fiscale : une fraction de la CSG est déductible fiscalement (5,1 %), le reste (2,9 %) non. La CRDS n'est pas déductible.

Contribution à la formation professionnelle continue

Voir plus haut. Montant : 0,15 % du plafond de la Sécurité sociale (45 € en 2004), recouvrée par l'URSSAF en même temps que les Allocations Familiales le 15 février de l'année N + 1. Exonérations identiques à celles des AF.

Assurance maladie maternité

Taux : 0,6 % jusqu'au plafond annuel de la Sécurité sociale (29 712 € en 2004) et 5,9 % jusqu'à cinq fois ce plafond (148 560 €). Au-delà, plus rien. Les deux taux se cumulent, c'est-à-dire que vous payez 6,5 % jusqu'au plafond, et 5,9 % jusqu'à cinq fois le plafond. Dans l'exemple ci-dessus (chiffre d'affaires = 60 000 €, assiette = 33 000 €), on débourse donc 2 125,27 € (faites le calcul à titre d'exercice).

Mécanisme de versement :
- au 1er avril, vous payez un acompte semestriel égal à la moitié (183/365e) de la cotisation basée sur l'assiette de l'année N-2 (minimum : 386 €, maximum : 8 940,14 €) ;
- au 1er octobre, vous appliquez les taux au revenu de l'année N-1, et vous retranchez l'acompte versé au 1er avril.

Exemple : si votre assiette 2002 était de 24 000 € et celle de 2003 : 33 000 €, vous payez 780 € le 1er avril 2004, et le 1er octobre 2004 : 2 125,27 – 780 = 1 345,27 €. Vous avez bien payé 2 125,27 €.

La cotisation d'assurance maladie maternité est bien sûr complétée en partie par la CSG et la CRDS, prélevées par l'URSSAF, ce qui explique son taux en forte diminution par rapport aux années « d'avant la CSG ».

Combien ça coûte ?

Cotisation minimum : au cas où votre revenu net est très faible, vous êtes astreint à payer un montant forfaitaire, basé sur un revenu égal à 40 % du plafond de la Sécurité sociale (11 885 €), soit une cotisation de 773 €. Ce n'est pas la ruine, sachant que vous êtes exonéré de CSG et de CRDS (*cf.* alinéa précédent). Vous êtes dispensé de ce mécanisme si votre activité non-salariée n'est pas votre activité principale (si vous êtes salarié par exemple), et vous cotisez proportionnellement à votre revenu.

PLURIACTIVITÉ

Lors de votre déclaration dans un CFE de début d'activité non-salariée, vous pouvez cocher une des cases en face de la question : « exercez-vous simultanément une activité salariée ? » De même, chaque année, sur le document informant les organismes sociaux de votre revenu de l'année précédente, vous pouvez cocher une case identique. Dès lors, ces organismes connaissent votre situation de pluriactif, salarié et non-salarié. Vous devez continuer malgré tout à payer vos cotisations sociales sur chacun de vos revenus ; selon l'activité principale (revenu le plus important et, pour l'activité salariée, au moins 1 200 heures salariées ou assimilées – chômage, arrêts maladie, etc. – au cours de l'année de référence), vous serez pris en charge par l'une ou l'autre caisse d'assurance maladie maternité.
Mais, si votre revenu non-salarié est inférieur au minimum (40 % du plafond de la Sécurité sociale, 11 885 €, cf. ci-dessus), vous n'êtes plus astreint à payer un forfait, mais proportionnellement à votre revenu.

• *Vieillesse : régime de base et régime complémentaire*

Le régime de base

Comme pour l'assurance maladie, la retraite de base respecte deux paliers : jusqu'à 85 % du PSS (25 255 €) et cinq fois le PSS (148 560 €). Chaque tranche donne droit à des points de retraite, mais selon une distribution différente.

Taux : 8,6 % de l'assiette jusqu'à 25 255 € (1re tranche), 1,6 % de 25 255 à 148 560 (2e tranche), 0 au-delà.

Points obtenus : 1 point pour 56,12 € de revenu dans la première tranche (450 points maximum), 1 point pour 1 233,04 € de revenu de la deuxième tranche (100 points maximum). Si vous avez cotisé avant le 1er janvier 2004, chaque trimestre acquis est transformé en 100 points.

Assiette : assiette commune des cotisations sociales de l'année N-2.

Versements : deux versements égaux les 15 avril et 15 octobre. Versement mensuel possible par prélèvement sur un compte bancaire.

Exonérations : des exonérations sont accordées aux assurés en état d'invalidité totale (100 %) ou d'incapacité d'exercice pendant plus de six mois continus.

Forfait : cotisation forfaitaire de 124 € si revenu < 1 438 €. 25 points acquis.

Le régime complémentaire

La CIPAV gère un régime complémentaire, dont les cotisations sont liées à une classe dépendant de votre revenu (année N-2) : entre 720 € (classe 1, revenus < 36 924 €, 4 points) et 7 200 € (classe 10, 40 points) par an. Vous pouvez opter pour une classe supérieure, ou demander à réduire votre cotisation si vos revenus sont très faibles. Les points de retraite complémentaires ne sont pas les mêmes que les points de la retraite de base.

Une cotisation facultative de conjoint permet d'assurer la réversion de la totalité des points acquis au profit du conjoint en cas de décès de celui-ci. Sinon, la réversion ne porte que sur 60 % des points acquis.

● *Invalidité-Décès*

La CIPAV propose trois classes de cotisations, au choix : A, 76 € – B, 228 € – C, 380 €. Chaque classe vous donne droit à des prestations proportionnelles.

Le versement est effectué conjointement avec les cotisations de retraite.

TOTAL *des cotisations sociales obligatoires = 20 % de votre chiffre d'affaires.*

Le tableau 2 (« Combien ça coûte ? ») de l'annexe G, page 213 simule, sur un exemple précis, le montant des cotisations payées par un freelance ne bénéficiant d'aucune exonération ou réduction quelconque.

Combien ça coûte ?

Vous constaterez que ces cotisations représentent un pourcentage croissant du chiffre d'affaires, et que la période de « croisière » met quelques années avant de se stabiliser. Mais cette simulation est faite en supposant que les taux, seuils, plafonds, etc. n'ont pas varié au cours de ces années, supposition légèrement irréaliste, hélas !

Les assurances complémentaires

Nous en parlerons plus longuement dans le chapitre qui leur est consacré (chapitre 4). Le but ici est d'évaluer globalement leur coût.

Fiscalement parlant, les cotisations annuelles de certaines de ces cotisations sont déductibles (loi Madelin). Mais elles ne sont jamais déductibles de l'assiette des cotisations sociales obligatoires.

> *Complémentaire maladie* : entre 300 et 1 000 € par an. Si vous assurez aussi votre conjoint et, disons deux enfants, elle peut coûter jusqu'à 1 500 €.
>
> *Indemnités journalières* : pour une prestation moyenne (50 € par jour), environ 300 € par an (sans rente d'invalidité ni capital décès).
>
> *Surcomplémentaire retraite* : la cotisation va dépendre très largement de la pension que vous voulez toucher, et de votre âge actuel, évaluons-la entre 2 000 et 3 000 € annuels (40 ans, retraite prévue à 65 ans, pension de 6 000 € annuels). Elle est déductible du revenu imposable si elle suit les règles « Madelin », c'est-à-dire si la pension est versée sous forme de rente viagère – et non de capital.

D'autres protections peuvent s'ajouter à ces prestations de base, qui peuvent aussi être diminuées ou améliorées, mais notre but étant d'obtenir une évaluation rapide de « combien ça coûte ? », restons approximatifs.

TOTAL MOYEN *des primes d'assurances complémentaires facultatives = entre 1 000 et 5 000 € selon les risques couverts.*

Mécanisme : primes déductibles du revenu professionnel (BNC) pour le calcul des impôts (sous certaines conditions, *cf.* chapitre 4). Primes à réintégrer dans l'assiette des cotisations sociales obligatoires. En revanche, les primes d'assurances des biens ou de la responsabilité civile sont déductibles des deux assiettes et incluses dans les « charges d'exploitation ».

Les frais d'exploitation : un quart du chiffre d'affaires

Les frais d'exploitation sont fonction de votre activité professionnelle. Nous les avons cependant estimés globalement à 25 % de votre chiffre d'affaires (ligne B du tableau page 214). De quoi se composent-ils ?

Assurance multirisque professionnelle (dégât des eaux, vol, bris, etc.) : comptez 400 €.

Responsabilité civile professionnelle, très dépendante de votre profession : disons entre 1 000 et 2 000 € (elles augmentent très vite ces dernières années).

Taxe professionnelle : cf. le chapitre sur les éléments comptables. Comme vous n'avez pas de salariés, vous ne payez que la partie correspondant à vos locaux et immobilisations. Le taux dépend en partie de votre commune et de bien d'autres éléments, mais de toute façon le calcul en est strictement incompréhensible… Disons qu'en général, les freelances payent environ 2 % de leur chiffre d'affaires.

Immobilisations : matériels, machines ou locaux dont la durée de vie dépasse une année : ordinateur, photocopieur, téléphone, fax, mobilier, etc. (*cf.* le chapitre sur les éléments comptables). N'ayant pas de gros matériels ni de lourds investissements immobiliers, les amortissements de ces immobilisations sont relativement légers.

Fournitures et achats de consommation immédiate : les stylos à bille, le papier, les logiciels, les timbres, les livres et journaux périodiques (sur abonnements), le petit outillage, etc.

Services : tous les services auxquels vous faites appel, comptabilité, experts, avocats, contentieux, personnel intérimaire, mais aussi votre consommation d'électricité, de téléphone, votre abonnement Internet, la location de votre local professionnel, ses charges et taxes…

Déplacements : train, avion, métro, taxi, indemnités kilométriques…

Frais commerciaux : documents d'identité visuelle (cartes de visite, plaquette, site Internet…), petites annonces, publicité, mailings, commissions versées aux intermédiaires, invitations, frais de réception et de représentation (congrès, salons, expositions, conférences, cocktails).

Cotisations professionnelles : à des associations ou syndicats professionnels.

Frais financiers et pertes diverses : les frais de change, les agios bancaires (sur le compte réservé à votre activité professionnelle), abandons de créances au cas où leur recouvrement vous ferait perdre un excellent client (à user avec modération).

Nous n'avons cité que les dépenses imputables les plus fréquentes, mais vous constaterez vite qu'elles atteignent facilement les 25 % que nous évoquions en début de ce chapitre. La consolation : c'est toujours ça d'impôts en moins. N'en abusez pas. Comme le dit Émile Landormy : « *Lorsque vous dépensez de l'argent sur votre compte professionnel, vous dépensez votre argent.* »

TOTAL moyen des frais d'exploitation (hors protection sociale) = 25 % du CA.

TAXES, IMPÔTS ET ABATTEMENTS
La TVA, rappel

Nous avons déjà eu l'occasion de parler de la TVA. Vous savez donc qu'elle ne coûte rien puisque vous vous contentez de reverser à l'État la taxe encaissée auprès de vos clients, et de « récupérer » celle des fournisseurs.

L'IRPP, impôt direct

On évoque ici les impôts sur le revenu des personnes physiques (IRPP) que vous payez personnellement, et non l'impôt sur les sociétés (IS) payé par la personne morale dont vous êtes le gérant.

Le revenu professionnel imposable est reporté sur le formulaire 2 042 C – attention, il ne s'agit pas du 2 042 réservé aux cas simples (salariés), demandez-le à votre centre des impôts ou à la mairie de votre domicile – sous la rubrique des « revenus des professions non-salariées, revenus non-commerciaux BNC » ou « revenus industriels et commerciaux BIC ».

Si vous pouvez remplir la case « Adhérent d'une association agréée » (case QC de la déclaration des revenus 2002) ou « adhérent d'un centre de gestion agréé » (case KC), le fisc calculera automatiquement un abattement de 20 % sur ce revenu – l'abattement de 10 % accordé aux salariés en amont de ces 20 % correspond à vos frais d'exploitation et sont déjà déduits. Si vous avez accepté le statut de micro-entreprise, c'est le total de vos recettes que vous reportez sur la 2042 P, le fisc procédera à l'abattement adéquat.

Après, le reste dépend des autres lignes de votre déclaration, vous êtes déjà familier de ce mécanisme. Sinon, vous pouvez vous faire aider dans les permanences ouvertes dans les centres des impôts ou à la mairie de votre domicile lors des périodes de déclaration.

Attention toutefois au mécanisme : vous payez l'impôt l'année qui suit l'acquisition des revenus.

En conclusion de ce chapitre, vous constatez que 50 % de vos recettes partent en dépenses d'exploitation courante. En revanche, ces dépenses sont « défiscalisées », c'est-à-dire déductible de votre revenu imposable (sauf la part non-déductible de la CSG/CRDS). C'est une des raisons pour lesquelles nous ne conseillons pas d'utiliser le statut de micro-entreprise lorsque vous n'avez pas affaire à des particuliers (*cf.* chapitre 1 – le statut fiscal). En effet, en tant que profession libérale, le fisc ne vous applique qu'un abattement forfaitaire de 37 %, largement inférieur aux charges réelles.

Voyons maintenant de quels services vous bénéficiez en contrepartie de vos cotisations.

Combien ça coûte ?

RÉSUMÉ

Les deux premières années, vous payez des cotisations forfaitaires, d'un montant approximatif de 2 500 € la première année, 4 000 € la deuxième année. Mais la différence avec les montants réels sera régularisée dès la fin de la deuxième année puis la troisième année.

Les années suivantes, les cotisations sociales obligatoires sont proportionnelles à vos recettes. Elles atteignent 18 à 20 % de leur montant. Comptez encore environ 5 % pour les assurances complémentaires facultatives.

Le reste de vos charges (environ 25 % des recettes) correspond à vos frais d'exploitation.

L'ensemble de ces sommes est déductible pour le calcul de l'impôt, dont l'assiette correspond donc à environ la moitié de vos recettes.

CHAPITRE 3

La protection sociale

Après un bon siècle de luttes farouches entre les salariés et les patrons, l'État français, longtemps après l'Allemagne (le système Bismark date de 1883) institua, par les ordonnances des 4 et 19 octobre 1945, la *Sécurité sociale* destinée à « garantir les travailleurs et leur famille contre les risques de toute nature… » Elle fut étendue en 1948 aux travailleurs non-salariés, augmentée de l'Unedic en 1958 et généralisée (facultativement) en 1978 à toute personne ne relevant d'aucun autre régime. Vous connaissez la suite.

À la même époque (1944 à 1948) la *Social Insurance* voit le jour côté britannique. Une conception relativement différente inspire les deux systèmes : la Sécurité sociale française s'adresse aux travailleurs et est gérée « paritairement », en indépendance complète de l'État et du budget national – à ceci près que c'est l'État qui comble les déficits.

Son équivalente anglaise est gérée par l'État et ses cotisations sont recouvrées par le fisc. Les années Thatcher vont « privatiser » quelque peu ce mécanisme qui se limite dorénavant à une protection minimale (c'est pourquoi les cotisations sociales y sont si faibles), complétée selon la volonté des assurés.

Tant que la grande majorité des citoyens étaient salariés à plein temps et à vie, mariés à vie, géniteurs de nombreux enfants et morts peu de temps après la fin de leur vie laborieuse, le système français présentait de nombreux avantages. Depuis quelques années, il subit simultanément l'amélioration – ou la détérioration, selon le point de vue – de ces conditions historiques.

En France, ce concept de couverture sociale présente en outre un grave désavantage pour les professionnels dont la carrière et les liaisons maritales se pluralisent. Fonder sa protection sociale sur des statuts et des professions devenus éminemment variables et mouvants se combine mal avec la retenue des cotisations sur le lieu de travail.

L'instauration de la CSG (par Michel Rocard en 1991) est donc un premier pas dans le sens d'une plus grande universalité. Cet impôt est devenu en 1998 la première source de prélèvement direct : 316 milliards de francs contre 304 pour l'impôt sur le revenu des personnes physiques.

Sa généralisation pour l'ensemble des cotisations sociales simplifierait grandement leur versement, mais ce n'est pas la voie choisie par les récents gouvernements, soucieux de ne pas se heurter de front avec le personnel des centaines d'organismes de recouvrement divers et variés (URSSAF, caisses d'assurance maladie, caisses de retraite, etc.). L'instauration d'un guichet unique serait toutefois une avancée vers la simplification.

Il fallait cet historique en préalable au présent chapitre pour vous faire comprendre que la description des prestations offertes par les régimes sociaux est complexe, et que si, comme freelance, vous vous sentez à part dans la collectivité nationale, vous êtes en réalité enserrés dans des liens historiques puissants et tenaces. L'Europe oblige à simplifier ce « plat de nouilles », mais ce n'est pas pour demain.

Les choses étant ce qu'elles sont, et les cotisations ayant été exposées dans le chapitre précédent, quelles en sont les contreparties ?

Les prestations santé
En cas de maladie ou d'accident

Depuis le 1er janvier 2001, la protection santé maternité des non-salariés a été alignée sur celle des salariés. Nous vous la présentons quand même, pour mémoire.

Le principe de base est de vous rembourser une partie de vos dépenses, environ 70 % en cas de « petits » soins, 100 % en cas de « gros » soins.

La protection sociale

Nous verrons que la réalité est moins généreuse, le tarif de remboursement étant parfois bien éloigné du montant des dépenses réelles. La récente réforme n'a rien amélioré.

Quels sont les « petits » risques ?
- les honoraires des praticiens (médecins, dentistes), le taux de remboursement est de 70 % ;
- les honoraires des auxiliaires médicaux (kinésithérapeutes, infirmières, etc.) : 60 % ;
- les médicaments, respectivement 35 et 65 % pour les médicaments à vignette bleue et à vignette blanche ; 100 % pour certains médicaments spécialisés ;
- les prothèses (l'appareil dentaire de vos enfants, les lunettes, les sonotones…) 65 %.

Quels sont les « gros » risques ?
- Les affections de longue durée (liste de 30 maladies) ;
- Les hospitalisations « graves » ou longues (dépassant 30 jours) ;
- Les hospitalisations « légères » (moins de 30 jours).

Dans les deux premiers cas, tous les frais médicaux, y compris les « petits » soins, sont pris en charge à 100 %. N'est laissé à votre charge que le forfait hospitalier, de 13 € par jour. Dans le troisième cas – hospitalisations « légères » – la prise en charge est de 80 %.

Qui est couvert ?
Conjoints et enfant(s) – à charge jusqu'à 20 ans s'ils poursuivent leurs études – : ils sont protégés par l'intermédiaire de l'assuré. Néanmoins, s'ils dépendent d'un autre régime, ils sont assurés par leur caisse. Pour les enfants, vous avez le choix entre les caisses des deux parents.

Une bonne couverture, mais qui doit être complétée
En regardant de près les statistiques médicales, on constate que les taux moyens de remboursement (tous risques confondus) sont de l'ordre de 85 %.

© Éditions d'Organisation

En y regardant d'encore plus près, on constate aussi que les gros risques représentent 50 % des sommes remboursées par la caisse d'assurance maladie, les petits risques un peu moins de la moitié, et les maternités 3 %. Dans la moitié des soins, vous êtes donc remboursé à 100 %.

Mais 100 % « du tarif conventionné (TC) », c'est-à-dire décidé par les Caisses d'assurance santé, qui n'est pas tout à fait le montant à payer.

Or, dans certains cas, le risque est grand de devoir dépenser des sommes importantes pour les prothèses, les lunettes, les appareils dentaires, etc. qui dépasseront, parfois de beaucoup, le TC. Il faut donc compléter la couverture collective par des assurances privées (des « mutuelles »). Nous verrons cela dans le chapitre suivant.

La maternité

Les soins

Ceux-ci sont couverts à 100 % pour les examens obligatoires (à 65 % pour les médicaments) jusqu'aux quatre derniers mois, à 100 % de tous les soins ensuite. Les frais d'accouchement (honoraires médicaux, médicaments et frais de séjour) à 100 %. Attention cependant au même détail que précédemment : les tarifs « conventionnés » ne reflètent pas toujours ce que vous payez.

Les allocations (les prestations « en espèces »)

Une première allocation est versée pour compenser la diminution de votre activité : 2 476 € en 2004 (le plafond mensuel de la Sécurité sociale, PMSS), versée pour moitié au 7e mois et pour moitié après l'accouchement. Cette allocation est réduite de moitié en cas d'adoption.

Une seconde est versée pendant une période d'au moins trente jours consécutifs, prolongeable de deux quinzaines, avant et après l'accouchement. Le montant est de 41,27 € (1/60e du PMSS) par jour pendant la période de trente jours, il est divisé par deux au-delà. En cas d'adoption, ce même montant est versé après l'arrivée de l'enfant au foyer, pendant une période maximale de quarante-cinq jours. La cessation d'activité doit être déclarée sur l'honneur accompagnée d'un certificat médical.

La protection sociale

Si vous êtes la collaboratrice d'un freelance (profession libérale ou gérant majoritaire d'une SARL/EURL), vous bénéficiez de la première allocation et votre mari d'une indemnité de remplacement de vingt-huit jours au maximum aux alentours de l'accouchement (six semaines avant et dix semaines après). Montant : 1 289,24 € en 2004 (indexé sur le Smic), la moitié pour une adoption. Il devra justifier de votre remplacement effectif.

L'allocation de paternité

Un congé paternité est offert aux pères de famille non-salariés : 11 jours consécutifs, ou 18 jours au plus en cas de naissances ou d'adoptions multiples, à prendre dans les quatre mois suivants la naissance ou l'arrivée de l'enfant au foyer. L'indemnité journalière forfaitaire est la même que celle versée pendant un congé de maternité (*cf.* plus haut). Le versement de cette indemnité journalière est subordonné à la cessation d'activité du travailleur non-salarié pendant le congé. Une attestation sur l'honneur lui sera demandée.

Arrêts de travail

Si vous êtes profession libérale, vous ne touchez aucune indemnité journalière en cas d'arrêt de travail. Il se murmure que les agents d'assurance, professionnels libéraux, considèrent cette assurance collective comme une concurrence déloyale… Résultat, vous devez passer par leur intermédiaire pour souscrire votre propre protection (*cf.* chapitre suivant).

Si vous êtes artisan ou commerçant, vous cotisez 0,5 % de votre assiette de cotisations d'assurance maladie maternité (du premier euro à cinq fois le PSS), et vous touchez $1/720^e$ de l'assiette moyenne des trois dernières années (en gros une demi-journée de revenus) par jour, avec un minimum de 40 % du PSS et un maximum de 100 % du PSS (16,21 à 41,27 € en 2004). Délai de carence : 3 jours (vous ne touchez rien pendant les 3 premiers jours) en cas d'hospitalisation, 7 jours en cas de maladie ou d'accident.

Versement maximum pendant 3 ans s'il s'agit d'une affection de longue durée (ALD) ou 360 jours, consécutifs ou non consécutifs, étalés sur trois ans. Au-delà, le régime d'invalidité-décès prend le relais.

> **Exemple**
> Chiffre d'affaires moyen des trois dernières années, 60 000 €, assiette 60 % soit 36 000 €, cotisations 180 € par an, indemnités journalières 41,27 € par jour.

Allocations familiales

Les prestations sont rigoureusement identiques à celles versées à toute personne physique élevant un ou plusieurs enfants résidant en France. Nous n'allons donc pas en donner le détail, mais citer quelques points de repères.

Toutes les prestations sont basées sur une valeur réactualisée tous les ans : la base mensuelle d'allocations familiales (BMAF). En 2004, celle-ci est de 353,59 €. 2 enfants donnent droit à 32 % de la base, 3 enfants à 73 %, 4 enfants à 114 %, etc.

Certaines allocations sont fonction des ressources du foyer : l'allocation pour jeune enfant, complément familial, allocation de rentrée scolaire, aide à la scolarité, etc. Vérifiez tous ces critères auprès d'une assistante sociale ou de votre caisse locale d'allocations familiales ou du site www.caf.fr.

Vieillesse

Les allocations vieillesse sont issues de deux sources : les retraites de base et les retraites complémentaires. Pour les non-salariés non-agricoles, elles sont gérées par trois organismes autonomes : l'Organic (Caisse nationale du régime d'assurance vieillesse invalidité-décès des non-salariés de l'industrie et du commerce) pour les industriels et les commerçants, la CANCAVA (Caisse autonome nationale de compensation de l'assurance vieillesse des artisans) pour les artisans et la CIPAV (Caisse interprofessionnelle de prévoyance et d'assurance vieillesse) pour les professions libérales non réglementées.

L'Organic et la Cancava devraient bientôt fusionner dans le RSI (régime social des indépendants), mais cela ne devrait rien changer quant aux prestations versées. Des sections professionnelles ou interprofessionnelles se chargent de la gestion quotidienne.

La protection sociale

La retraite de base

Les prestations vieillesse sont extraordinairement complexes, nous ne citerons que les règles principales. Dans tous les cas, la retraite peut se prendre à partir de 60 ans mais sera minorée si vous n'avez pas atteint 160 trimestres de cotisation.

- ## Commerçants, industriels et artisans, ORGANIC et CANCAVA

    Vous. Les prestations versées aux industriels, commerçants et artisans suivent le même mécanisme que celles des salariés : nombre de trimestres (maximum 150) divisé par 150, multiplié par revenu annuel moyen (RPM, limité au PSS), multiplié par le taux de la pension (50 % = taux normal). Le RPM se calcule en faisant la moyenne des 15 à 25 (selon votre date de naissance) meilleures années. Approximativement, si vous avez cotisé jusqu'au PSS pendant le nombre d'années adéquat, vous touchez la moitié du plafond de la Sécurité sociale : 14 856 € par an.

    Cette pension est majorée de 0,75 % par trimestre si vous continuez à travailler au-delà des 160 trimestres requis.
    Sous certaines conditions, il est possible de racheter des trimestres.

    Votre conjoint. Une pension de réversion, au taux de 54 %, est versée, sous certaines conditions, au conjoint. Dans certains cas, une majoration de la pension de l'assuré peut être accordée et un taux de réversion de 75 %. Le statut de conjoint collaborateur permet à celui-ci de bénéficier d'une pension personnelle.

- ## Professions libérales, CIPAV

La pension de base est calculée en fonction du nombre de points acquis par les cotisations. Valeur du point en 2004 : 0,484 €. Elle est minorée de 1,25 % par trimestre manquant, et majorée de 0,75 % par trimestre au-delà de 160.

© Éditions d'Organisation

S'installer à son compte

Conjoint. À partir du 1ᵉʳ juillet 2004, la pension de réversion sera accordée sans conditions d'âge, mais les détails ne sont pas encore publiés. Consultez le site www.cipav-berri.org.

Comparaison. En raison du mode de calcul différent, il est difficile de comparer les pensions de base du régime des commerçants-industriels et artisans et celui des libéraux. On peut toutefois noter que le mode calcul par points élimine le principal inconvénient du régime général : la réévaluation des revenus antérieurs (calcul du RPM) qui lèse toujours les cotisants, le calcul étant fait en fonction de l'évolution du coût de la vie et non de l'indice des salaires. Ceci étant dit, les libéraux ont toujours privilégié la retraite complémentaire, dont ils maîtrisent la gestion, contre le régime de base dont les règles sont fixées par l'État.

Fonds de solidarité vieillesse (FSV)

Ce fonds verse, à partir de 65 ans, une allocation (4 154,68 ou 6 855,79 €) aux personnes disposant de ressources inférieures à un « minimum vieillesse » : 7 223,45 € pour une personne seule et 12 652,36 € pour un couple (chiffres 2004).

La retraite complémentaire obligatoire
Artisans

Le taux de la cotisation est de 6,70 %, sur l'assiette habituelle (revenus de l'année N-2) avec un plancher de 200 fois le Smic horaire au 1ᵉʳ janvier (1 438 €, soit une cotisation minimum de 96 € en 2004) et un plafond de quatre fois le PSS (118 848 €, soit une cotisation maximum de 7 963 €). Le montant de la retraite dépend du nombre de points acquis par l'assuré chaque année de cotisation (un point de cotisation vaut 3,882 € en 2004) multiplié par le taux du point l'année de versement de la retraite (un point de liquidation vaut 0,28728 € en 2004). Actuellement, la pension versée vaut à peu près 7,4 % de la cotisation versée chaque année, multipliée donc par le nombre d'année de versement. Exemple : je verse en moyenne chaque année une cotisation de 1 500 €, au bout de quarante ans je toucherai 4 500 € par an.

Professions libérales, CIPAV

Le montant de la retraite dépend du nombre de points obtenus chaque année, proportionnels eux-mêmes à la classe de cotisation correspondant à des tranches de l'assiette des cotisations sociales. Le point de cotisation vaut 180 €, le point de liquidation 23, soit un rendement de 13 %.

EXEMPLE
Revenu professionnel = 40 000 €, classe 2, cotisation = 1 440 € en 2004 (8 points de retraite). À la retraite, le nombre de points est multiplié par la valeur du point (23 € en 2004). Après quarante ans de cotisation, vous toucherez une pension annuelle de 7 360 €.
Si je choisis de cotiser à la classe au-dessus (classe 3), je paye 2 160 € de cotisation pour 12 points de retraite. Après quarante ans de cotisation, je touche une pension annuelle de 11 000 €.

Quelques remarques :
- Nous vous conseillons vivement d'opter pour la classe immédiatement supérieure.
- On ne peut obtenir plus de 40 points par an. Pour 40 ans de cotisations, vous pouvez espérer une retraite maximum de 1 600 points, soit 36 800 €.
- La pension de retraite complémentaire est versée à taux plein à partir de 65 ans, avec un abattement de 5 % par an à partir de 60 ans. Il n'y a plus de condition de durée minimum de cotisation.

Comparaison

Les régimes complémentaires de la CIPAV et de la CANCAVA fonctionnent de façon similaire (système par points). Ils se distinguent cependant par l'évolution démographique des professions concernées, puisque le principe est de répartir les ressources annuelles parmi les retraités. Les professions de l'artisanat (CANCAVA) sont en forte régression démographique (de moins en moins de jeunes pour de plus en plus de retraités), alors que les professions libérales (CIPAV) suivent une progression inverse. Cette dernière a, de plus, mis en réserve une partie de ses ressources dans laquelle elle pourra puiser durant les années « creuses » (2005 à 2040, d'après les augures).

Autres professions libérales non réglementées

L'IRCEC, pour l'enseignement et la création, le RACD pour les auteurs dramatiques, le RACL pour les auteurs et compositeurs de musique sont les caisses professionnelles concernant les freelances. Elles fonctionnent aussi selon une accumulation de points.

Conclusion sur la retraite

Les réformes introduites en 2003 ont fortement harmonisé les retraites de base, ce qui facilite la vie des pluriactifs. Toutefois, la pension servie par celles-ci (maximum absolu, jamais atteint, 14 856 €) reste un minimum de base. Ce sont les pensions complémentaires qui font la différence, or elles sont restées très disparates. La mobilité entre les statuts n'en est pas facilitée.

Nous conseillons donc à nos lecteurs de ne pas négliger les retraites sur-complémentaires (*cf.* chapitre 4).

L'INVALIDITÉ-DÉCÈS

L'assurance en cas d'invalidité ou de décès est la dernière assurance obligatoire à laquelle vous cotisez. Pour en bénéficier, il faut avoir moins de 60 ans. Au-delà de cet âge, les prestations cessent et le régime de retraite prend le relais.

Les assurances invalidité-décès sont gérées par les caisses de retraite de base.

Invalidité

La prestation est calculée à partir d'une invalidité « totale et définitive », évaluée par le médecin-conseil de votre caisse.

- Pour les commerçants et industriels, la rente est de 6 358 € par an (chiffre 2003) pour une invalidité totale.
  Depuis le 1er janvier 2004, une pension est possible aussi en cas d'invalidité partielle, mais le décret d'application n'est pas encore paru. À suivre sur www.organic.fr ;

La protection sociale

- Pour les artisans, la rente est égale à 50 % du revenu annuel moyen d'activité (*cf.* arrêts de travail plus haut dans le chapitre). Elle ne peut être inférieure à l'AVTS, soit 2 898,29 € en 2004 ni supérieure à la moitié du PSS (14 856 € en 2004). Une pension temporaire (« d'invalidité au métier ») existe, à partir d'un taux d'invalidité d'au moins 66 %, de 50 % pendant trois ans, de 30 % ensuite ;
- Pour les professions libérales (CIPAV), la rente est fonction du nombre de points acquis chaque année par les cotisations au régime spécifique s'il avait cotisé à ce régime jusqu'à 65 ans (classe A, 4 points ; B, 12 points ; C, 20 points – valeur du point en 2004 : 23 €) et proportionnelle au taux d'invalidité entre 100 et 66 %.

Décès

Le capital est versé aux ayants droit, suivant un protocole pouvant varier légèrement suivant la profession. Il n'est pas soumis aux droits de succession.

- Pour les industriels et commerçants, versement d'un capital fixe revalorisé chaque année (2 928 € en 2004).
- Pour les artisans, c'est un capital qui est versé : 20 % du PSS (5 942,40 € en 2004). Un capital supplémentaire de 5 % du PSS, 1 485,60 €, est versé à chaque orphelin.
- Pour les professions libérales (CIPAV), le montant du capital est de 13 000, 41 400 ou 69 000 € en fonction de la classe choisie de cotisation. Il est doublé en cas d'accident, minoré après 65 ans. Une rente est accordée au conjoint survivant et aux orphelins.

LA PLURIACTIVITÉ

On a vu dans le chapitre 2 que vous deviez cotiser à toutes les caisses pour chaque activité. Quelles sont les règles pour les prestations ?

Le mot-clé est celui « d'activité principale ». Est activité principale celle qui vous procure la majorité de vos revenus. Cependant, l'activité salariée doit avoir comporté au moins 1 200 heures de travail salarié ou assimilé (chômage, arrêts maladie) durant les douze mois précédents.

© Éditions d'Organisation

Activité salariée et activité non-salariée

- Pour l'assurance maladie maternité, vous touchez les prestations de la caisse correspondant à votre activité principale ;
- Pour les allocations familiales, c'est indifférent, car elles sont identiques pour tous les assurés ;
- Pour la retraite, vous devez d'abord avoir cotisé 160 trimestres dans l'ensemble des régimes. Ensuite, vous touchez une pension de chaque caisse, suivant les règles propres de celle-ci. En revanche, vous pouvez très bien cesser une des activités, toucher votre retraite de la caisse correspondante, et continuer à exercer l'autre activité. (Méfiez-vous toutefois des caisses de cadres, Agirc, qui demandent la cessation de toutes les activités).

Activités non-salariées

- *Assurance maladie maternité.* Vous ne dépendez que d'une seule caisse, la Canam, c'est donc très simple : vous relevez alors de la Caisse mutuelle régionale correspondant à la caisse vieillesse à laquelle vous êtes rattaché (de toute façon les CMR sont toutes coordonnées par la Canam) ;
- *Retraite.* Activité libérale et activité non-libérale (artisan, commerçant, industriel et même activité agricole). Vous cotisez à la caisse de votre activité principale et touchez la retraite versée par celle-ci.
- *Retraite.* Activités libérales simultanées. Si vous dépendez d'un ordre professionnel pour l'une de vos activités, c'est à la caisse correspondant à celui-ci que vous êtes rattaché ; sinon, si vos deux activités ne dépendent d'aucun ordre, vous êtes rattaché à la caisse de votre activité initiale, celle à laquelle vous étiez rattaché en débutant votre activité non-salariée. Si vous cessez cette activité initiale et que vous en avez encore plusieurs, vous avez le choix.

La protection sociale

LA DÉPENDANCE

Votée par le Parlement en juin 2001, l'allocation personnalisée à l'autonomie (APA) est une aide financière pour les personnes dépendantes de plus de soixante ans. Elle prend en charge les actes de la vie quotidienne (heures de ménage, livraison de repas, toilette, aménagement de l'habitat…) ou les dépenses de séjours en établissement spécialisé. L'APA est ouverte à toutes les personnes âgées et fortement dépendantes de plus de 60 ans. Son montant est modulable en fonction du degré de dépendance et des ressources de la personne.

Ce sont les conseils généraux de chaque département qui gèrent cette allocation. Il n'existe pas encore de caisse spécifique enregistrant des cotisations et versant des prestations. Salarié ou non-salarié, vous en bénéficiez donc, le cas échéant.

Un nouveau projet de loi devrait bientôt changer ce mode de versement des prestations.

RÉSUMÉ

La protection sociale des non-salariés a été alignée pour la santé et la maternité. Elle est encore bien inférieure pour la retraite, parce que les cotisations des non-salariés sont plus faibles que celles des salariés. Il est donc conseillé de souscrire à une assurance « surcomplémentaire », que nous allons voir dans le chapitre suivant.

CHAPITRE 4

Les assurances professionnelles

Entreprise à part entière, vous devez assumer votre choix jusqu'au bout et en particulier prendre toutes les précautions pour faire face à tous les incidents dont vous pourriez pâtir ou faire subir à autrui.

Les assurances professionnelles servent à mutualiser cette protection. Elles sont de deux ordres : les assurances des biens de votre entreprise et de votre responsabilité civile, et les assurances de votre personne, en complément de votre protection sociale obligatoire.

> **ATTENTION !**
> Les tarifs des assurances explosent ces dernières années. Il nous a paru inutile de mettre à jour les montants indiqués ci-dessous, tant leur vitesse de variation est grande. Faites jouer la concurrence, si vous le pouvez !

Fisc. Les assurances des biens et de la responsabilité civile de votre entreprise sont déductibles du revenu imposable. Les complémentaires santé aussi. Les complémentaires prévoyance et retraite aussi, sous réserve qu'elles respectent les critères de la loi Madelin.

Cotisations sociales. Les assurances des biens et de la responsabilité civile de votre entreprise sont déductibles de l'assiette de toutes les cotisations sociales (sauf la CSG/CRDS). Les complémentaires santé, prévoyance et retraite ne le sont pas.

© Éditions d'Organisation

LES ASSURANCES DE VOS BIENS PROFESSIONNELS

Il s'agit des locaux que vous affectez à votre activité professionnelle, des matériels qui s'y trouvent et de tous matériels professionnels que vous emportez avec vous.

● *Locaux*

Vous allez les assurer contre le vol, l'incendie, le dégât des eaux, les bris de glaces, la foudre, les attentats, le vandalisme.

Si vous êtes installé chez vous : signalez-le à la compagnie d'assurances qui assure votre multirisque habitation, pour qu'ils suppriment cette pièce et son contenu de votre assurance. Certaines compagnies vous proposeront un avenant pour assurer spécifiquement la partie professionnelle. Sinon, souscrivez une multirisque professionnelle séparée. Le montant des primes dépend de la surface de vos locaux et de leur situation.

● *Matériels entreposés*

Faites le compte : ordinateur et logiciel, fax, photocopieur, téléphone, bureau, armoires, sans doute entre 5 000 et 10 000 €. Ce montant vous donne la valeur du contenu à assurer, dont dépend la prime à payer.

> **À SURVEILLER**
> *La valeur de remplacement du matériel, de l'ordinateur surtout, vu l'obsolescence rapide de ces machines. Essayez d'obtenir que votre contrat rembourse « à sa valeur à neuf de remplacement » cet ordinateur et son logiciel.*

Bonus : le remboursement des pertes d'exploitation liées à un sinistre (« remettre votre entreprise dans l'état où elle se trouvait avant le sinistre »).

Bonus : les loyers restant dus en cas de leasing, les frais de décontamination en cas de virus, la reconstitution des données en cas de sinistre ou de virus.

Malus : une franchise pour les remboursements.

Les assurances professionnelles

Matériels mobiles

Pour l'ordinateur, le téléphone, l'assistant personnel portable, même principe que ci-dessus, essayez d'obtenir le remboursement de la valeur à neuf.

Coût de l'assurance

Environ 300 à 500 € pour une installation moyenne.

L'ASSURANCE RESPONSABILITÉ CIVILE

Cette assurance couvre votre responsabilité dans différents domaines : la responsabilité civile d'exploitation et la responsabilité civile professionnelle.

La responsabilité civile d'exploitation

Elle consiste à couvrir les dommages causés à autrui dans des domaines autres que votre expertise professionnelle. C'est l'assurance baptisée « pots de fleurs » par les assureurs. Exemple : vous bousculez un employé de votre client dans l'escalier, vous endommagez une chaise en vous asseyant, vous égarez un des échantillons qu'il vous a prêtés, etc.

La responsabilité civile professionnelle

Les mêmes dommages, mais causés dans l'exercice de votre expertise professionnelle. Exemple : à la suite de vos conseils, votre client subit une grève du personnel ; il perd un marché à cause d'une mauvaise traduction ; un virus transporté par une de vos disquettes lui fait perdre tous ses fichiers. Il n'est pas besoin qu'il y ait faute professionnelle de votre part, les dommages peuvent provenir « d'erreurs, omissions ou négligences, manque de diligence ou de prudence dans l'accomplissement de votre prestation » (la faute professionnelle n'est jamais couverte). Votre activité comporte une obligation de *moyens*, mais aussi d'*information*, de *mise en garde* et de *conseil*, surtout si vous avez affaire à un non-professionnel de votre domaine technique. Tout manquement à ces obligations peut vous valoir un procès en responsabilité civile. C'est bien cet aspect de votre activité qui est couvert par l'assurance baptisée « RCPro » dans le langage courant.

Analysons quelques détails des clauses.

● *Les dommages corporels*

Ceux que vous causez à des personnes physiques, ils peuvent coûter cher. Prenez une garantie de quelques millions d'euros au moins.

● *Les dommages matériels*

Ceux qui sont liés à la destruction totale ou partielle de matériels, meubles, immeubles.

● *Les dommages immatériels « consécutifs »*

Lisez attentivement : ces dommages sont ceux résultant *directement* d'un dommage matériel. Vous avez détruit un ordinateur chez votre client, il faut aussi reconstituer son contenu. Vous avez mis le feu à un local et causé la perte de la dernière collection de mode : perte de prestige du couturier. Heureusement, ces dommages sont peu fréquents. Les suivants le sont davantage.

● *Les dommages immatériels « non-consécutifs »*

Ceux-là sont directs et sans relation à un dommage matériel. Dans votre activité de prestations intellectuelles, c'est le cas le plus fréquent, nul besoin de donner des exemples : conseil, traducteur, informaticien (les virus !), graphiste, attaché de presse ou de relations publiques, toutes ces activités sont susceptibles d'entraîner de graves dégâts dans une entreprise. Ce sont essentiellement ces dommages qu'il faut couvrir.

● *Protection juridique*

Les compagnies d'assurance vous proposent parfois cette protection supplémentaire, incluse ou séparée de la responsabilité civile. Il vous faut savoir ce qu'elle recouvre : une prise en charge des litiges de responsabilité civile avec vos clients (elle devrait alors s'appeler « défense et recours ») ? Un conseil préalable à ces litiges ? Un conseil préalable et une prise en charge de tous vos litiges professionnels ? Certains contrats vont même jusqu'au recouvrement des factures, choisissez ceux-là.

Les assurances professionnelles

● Client

Certains clients exigent une assurance responsabilité civile de leurs prestataires. Vous avez tout intérêt cependant à en souscrire une, et à le faire savoir dans votre communication (papier à en-tête, plaquette, site Web) et à le préciser dans vos contrats : « *Le Prestataire est couvert par une assurance de responsabilité civile, contrat n° XXX auprès de la compagnie Y.* »

● Coût

Il dépend beaucoup des professions. Dans le conseil, l'informatique, la formation, le commercial, comptez 500 à 1 000 € pour la RCPro, 100 à 150 € pour la protection juridique.

LES MUTUELLES SANTÉ

Le terme de mutuelle devrait être réservé à celles qui répondent au Code de la mutualité : pas de distribution de bénéfices, une voix un vote aux assemblées générales et un engagement à ne pas réclamer de visite médicale avant l'entrée, à ne pas résilier le contrat pendant les deux premières années (après, c'est illégal) et à garder la même cotisation qu'à l'entrée, quel que soit l'âge de l'assuré.

Les autres assureurs sont des sociétés anonymes ou des « mutuelles d'assurance » à statut mixte comme la MAIF, la MACIF, etc. Ils proposent toutefois de bons contrats.

Le plus difficile est de choisir parmi les offres. Il faut définir ses besoins et connaître les pièges avant de souscrire un contrat complémentaire à la protection santé obligatoire.

Pourquoi une assurance santé complémentaire ?

À cause, d'une part, du ticket modérateur et, d'autre part, de la différence entre le « tarif conventionné » (TC) et la dépense réelle.

Vous avez lu l'explication du ticket modérateur dans le chapitre 3, *La protection sociale* (page 60). Il est fait pour que les assurés n'abusent pas des facilités de l'accès gratuit aux soins. Mais il peut finir par coûter cher.

La prestation des « mutuelles » devrait donc rembourser ce ticket modérateur. C'est ce que font celles qui remboursent à « 100 % du TC ». Pour les honoraires de médecins et les médicaments, cela suffit en effet car le TC est égal au prix réel (mis à part quelques médecins haut de gamme que fréquentent rarement les freelances).

Ce n'est plus vrai, hélas ! pour les frais dentaires et les prothèses. Une couronne dentaire est calibrée par la SS à 107 €, vous la payez en réalité largement au-dessus de 300 €. L'appareil dentaire de vos enfants (orthodontie, prononcez *ortodonssie*) a un TC de 193 € (TO 90 dans la nomenclature), mais coûte rarement moins de 400 €. Ne parlons pas des lunettes remboursées sur la base de 16,84 € (une monture et deux verres) alors qu'il est difficile de trouver une paire de lunettes à moins de 100 €. Si la mutuelle vous rembourse « à 100 % », vous n'êtes guère avancé. C'est pourquoi elles proposent des prestations « à 150 %, à 200 % » ou plus.

Il faut donc regarder attentivement les rubriques dont le prix réel est largement supérieur au TC. Lesquelles ? Celles que nous venons de citer : **frais dentaires** (pas les honoraires du dentiste, mais les prothèses dentaires), les **prothèses optiques et auditives**, les **frais chirurgicaux** (hors hôpital), les **suppléments d'hospitalisation**, les frais de séjour en **maison de convalescence et de repos**. Ces prestations coûtent très cher et seul un remboursement à 200 ou 300 % est efficace.

Vous devez bien entendu pondérer cette étude en fonction de vos faiblesses et de celles de vos proches. Êtes-vous fragile des dents ? Portez-vous des lunettes ? Quels sont vos antécédents ? Quel âge avez-vous ? Etc.

Les vrais bonus

Analysez ensuite les suppléments offerts par les mutuelles : assistance à domicile en cas d'hospitalisation, gratuité enfants (jusqu'à quel âge ?), remboursement des dépenses « psychiatriques » (rares sont celles qui le proposent), tiers-payant (ailleurs qu'à la pharmacie), assistance à l'étranger. Ce sont là de vrais bonus.

Les trompe-l'œil

Ne tenez pas compte de certaines offres qui semblent mirifiques mais ne sont que des arguments marketing : primes de mariage, de noces d'or, de

Les assurances professionnelles

départ à la retraite, que vous n'utiliserez qu'une fois dans votre vie, remboursement des vaccins, etc. Le pire dans le genre est la couverture supplémentaire du conjoint, même s'il ou elle bénéficie déjà d'une mutuelle. Bien souvent celle-ci est en effet exclusive d'un second remboursement complémentaire.

Enfin, méfiez-vous des pièges.

Les pièges

Ils sont nombreux. Essayons d'en lister quelques-uns.

- **Le pourcentage de remboursement** inclut-il la quote-part de la Sécurité sociale ? Quand une mutuelle annonce « 100 % du TC », est-ce 100 %, quote-part due de la Sécurité sociale, ou 100 % en plus de celui-ci ? C'est la première question à poser avant de lire le reste du tableau.
- **Le questionnaire médical.** C'est le véritable moyen de vous piéger : toute question à laquelle vous n'avez pas répondu tout à fait correctement (« de quoi est morte votre grand-mère ? ») peut être un critère d'exclusion. Une fois exclu de cette façon-là, vous aurez du mal à trouver une autre assurance. Si vous répondez correctement, en disant par exemple que vous avez des douleurs dans le bras gauche, votre contrat risque d'exclure toute affection du bras gauche de la couverture (c'est arrivé à un chauffeur de taxi !).
- **Les exclusions**, justement. Ne monnayez pas une baisse de la prime contre une exclusion de couverture : seules les lunettes pour les aveugles sont éliminables.
- **Le « délai de carence »** : c'est le délai qu'il faut attendre après la signature du contrat avant d'être couvert. S'il dépasse 6 mois, danger !
- **Le surcoût lorsque vous dépasserez 60 ans.** Les assurances sont obligées de vous garder, à moins d'exclure tout assuré au-delà de cet âge, mais certaines vous le font payer très cher. Renseignez-vous : « Nous ne pouvons pas prévoir nos tarifs quand vous aurez 60 ans, ils peuvent changer d'ici là. – Aujourd'hui, quel tarif appliquez-vous à 40 ans, quel tarif à 61 ? » Si le ratio dépasse 50 %, cherchez ailleurs.
- **Le surcoût au féminin.** Parfois, le dépliant de présentation est basé sur le tarif homme. Si vous êtes une femme, vérifiez les petites lettres, le surcoût peut parfois atteindre 70 % !

- **Les limites annuelles.** Par exemple pour les lunettes, l'assurance vous offre une prime fixe de 100 € par an pour une monture plus deux verres. Vous n'irez pas loin avec cette somme, et devrez attendre l'année suivante pour la paire de secours. Autre proposition : les frais de séjour en hôpital ou maison de repos limités à 30 jours par an. Et après ? Certains soins ne sont pas pris en compte par la Sécurité sociale, et justement coûtent cher : lentilles jetables, implants dentaires, aide ménagère. Sont-ils remboursés par l'assurance ?

Comment choisir ?

Ne vous focalisez pas sur le montant de la prime. Une couronne dentaire isolée, *cf.* exemple ci-dessus, peut vous coûter 100 € selon qu'elle est remboursée à 100 ou 200 %. Il vaut mieux payer 50 € de différence de prime si vous êtes sujet à des soins dentaires intensifs. Idem pour les lunettes, pour la « petite chirurgie ». Cochez d'abord les différences de remboursement pour les soins « chers ». Regardez la différence de prime ensuite. Analysez ensuite l'augmentation de la prime avec l'âge, rajoutez les bonus, retranchez les pièges. Agitez et servez avec un zeste de jugement sur le sérieux de l'agent ou du courtier. Et dégustez lentement : inutile de courir chez le médecin dès le contrat signé.

- **Les contrats aux « frais réels ».** Il en existe qui vous remboursent sur la base des frais réels. S'ils ne cachent pas de pièges majeurs, c'est le Pérou. Les primes valent environ 1 000 € (par an) mais vous partez ensuite l'esprit libre chez votre client.

- **Coût.** À part ce dernier exemple, à vrai dire exceptionnel, un contrat santé pour un freelance coûte environ 300 à 600 € par an. Ceux à 1 000 € n'apportent pas toujours de prestations exceptionnelles. L'éventail est donc large et justifie une bonne analyse.

LES INDEMNITÉS JOURNALIÈRES

Le choix est aussi grand pour les indemnités journalières que pour la santé, mais les composants du contrat plus réduits : montant de l'indemnité journalière, délai de franchise à votre charge, délai d'indemnisation. A vous de choisir, en général, entre 15 jours et un mois de franchise, entre

Les assurances professionnelles

une et plusieurs années de couverture (mais qu'est-ce que ça veut dire, plusieurs années de couverture ? Vous aller de toute façon arrêter votre *business* avant et toucher une pension d'invalidité).

Piège. Certaines indemnités ne sont versées qu'en cas de maladie ou qu'en cas d'accident. Exigez les deux.

Coût. Ces assurances sont toujours combinées avec celles d'invalidité-décès, voir ci-dessous.

LOI MADELIN

Avant d'aborder les deux rubriques suivantes, examinons les conditions de déductibilité des cotisations complémentaires d'invalidité-décès et de retraite. Elles sont fixées par la loi du 11 février 1994, dite loi Madelin.

Voici sa transcription dans le Code Général des Impôts (CGI) :

LOI MADELIN

Chapitre Ier, Section II, art. 154bis
« Pour la détermination des bénéfices industriels et commerciaux et des bénéfices des professions non-commerciales, sont admises en déduction du bénéfice imposable les cotisations à des régimes obligatoires, de base ou complémentaires, d'allocations familiales, d'assurance vieillesse, invalidité, décès, maladie et maternité… (cotisations obligatoires).
*« Il en est également de même des primes versées au titre **des contrats d'assurance groupe**, prévues par l'article 41 (modifié) de la loi n° 94-126 du 11 février 1994 relative à l'initiative et à l'entreprise individuelle et des cotisations aux régimes facultatifs [gérés par les caisses de Sécurité sociale] pour les mêmes risques et **gérés dans les mêmes conditions**, dans une section spécifique au sein de l'organisme. »*

« Des contrats d'assurance groupe ». L'inspiration du texte était de réserver aux associations, syndicats, ordres ou chambres le bénéfice de proposer ces assurances complémentaires. Les compagnies d'assurance ont détourné cette clause en s'adjoignant des associations loi de 1901 auxquelles elles font adhérer leurs clients.

« Gérés dans les mêmes conditions » signifie primes fixes que vous vous engagez à payer régulièrement. Quelques aménagements ont rendu ces régularités plus souples. Mais l'essentiel n'est pas là.

© Éditions d'Organisation

• Choix entre rente et capital

L'article 41 de la loi, que vous trouverez en annexe D, précise que les prestations sont versées sous forme de « rentes ». C'est tout le contraire avec les contrats d'épargne qui vous sont habituellement proposés (assurance vie, etc.) : le versement final se fait sous forme de capital. Dans ce cas, cependant, les primes à payer sont « fiscalisées » (vous ne pouvez pas les déduire de votre résultat professionnel imposable).

En revanche, le capital libéré (incorporant les intérêts capitalisés) par un contrat d'assurance vie n'est pas imposable, alors que la rente servie à la suite d'un contrat Madelin l'est.

Ainsi vous avez le choix : des primes déductibles et une rente imposable (loi Madelin), ou des primes non-déductibles et un capital non-imposable (assurance vie, etc.).

Les compagnies d'assurance semblent préférer payer des capitaux que des rentes (elles se garantissent ainsi contre les aléas de ces paiements à durée aléatoire). Elles vont donc majoritairement vous proposer des contrats du premier type, en insistant sur la non-fiscalisation des capitaux.

Entre payer des impôts lors de votre période de pleine activité, avec des revenus, espérons-le, élevés, et payer des impôts lors d'une éventuelle invalidité – ou après votre décès pour vos ayants droit – ou lors de votre retraite, quel est le meilleur choix ? Nous vous laissons juge, mais ne laissez pas les assureurs faire ce choix à votre place.

INVALIDITÉ-DÉCÈS

• Invalidité

Rente ou capital, donc. Les assurances privées s'alignent sur la décision du médecin-conseil de la Sécurité sociale pour évaluer le taux d'invalidité, parfois assortie d'une possibilité de contre-visite.

Vérifiez sur votre contrat :

- le taux d'invalidité couvert (totale ou proportionnelle au taux ? à partir de quel taux ?) ;

- la notion d'invalidité temporaire (mais les indemnités journalières peuvent couvrir plusieurs années) ou permanente ;
- jusqu'à quel âge vous êtes couvert ;
- le montant versé.

Décès

Rente ou capital, toujours. Vérifiez :
- quels sont les bénéficiaires (en général, vous les choisissez) ;
- dans quel délai les sommes sont-elles versées ?
- jusqu'à quel âge êtes-vous couvert ?
- y a-t-il une couverture supplémentaire genre « rente éducation » pour les enfants ? jusqu'à quel âge ?

Invalidité et décès

Vérifiez aussi :
- invalidité ou décès à la suite seulement d'une maladie ? seulement d'un accident ? de l'une ou l'autre cause ? (parfois la somme versée est doublée en cas d'accident) ;
- les taux de revalorisation des primes et des prestations ; la variation des cotisations en fonction de l'âge ;
- y a-t-il un questionnaire médical ?
- les limitations sur la cause du dommage (suicide, dépressions nerveuses, grossesse et maternité, traitements esthétiques, rixe – « sauf en cas de légitime défense » –, activité sportive, stupéfiants, guerre étrangère ou civile, rayonnements ionisants sont les cas habituels, plus ou moins discutables). Vous pouvez demander la suppression de certaines limitations, mais cela augmentera probablement les cotisations.

Coût

Les prestations d'indemnités journalières, d'invalidité et de décès sont en général combinées dans un même contrat, il est très difficile de trouver l'une sans les autres. Pour une prestation d'environ 75 € par jour, et un capital de 75 000 € (invalidité ou décès), le montant des primes varie entre 500 et 1 500 € selon l'âge.

S'installer à son compte

RETRAITE SURCOMPLÉMENTAIRE

On l'appelle *surcomplémentaire* parce que la protection sociale vous offre déjà, dans certaines professions, des retraites *complémentaires*, *cf.* chapitre 3 – La protection sociale.

Les calculs de primes et de rente/capital sont assez semblables entre les offres, il s'agit d'un pur calcul actuariel basé sur :
- la rémunération de l'épargne (les promesses sont limitées par la loi) ;
- l'indexation des primes annuelles ;
- la durée de l'épargne ;
- le taux de rente viagère appliqué (dès la souscription).

Vous êtes capable de faire ce calcul avec un tableur, dans un sens pour la période « épargne » pour connaître le capital accumulé, dans l'autre pour la période « rente viagère » si rente il y a.

Vous pouvez faire votre choix de deux façons : soit en fonction des primes que vous pouvez payer, soit des capitaux ou rentes que voulez obtenir. Demandez le double tableau à votre assureur (en fonction de votre âge et de l'âge souhaité de retraite).

Options (*avec un supplément de cotisation ?*) :
- paiement des primes en cas d'invalidité temporaire ou permanente (accident, ou maladie, ou les deux ?) ;
- réversion totale ou partielle en cas de décès *avant* ou *après* la retraite.

Comparaison avec l'assurance-vie

L'assurance-vie est souvent l'épargne proposée par les assureurs en remplacement d'une assurance-vieillesse. Elle présentait il y a quelque temps l'indéniable avantage d'une défiscalisation totale, ce qui n'est plus tout à fait vrai aujourd'hui. Elle garde cependant de sérieux atouts : période d'épargne variable à votre gré au-delà de huit ans, versements souples, indexation sur des valeurs plus ou moins spéculatives ou à forte croissance (monétaires, actions, multi-supports, etc.), et surtout, en cas de décès, transmission du capital à qui bon vous semble sans droits de succession. Le plan d'épargne populaire (PEP) combine certains de ces avan-

Les assurances professionnelles

tages avec la possibilité de « sortir » en rente (défiscalisée) ou en capital, mais les primes ne sont pas défiscalisées. Aucun intérêt.

L'assurance-vie est strictement personnelle et ne peut être souscrite par votre entreprise pour imputation dans les charges d'exploitation ; une surcomplémentaire vieillesse avec versement d'un capital non plus puisqu'elle n'est pas défiscalisée (loi Madelin). Ce sont donc ces deux types d'assurance qui sont en concurrence, et non celle éligible à la loi Madelin. Nous revoilà au choix initial : rente ou capital ?

RÉCAPITULATIF

Surcomplémentaire « Madelin » : primes défiscalisées pendant la période d'épargne ; à la retraite, une rente viagère sur laquelle vous payez des impôts, avec réversion possible à votre conjoint.

Surcomplémentaire non « Madelin » : primes fiscalisées pendant la période d'épargne ; un capital à la retraite dont les intérêts seuls seront fiscalisés ; réversion possible au conjoint en cas de décès.

Assurance-vie : possibilité de défiscalisation pendant la période d'épargne (difficile depuis 1995) ; versements souples ; bon rendement ; capital versé quand vous voulez après huit ans d'épargne ; transmission à qui vous voulez sans droits de succession en cas de décès.

PEP (Plan d'Épargne Populaire) : primes fiscalisées pendant la période d'épargne ; versements souples ; versement d'un capital ou d'une rente défiscalisée à la date que vous voulez (après huit ans d'épargne).

Coût

Une retraite surcomplémentaire revient à l'année entre 150 et 7 500 € selon votre âge et vos choix (*cf.* ci-dessus). Exemple : vous avez 40 ans, vous souhaitez une rente annuelle de 3 000 €, votre prime annuelle sera d'environ 1 250 €.

Dans le cas d'une surcomplémentaire Madelin, une limite a été fixée : l'ensemble des cotisations annuelles complémentaires ne doit pas dépasser 19 % de huit fois le plafond annuel de la Sécurité sociale (soit 44 360 € en 2003). Après, le montant n'est plus défiscalisé.

Assurance « chômage »

Il existe trois organismes proposant une assurance « chômage » : l'APPI (Assurance pour la protection des patrons indépendants), la GSC (Garantie sociale des chefs et dirigeants d'entreprise) et la garantie chômage des dirigeants de la compagnie d'assurance April, voir coordonnées en annexe B, *Institutions sociales*.

Les assurances qu'elles proposent permettent à un entrepreneur de bénéficier d'un revenu pendant 12 mois (quelquefois plus), proportionnel aux cotisations versées. En gros, pour une cotisation annuelle d'environ 1 500 €, vous touchez une indemnité annuelle de 20 000 €.

Mais cette protection ne fonctionne qu'après la cessation complète d'activité, et ne règle donc pas le problème principal du freelance : l'intercontrat (arrêt ou baisse de l'activité en cours d'exercice). Nous évoquons ce mécanisme dans le chapitre 8, *L'avenir – La protection sociale*.

Nous avons vu au cours de ces premiers chapitres combien coûtait votre vie quotidienne de freelance. Examinons maintenant combien elle rapporte, et surtout, comment faire pour qu'elle rapporte le maximum.

CHAPITRE 5

Les clients

Vous vous en apercevrez bien assez vite, les clients sont le cœur des préoccupations d'un freelance. Parce que, à la différence d'un salarié, vous ne touchez plus automatiquement votre chèque mensuel, votre vie quotidienne va dépendre directement des factures encaissées.

Le problème s'analyse en quatre phases : comment trouver vos clients, les convaincre, les satisfaire et les fidéliser. On vous fait confiance pour l'aspect technique de vos prestations, il est *a priori* d'excellente facture.

Vous ne trouverez pas ici de recettes magiques : « Comment écrire pour vendre », « Savoir convaincre en une minute » ou « Faire fortune sans se donner de peine ». Notre objectif est de vous dresser une liste de l'ensemble des démarches, des méthodes et des outils à votre disposition pour vous laisser juge des plus appropriés à vos affaires.

COMMENT TROUVER LES CLIENTS ?
Cible/stratégie/tactique : le trio gagnant

Au début du marketing était l'art militaire : la cible, la stratégie, la tactique… Désolé, c'est la meilleure image que nous ayons pu trouver parce qu'elle a donné lieu dans cette spécialité à des études nombreuses et approfondies. Et parce que le professionnalisme des militaires doit guider votre réflexion : soyez aussi professionnel qu'eux dans ce domaine.

● *La cible : qui va acheter vos prestations ?*

La première question consiste bien sûr à vous demander à qui vous voulez proposer vos services. Vous ne pouvez pas l'éviter et une bonne réponse vous épargnera bien des avanies par la suite. Elle guide et précède la réflexion sur l'offre que vous proposez, parce que si l'offre ne débouche sur aucune clientèle, elle n'existe pas. Seuls les artistes peuvent envisager de suivre leur seule inspiration pour réaliser une œuvre, avec beaucoup de courage. Mais si vous voulez vivre de votre compétence, il vaut mieux orienter celle-ci vers une clientèle existante.

Nous ne vous imposerons pas de réaliser une étude de marché pour vérifier l'existence de cette cible – après tout, Gutenberg n'en a pas eu besoin pour inventer la presse à imprimer en 1438. Il vous faut cependant réfléchir posément et vous demander qui est susceptible d'acheter vos prestations : le grand public ou les entreprises ? Parmi ces dernières, les grandes, les moyennes ou les petites ? Et dans quel secteur économique ou géographique ? À l'intérieur de l'entreprise, qui va acheter votre offre : la direction générale, le service des achats, une direction particulière ou le comité d'entreprise ? Y a-t-il au sein de l'entreprise des prescripteurs, des intermédiaires ? Et à l'extérieur ? Vous voyez que chaque question en suscite d'autres… Rechercher la cible n'est pas une mince affaire, mais le sujet est d'importance et justifie vos efforts.

EXEMPLE

Sophie C. est traductrice, de l'anglais vers le français, et a acquis une certaine expérience dans le domaine des transports (route, train, avions, bateaux) : « Je vise les petites et moyennes entreprises de transport parce que les grandes ont toutes, soit un service de traduction interne, soit un contrat en béton avec des sociétés de traduction multilingues », analyse-t-elle. Elle s'adresse au service commercial du transporteur, car c'est lui qui négocie avec les clients étrangers. Et c'est le directeur commercial qui prendra la décision technique : c'est donc lui qui est, sinon le décideur officiel – ce rôle peut-être réservé à l'acheteur –, mais du moins le prescripteur principal. À l'extérieur de l'entreprise, la Fédération du Transport et de la Logistique (TLF, syndicat patronal), section locale, est un prescripteur inévitable.

À ne pas négliger, non plus, les cibles « secondaires ». Secondaires parce qu'elles ne sont pas directement décideurs, mais parce qu'elles peuvent vous ouvrir de nombreuses portes. Faites preuve d'imagination.

Les clients

Posez-vous aussi la question sur l'étendue de votre marché : est-ce un marché généraliste, où votre spécialité est susceptible d'intéresser tous les acteurs ? ou un marché sectoriel ? ou une niche étroite et précise ? Ce choix va être crucial lors de la mise en œuvre des moyens d'atteindre cette cible.

> ... *Les cibles secondaires pour Sophie sont les entreprises qui utilisent fréquemment les services d'un transporteur. Elles ne sont pas a priori à l'affût d'un traducteur spécialisé dans les problèmes de transport, mais peuvent le devenir si vous attirez leur attention sur la possibilité d'utiliser un transporteur étranger.*

⇨ Aidez-vous du tableau ci-joint, en cochant les cases, en ajoutant des commentaires et en quantifiant ainsi votre cible.

La stratégie : ordonner les moyens

Quels sont les moyens que vous allez utiliser pour trouver vos clients ? Si vos prestations sont courtes et peu répétitives, il faudra trouver le maximum de clients. Si elles sont longues et susceptibles de prolongation, quelques clients solides et fidèles suffiront (sinon, vous risquez la surcharge). Les formateurs, les traducteurs techniques, les graphistes, les conseils se rangent généralement dans la première catégorie, les informaticiens, les agents d'assurance, les traducteurs littéraires dans la seconde.

La stratégie se déduit aussi de votre objectif final : souhaitez-vous devenir un expert renommé dans votre spécialité, facturant peu mais cher, donc à un petit nombre de clients ? Ou un exécutant renommé par sa fiabilité et sa disponibilité, immédiatement opérationnel, et donc ouvert aux propositions du grand nombre ?

La stratégie va donc consister à choisir et mettre en ordre les moyens :
- Positionnement de l'offre ;
- Tarif ;
- Outils de présentation visuelle (cartes de visite, plaquette, site Web) ;
- Publicité (annonces ou petites annonces) ;
- Marketing direct (publipostage, faxpostage, télémarketing) ;
- Réseaux ;
- Salons (participation, visite) ;
- Structures intermédiaires ;
- Fidélisation des clients.

© Éditions d'Organisation

TABLEAU DE SYNTHÈSE

CIBLE	
CARACTÉRISTIQUES	
Entreprises	
• Grands comptes	
Départements	
Décideur	
Prescripteur interne	
• PME	
Secteur économique	
Secteur géographique	
• TPE	
Administrations et semi-public	
• Ministères	
• Administrations locales	
• Établissements publics	
• Corps consulaires	
Grand public	
Catégorie socioprofessionnelle	
Classe d'âge	
Secteur d'intérêt	
Averti ou amateur ?	
Prescripteurs externes	
Professionnels	
Réseaux	
MARCHÉ	
Généraliste	
Sectoriel	
Régional, national ou international ?	
Niche	

Les clients

Nous allons examiner ces outils dans la suite du chapitre.

La tactique

À l'attaque ! Oui, mais de qui, où, comment, combien, etc. ? Paradoxalement, on peut se passer de cibles et de stratégie, en prenant des risques sur le moyen terme mais en voulant obtenir tout de suite des résultats. En revanche, on ne peut pas se passer de tactique parce qu'on n'aura pas de résultats du tout.

La tactique consiste à appliquer la stratégie et à mettre en œuvre les moyens choisis dans les meilleures conditions d'efficacité et de coût.

Son aspect le plus intéressant réside dans le bilan que vous devez tirer des actions entreprise : votre publipostage, qui a coûté une certaine somme, vous a-t-il rapporté plus de clients que votre stand dans un salon professionnel ? Le bouche à oreille à travers votre réseau est-il suffisamment monté en puissance au point d'être plus efficace que les petites annonces dans la presse professionnelle ? Votre stratégie doit se remettre en cause avec les résultats.

TIRAGE DE SONNETTES OU PUBLICITÉ ?

Michel P. a débuté son activité de réalisation de journaux d'entreprise en prospectant les PME de sa région par téléphone, d'après une liste achetée à la Chambre de commerce et d'industrie. Après quelques essais, le scénario est bien rodé : il expédie le vendredi 20 exemplaires d'un document promotionnel, et rappelle à partir du lundi les destinataires (il évite ainsi le sempiternel : « Envoyez-moi votre documentation »). Il obtient ainsi 50 % de contacts téléphoniques, suivis de 25 % de rendez-vous, puis 5 % de demande de devis personnalisés. Au bout de trois mois de prospection intensive et harassante, il a gagné trois clients : 1 % de résultat.
Il publie alors une annonce dans une revue professionnelle soigneusement choisie. Le coût est élevé, mais le retour immédiat : 15 contacts intéressés (ils se sont donné la peine de répondre) qui se transformeront en trois autres clients !

Le positionnement

Le premier choix stratégique est de définir qui vous êtes, en termes immédiatement compréhensibles. Certains métiers, exercés en généralistes, le permettent aisément : traducteur, informaticien, graphiste, journaliste ne nécessitent pas de longues explications.

S'installer à son compte

Mais, même pour ces derniers, une réflexion plus avancée peut être nécessaire. Comme toute présentation, la vôtre doit être envisagée par rapport aux intérêts du client : quel bénéfice peut-il retirer de mes services ? Sophie C., par exemple, dont nous avons cité l'exemple en début de ce chapitre, est traductrice. Mais sa spécialisation dans le secteur des transports lui donne un positionnement particulier, et peut justifier d'un complément : traductrice, experte en transports (ferroviaires, maritimes, routiers…).

Indépendamment du titre précis, il est toujours utile de comprendre la raison pour laquelle le client fera appel à vous, votre « plus » personnel. Un détective privé de notre connaissance, intervenant en entreprise, se baptise « expert en protection des biens industriels » ; une secrétaire indépendante, « spécialiste en sous-traitance administrative ». Au-delà des phénomènes de mode récents et des appellations *politiquement correctes* – telles que « préposé aux lettres » ou « technicien de surface » –, ces dénominations exposent l'essentiel de votre raison d'être : consultant, oui, mais pour servir à quoi ?

> **APARTÉ**
>
> *S'il y a un positionnement qui concerne tous les freelances, c'est justement ce statut de freelance. En effet, vous représentez pour vos clients un prestataire original et c'est cette originalité qu'il faut mettre en valeur.*
>
> *En comparaison d'un salarié : pas de charges sociales, pas de formalités administratives, pas de délégués syndicaux ou du personnel (cela heurte vos opinions politiques ? N'utilisez pas cet argument), pas de congés payés, pas d'accidents du travail, pas de médecine du travail, pas de taxes professionnelles, pas de formation continue, pas d'indemnités de licenciement, pas de risque de prud'hommes, pas de 35 heures, pas d'heures supplémentaires, pas de congés de récupération.*
>
> *En comparaison d'une société de prestation : pas de commerciaux qui les harcèlent, pas de chefs intermédiaires, pas d'experts toujours absents quand on en a besoin, pas de salariés interchangeables mutés au milieu du projet, pas de propositions additionnelles qui transforment votre entreprise en fromage – chez Alexis Andréiev, comme Émile Landormy nomme ce brillant cabinet récemment disparu, l'objectif de chaque consultant est de multiplier PAR DIX le nombre d'intervenants pendant le cours de la mission… –, pas de pseudo-partenariat.*
>
> ▶▶

Les clients

> ▸
>
> *Votre prix : Vous êtes peut-être aussi cher qu'un consultant d'un grand cabinet, mais votre tarif n'est accompagné d'aucun complément. Et puisque le client vous a trouvé, il n'a plus de frais de recherche, d'appel d'offres et de sélection. Donc vous n'êtes pas cher…*
>
> *Compétent, disponible, pas cher. Mais surtout c'est vous qui ferez le travail. Rappelez au client la définition du freelance : celui qui prospecte, qui négocie la mission* **et qui la réalise lui-même.**

Contre-arguments : tout argumentaire doit préparer la réponse aux objections. Vous les connaissez : et si vous tombez malade ? Et si l'URSSAF demande une requalification ? Et si vous n'êtes pas compétent pour toute l'étendue du besoin ? Et si le travail n'est pas fini à temps ? Préparez les réponses, en vous rappelant que toute objection émise est un signe d'intérêt de la part de votre client. Répondez-y et rappelez les avantages en même temps, vous avez presque gagné.

Les outils : comme le marteau du menuisier ou la plume du traducteur, un certain nombre d'outils sont indispensables pour partir à la recherche du client. Une carte de visite, d'abord, avec une adresse, un numéro de téléphone, un numéro de fax, une adresse électronique. Grand standing, illustrée ou originale, faites-la à votre image car vos clients doivent se souvenir de vous dès qu'ils la regardent (et la touchent, ne négligez pas le papier). Du papier à en-tête, une plaquette de présentation de votre offre, un site Internet personnel. Un logo, si vous êtes créatif (ne confiez pas sa création à votre imprimeur, ce n'est pas son métier). Des cartes de vœux pour le jour de l'an, des petits cadeaux pour rappeler votre existence (les plus banals possible, l'originalité est à manier avec beaucoup de précautions, de même que l'humour). Soignez aussi votre look personnel, adapté aux habitudes de la profession et à votre propre caractère. *cf.* Annexe F.

Votre tarif

Les naïfs débarquant sur le marché pensent que leur tarif est une banale question de coût de revient. Une évaluation du chiffre d'affaires annuel (disons 60 000 €) divisé par le nombre de jours de travail espéré (deux cents) et le tarif quotidien est fixé : 300 €.

D'autres estiment qu'il n'y a pas de tarif, que le client connaît le marché et vous imposera le sien.

La réalité se situe entre les deux et vous devez tenir compte des deux approches. Si vous vous contentez de la première, vous allez perdre des affaires ou une bonne occasion de sabler le champagne. Si vous suivez le fil de l'eau en comptant sur vos talents de négociateur, vous risquez de fréquenter rapidement la soupe populaire.

En premier lieu, il vous faut connaître aussi bien sinon mieux que votre client le « prix du marché ». Tous les moyens sont bons : interrogez vos confrères, testez différents prix auprès de prospects éphémères, renseignez-vous auprès des intermédiaires (*cf.* plus loin).

Si vous débutez, alignez-vous sur ces prix. Plus tard, vous serez à même de comparer vos prestations avec celles du marché et de moduler votre tarif selon l'expérience, la compétence, la disponibilité, etc.

> **INFO**
> *Internet est un excellent moyen pour connaître les tarifs appliqués par vos concurrents. Exemple de tarifs de traitement de texte publiés : 30 € de l'heure, ou 5 € par page, 10 € le tableau simple, etc.*

Ensuite, comparez avec vos exigences financières. Si vous êtes très en dessous de leur niveau, changez de métier. Si vous êtes très au-dessus… hum ! ce cas n'arrive jamais…

Lorsque vous aurez défini un équilibre raisonnable, ne restez pas figé brutalement sur le prix visé. Vos négociations doivent se faire en souplesse face au client, et tenir compte de bien autre chose que du prix brut : les conditions de paiement, la durée de la mission, l'effort particulier demandé par le client, le degré de sympathie que vous avez pour lui (ou lui pour vous), la référence qu'il représente.

Comme vous n'êtes pas un bon négociateur, apprenez à le devenir : procurez-vous le livre de Joël Guillon, *Vendre ses prestations*, Éditions d'Organisation, coll. « Freelance ».

Les clients

Le meilleur conseil – rarement suivi – est de ne pas faire de votre tarif une affaire personnelle. « Je vaux 300 € par jour » ou « je vaux 500 € par jour » n'ont aucune signification rationnelle. Vous pouvez être fier de pouvoir augmenter vos tarifs lorsque votre compétence s'accroît, ou sentir que vous sortez du marché si vous êtes obligé de les baisser, mais ne le prenez pas pour une appréciation de votre valeur intrinsèque. Cette évaluation est marchande, momentanée et volatile.

Vous voilà paré pour la cueillette, qu'allez-vous faire ?

Le « bouche à oreille », une valeur sûre mais longue à rentabiliser

Appelé aussi BAO, dans la lignée des grandes avancées technologiques modernes, le bouche à oreille est certainement le moyen le plus efficace pour trouver des clients dans le futur. Hélas ! ce moyen est aléatoire et lent.

Il faut toutefois préparer l'avenir. Comment faire passer « le mot par la bouche », comme disent nos cousins d'outre-Manche ? En y consacrant toute votre attention, car c'est une activité hautement professionnelle.

Pour commencer, il vous faut une bonne définition de votre offre, simple à comprendre avec des exemples clairs. Comme vous allez la présenter à des intermédiaires, il faut qu'ils l'assimilent facilement. Évitez le jargon, les détails techniques, parlez le langage de tout le monde. Précisez aussi quelles sont vos cibles.

> **EXEMPLE**
> *Vous êtes informaticien, spécialiste du Datawarehouse. Expliquez simplement que vous êtes un expert en fichiers et en coordination de tous les fichiers de l'entreprise. Vos cibles sont les directions informatiques équipées de gros ordinateurs.*

Ensuite, pour bâtir votre réseau de prescripteurs, qu'allez-vous leur demander ? Surtout, évitez surtout de leur donner l'impression que vous êtes en train de les démarcher, eux. Précisez que vous souhaitez seulement qu'ils vous trouvent des introductions, est-ce qu'ils connaissent quelqu'un qui ? Quelqu'un qui connaît quelqu'un qui ? Est-ce que vous pouvez les citer dans les contacts proposés ?... Le fonctionnement en réseau devient très courant, et personne ne s'offusque d'une telle demande.

Chaque entretien est un échange, expliquez donc que vous pouvez, de votre côté, apporter le même service. Que fait votre interlocuteur, quelles sont ses cibles ? Et n'oubliez pas de « renvoyer l'ascenseur » quand l'occasion se présente, c'est le ciment de votre réseau.

Enfin, gardez le contact avec vos prescripteurs : tenez-les au courant des démarches réalisées grâce à leurs indications ; signalez-leur vos nouvelles compétences et références. Et prenez de leurs nouvelles, envoyez-leur vos vœux de nouvel an.

Qui sont ces prescripteurs ? Tout le monde : votre famille, vos amis, les parents d'élèves de l'école de votre fille, votre partenaire au tennis ou au bridge... Évitez cependant le mélange de discussions : si vous détectez un futur prescripteur, demandez-lui rendez-vous dans un lieu professionnel, son bureau par exemple, ou invitez-le à déjeuner en tête-à-tête. Vous aurez une discussion de professionnel à professionnel, il s'en souviendra.

Le marketing, la valse à quatre temps

Le marketing est destiné à vous faire obtenir des contacts. À partir d'une liste de *suspects*, vous identifiez des *prospects*, que vous allez transformer en *clients*.

● *Premier temps : trouver la liste initiale*

Vous connaissez votre cible (*cf.* ci-dessus), reste à trouver les adresses, et si possible les noms des interlocuteurs. Comme vos « suspects » sont des entreprises, les Chambres de commerce et d'industrie sont vos fournisseurs les plus évidents. Ils vendent des fichiers nominatifs avec toutes sortes de classements (par secteur industriel, par taille d'entreprises, par chiffre d'affaires, etc.). Si leurs fichiers ne sont pas toujours de la première fraîcheur, les adresses ne sont pas chères, aux alentours d'un dixième d'euro pièce. Sinon, adressez-vous à des organismes spécialisés : Dun & Bradstreet, Kompass, les organisateurs de salons (Miller Freeman, CEP-Exposium, Info-promotions...). Les fichiers sont plus à jour, mais plus onéreux : comptez un demi-euro l'adresse. Ces « pros » des fichiers vous offrent en général une

Les clients

garantie, pas plus de 5 % de retours NPAI (N'habite Pas à l'Adresse Indiquée). Enfin, vous pouvez constituer votre fichier vous-même : en cherchant sur Internet, sur le Minitel, dans un annuaire professionnel. Vous y passerez du temps, vous aurez rarement les noms des décideurs, donc le rendement de votre marketing sera moins bon, mais c'est gratuit.

Deuxième temps : les outils

Six techniques sont à votre disposition ; le publipostage (mailing), le faxpostage, le télémarketing (marketing par téléphone), l'envoi de messages par Internet, les annuaires professionnels, les annonces publicitaires.

- **Le publipostage.** Vous envoyez un courrier à votre liste de suspects. Il vous faut tenir compte de deux facteurs : le texte de votre courrier et les documents joints. Ces derniers comportent traditionnellement une lettre dite « de vente », précisant votre offre et ses avantages pour le destinataire ; un document décrivant le produit/service ; un bulletin de commande et éventuellement une enveloppe réponse, prétimbrée ou non. Le rendement de votre envoi va dépendre grandement de la qualité des textes (des livres entiers ont été écrits sur ce sujet). Rappelez-vous seulement que vous devez penser exclusivement aux avantages que votre lecteur est censé tirer de votre offre – inutile d'en décrire la beauté intrinsèque –, et que vous devez le faire réagir immédiatement. Une formule simple s'appelle AIDA : attirer son Attention, éveiller son Intérêt, créer son Désir et provoquer son Action – « *Répondez tout de suite, et vous bénéficierez en plus...* » Coût : comptez entre 1 et 2 € l'envoi. Rendement traditionnel : 1 % est un très beau score.
- **Le faxpostage,** l'envoi par télécopieur. Les textes doivent être encore plus percutants que ceux du publipostage. Surtout n'envoyez pas de feuilles ressemblant à des tracts, ils vont directement à la poubelle. Écrivez une lettre et adressez-vous directement à votre interlocuteur.

EXEMPLE

« Monsieur, (ou) Madame, Vous avez l'occasion d'importer des produits du..., mais vous ne parlez pas couramment la langue ? Je suis un traducteur professionnel spécialisé dans ce pays, maîtrisant parfaitement le langage commercial et technique, et très au courant des coutumes.

> *Indépendant, je suis toujours disponible à des prix compétitifs. Ci-joint mes références. Grâce à mes services, vous pourrez multiplier vos sources d'approvisionnement. Répondez vite à ce fax, et je suis chez vous tout de suite… ».*
> *Le coût est moins élevé que pour un publipostage complet, mais le rendement est aussi plus faible.*

- **Le télémarketing.** Vous faites appel à une société spécialisée en marketing téléphonique. Vous devrez lui fournir (ou définir avec elle) un scénario et un objectif précis : voulez-vous « qualifier » des prospects ? Obtenir un rendez-vous ? Attention à ne pas harceler les destinataires. Comptez 10 € par appel, et un taux de retour de 20 %.
- **Messages sur Internet.** Vous avez sélectionné une liste d'entreprises disposant d'un site Internet, à qui vous avez une proposition intéressante à transmettre. Attention cependant, les messages ne parviennent pas facilement au bon interlocuteur. Comme toutefois le coût des envois est très faible, vous pouvez tenter l'expérience.
Mais évitez le « spam » qui agace les lecteurs. Soyez très précis dans votre offre, évitez le déluge de points d'exclamation comme on en voit trop souvent et renvoyez vers votre site, c'est la meilleure solution (grâce à l'hyperlien apparaissant sur le message, vos lecteurs pourront y accéder facilement). Attention aussi à la mise en page du message, il n'est pas facile de mettre vos arguments en valeur. Surtout, ne joignez jamais de fichiers attachés, ils véhiculent trop facilement des virus et les spécialistes évitent de les ouvrir.
- **L'Annuaire professionnel des freelances.** L'association Freelance en Europe (à laquelle appartient l'auteur) publie depuis 2003 un annuaire spécialement dédié aux freelances (freelance-annuaire.com), vendu à plusieurs milliers d'entreprises. L'inscription dans cet annuaire est gratuite, profitez-en.
- **Publication d'annonces.** *cf.* ci-dessous.
- **Combinaison de techniques.** En combinant plusieurs techniques, vous multipliez vos chances. Par exemple, un télémarketing pour valider vos adresses et le nom des décideurs. Puis un publipostage ou un fax-postage pour les accrocher. Enfin, un deuxième télémarketing (vous pouvez faire celui-ci, vous-même) pour obtenir un rendez-vous.

● *Troisième temps : transformer les prospects en clients*
Voir plus loin : comment convaincre vos futurs clients.

● *Quatrième temps : relancer votre prospection*
Vous disposez d'un fichier sur lequel vous avez obtenu de nombreuses informations : élimination des NPAI, noms des véritables décideurs, préoccupations des interlocuteurs. Ne le laissez pas dormir. Réutilisez-le périodiquement, c'est devenu votre trésor de guerre. Affinez vos messages, annoncez des nouveautés, ajoutez de nouvelles adresses. Qui sait, peut-être un jour, échangerez-vous ou vendrez-vous ce fichier à votre tour – à des prestataires connexes à votre activité, pas à vos concurrents –, il vaut de l'or.

Les petites annonces et la pub dans les médias
L'avantage de ces outils réside dans l'effort que vont faire vos interlocuteurs pour y répondre : s'ils font cet effort, c'est qu'*a priori* ils y trouvent un intérêt.

● *Où passer ces PA/annonces ?*
Il existe quelques revues professionnelles acceptant les annonces de freelances : par exemple, *01 Informatique* et *Le Monde informatique* dans le secteur informatique, *Stratégie* pour les métiers de la communication. Coût : entre 0 et 200 € l'annonce. Sinon, vous devrez publier des publicités au tarif fort. Choisissez alors la revue spécialisée lue par votre cible, par exemple *Action commerciale* pour toucher les directeurs commerciaux ou *L'Usine nouvelle* pour les patrons de PMI. Coût : 600 à 1 000 €. Les magazines de grande diffusion, tels *L'Express* ou *Le Point* sont trop chers pour votre bourse, et le rendement beaucoup plus aléatoire. Mais si vous avez un budget plus important, publiez une carte dans les bus-mailings diffusés par les revues professionnelles (*L'Usine nouvelle*, par exemple) : ils sont envoyés à plusieurs dizaines de milliers de destinataires, retour : environ 0,3 % ; coût : plusieurs milliers d'euros.

Contenu des annonces/pub

Dans une petite annonce (PA), soyez précis dans votre offre : « *Indépendant, spécialiste Visual Basic sur PC, nombreuses références, disponible immédiatement. Tél. :…* » suffit. À trop vouloir étaler vos diverses compétences, vous vous rendez suspect. Si vous en avez effectivement plusieurs, publiez plusieurs annonces différentes.

Dans les annonces (pub), vous pouvez être plus disert. Trouvez une accroche percutante, un visuel chatoyant pour occuper la page. Décrivez votre offre, les avantages qu'en tire le lecteur et, ici encore, motivez-le pour agir tout de suite. Un coupon-réponse est une bonne méthode, et justifie le supplément que le magazine vous demandera.

UN DERNIER CONSEIL

Si vous indiquez un numéro de téléphone, soyez au bout du fil lorsqu'un lecteur vous appelle, sinon il ne rappellera pas deux fois… Passez par une permanence téléphonique si vous n'êtes pas chez vous, et définissez un scénario de prise d'appel : « Allô, ici l'accueil téléphonique de Dupont Consultants, que puis-je pour vous ? – C'est au sujet de la petite annonce : spécialiste Visual Basic sur PC. Pourrais-je parler à la personne qui l'a publiée ? – Oui, madame, monsieur Dupont va vous rappeler. À quel numéro, s'il vous plaît ? – Au 01 23 45 67 89, mais est-il disponible tout de suite ? – Oui madame, j'ai son agenda, quand désirez-vous qu'il vienne vous voir ?… »

Les salons professionnels

Vous pouvez fréquenter les salons de deux façons : en visiteur ou en exposant. La première est meilleur marché, mais le rendement plus aléatoire. En fait, l'intérêt de visiter un salon est lié à l'information que vous y récolterez, rarement à la rencontre de futurs clients. Quoique certains salons contiennent des exposants qui vous intéressent : les sociétés intermédiaires (*cf.* § suivant). À celles qui exposent, vous pouvez laisser vos coordonnées, CV ou plaquette promotionnelle.

L'utilité marketing d'un salon est toutefois beaucoup plus élevée lorsque c'est vous qui exposez. Il faut bien sûr choisir le bon salon, être allé le visiter les années précédentes, vérifier que les visiteurs y sont bien les professionnels que vous recherchez.

Les clients

Le coût de l'exposition dans un salon est relativement élevé : un stand minuscule s'y négocie entre 5 000 et 10 000 € (des rabais sont négociables dans les derniers jours, mais vous risquez de n'avoir plus de place ou d'être très mal placé…), auxquels il faut rajouter l'électricité, le téléphone, le mobilier (comptez 1 000 € en plus). Rajoutez aussi les frais d'une ou deux affiches, des documents à laisser aux visiteurs, des repas aux prix généralement prohibitifs. Pour mieux occuper le stand, évitez d'être seul, associez-vous avec un confrère.

En contrepartie, un salon est un endroit privilégié pour rencontrer ses futurs clients. En quelques minutes de conversation, ils ont compris ce que vous proposez, apprécié votre allure et votre comportement, évalué vos tarifs, pris connaissance de vos disponibilités. Et les documents que vous distribuez ont plus de chance d'être lus que le contenu des publipostages.

Bien que ce ne soit pas son objectif principal, le salon est aussi une bonne occasion de se rappeler au souvenir de vos clients anciens ou actuels, ainsi qu'à votre réseau personnel. Vous disposez, en tant qu'exposant, d'invitations gratuites, faites-en bon usage.

Il faut évidemment que votre allure et votre comportement soient à la hauteur. Combien voyons-nous d'exposants avachis à leur table, lisant le journal ou papotant avec des confrères ! Vous êtes immédiatement classé : si les clients ne vous intéressent pas, pourquoi voudriez-vous les intéresser ? Ils vont voir quelqu'un d'autre. À vous de faire le premier pas : « *Monsieur, désirez-vous un renseignement ?… – Oui.* (Suivez son regard) *– Stratosphère, c'est mon entreprise : notre objectif est de donner de la hauteur à votre communication… – Vous avez une plaquette ?….* » Le client est venu pour faire du *business*, il y a des centaines d'exposants, inutile de lui faire perdre son temps.

Pensez enfin à déposer un dossier de presse au centre d'accueil du salon, les journalistes sont friands d'exemples vivants.

Bilan : le nombre de contacts établis pendant le salon est un premier élément. Comptez : ceux qui vous ont accordé immédiatement un rendez-vous, ceux qui vous ont laissé une carte de visite pour les rappeler, et ceux à qui vous avez laissé un document et qui, peut-être, vous rappelleront.

Une centaine de contacts est un chiffre normal. Si vous les transformez en dix clients et 100 000 euros de chiffre d'affaires, les 10 000 euros dépensés sont un investissement.

Les intermédiaires

Vous n'avez pas le temps de prospecter vos clients ? Vous êtes un commercial timide et (trop) honnête ? Rassurez-vous, vous n'êtes pas le seul. D'autant plus qu'il est plus difficile de se « vendre » soi-même que de vendre un produit. Comment affirmer qu'on est « le meilleur » sur la place ? Qu'on est à la pointe de la technique ? Qu'on propose le meilleur rapport prix/performance du marché ?

D'autres savent très bien le faire, ils sont baptisés « commerciaux ». Pour bénéficier de leurs services, vous avez, dans certaines professions, le choix : travailler pour le client final *via* une société de services ou faire appel aux services d'une « agence commerciale ».

Les sociétés de service

Les sociétés de services existent dans toutes les professions : SSII dans l'informatique, sociétés de traduction, agences de communication, cabinets-conseils, sociétés de formation, elles comportent leurs propres commerciaux et leurs propres professionnels. Mais comme elles minimisent leurs frais fixes, elles font souvent appel à des freelances pour compléter leurs équipes et éviter ainsi de refuser des contrats. Travailler avec certaines peut se révéler un partenariat fructueux si elles jouent le jeu, vous intègrent dans une équipe solide et fournissent un produit complet aux clients. En leur apportant certaines affaires, vous consolidez ce partenariat qui n'est plus à sens unique, et vous bénéficiez vis-à-vis de vos clients de la réputation de quelqu'un qui peut gérer des projets complexes.

Malheureusement, certaines ne sont que des « marchands de viande », excusez le qualificatif. Leur entregent et leur puissance commerciale les autorisent à signer des contrats, puis à chercher qui pourra bien les réaliser. Elles négocient le prix au plus haut vis-à-vis du client, au plus bas vis-à-vis du prestataire qu'elles présentent trop souvent comme leur propre salarié. On en a même connu certaines qui trouvaient systématiquement un faux-fuyant pour ne pas payer ce dernier, prétextant de quelques anomalies dans la prestation… Elles disparaissent en général du marché au bout de quelques années, sinon de quelques mois, en laissant des ardoises. Méfiez-vous !

Les agences commerciales

Tout autre est leur fonctionnement (liste en annexe B). Contrairement aux sociétés de service, elles n'ont pas de techniciens, et disposent uniquement d'une force commerciale destinée à trouver des clients. La mission définie avec celui-ci, elles la sous-traitent à un freelance, prenant au passage une marge proportionnelle au montant du contrat. Dans d'autres métiers, elles s'appellent impresario, agent littéraire, sportif ou artistique. L'avantage pour vous est que leur force commerciale est réelle, qu'elles vous présentent comme un freelance et non comme un salarié, qu'elles vantent vos mérites pour emporter l'affaire et que leurs marges sont transparentes. Vous êtes parfois convié à participer au dernier round de la négociation, cela permet de s'assurer que tout le monde est bien d'accord sur la mission et les conditions.

« Marchandage » ? Non, si vous n'êtes pas subordonné aux directives du client dans le travail quotidien (*cf.* ci-dessous). Indépendant vous êtes, indépendant vous restez, faisant simplement affaire à un service rémunéré pour trouver vos clients…

Comment travailler avec une agence commerciale ? En envoyant à quelques-unes d'entre elles votre curriculum vitae ou votre plaquette quelque temps avant la fin de votre actuelle mission, avec l'indication de vos tarifs. Attendez leur appel, vérifiez le contenu de la mission proposée, évaluez le montant, rencontrez le client si possible et prenez votre décision. Sachez aussi que le contenu de leur contrat, ainsi que leurs tarifs, se négocient. La première fois que vous travaillez avec elles, elles se méfient, un CV ne correspond pas toujours à la réalité. Mais si la première mission s'est bien passée, vous êtes en bonne position pour négocier la suivante. Évitez cependant de toujours travailler avec la même, il vaut mieux diffuser votre réputation sur tout le marché.

L'autre solution est de rester ferme sur votre tarif. Peu importe la marge qu'elles prennent si vous obtenez la rémunération que vous demandez. Leur plus-value est justement de disposer de commerciaux aptes à négocier une marge de 20 à 25 % au-dessus de votre prix.

● *Les services sur Internet*

Il commence à exister des services d'intermédiation sur Internet. Ces sites se proposent comme lieu de rencontre entre des entreprises cherchant des prestataires et des freelances cherchant des clients.

Il en existe de plusieurs sortes. Certains sites publient simplement des « offres de mission » à destination des freelances. Leur accès peut être gratuit pour les freelances, payant pour les entreprises, ou gratuit pour tout le monde. Autant dire que ces dernières sont rares car il faut bien payer le coût du site et la rémunération de l'animateur.

D'autres fonctionnent sur abonnement (il est encore difficile de faire payer « à l'acte » sur Internet). Les entreprises cherchant alors des prestataires, surtout des freelances, sont le plus souvent des structures intermédiaires elles-mêmes, dont le besoin est récurrent.

Enfin, il existe des « places de marché » : elles proposent aux entreprises cherchant un prestataire de lancer un appel d'offre. Les freelances, ou des sociétés, répondent à cette demande, et le meilleur l'emporte. Ces sites peuvent assurer eux-mêmes la sélection, et garantir ainsi la qualité du prestataire, ou laisser le donneur d'ordre faire le choix. Elles garantissent en général le paiement de la mission, et se font payer, soit en abonnement, soit en commissions proportionnelles au montant du chantier.

Depuis la chute des « start-ups », la garantie de pérennité de ces sites n'est plus assurée, et leur multiplication augmente le risque de mauvaise qualité du service (annonces bidon, copie des annonces sur un site gratuit, transmission de votre CV sans vous avertir). Sans être excessivement pessimiste, nous devons vous alerter sur quelques manœuvres douteuses. Vérifiez la qualité du prestataire, et faites préciser les engagements.

Les clients

COMMENT CONVAINCRE VOS FUTURS CLIENTS

Vous avez transformé vos « suspects » en prospects. Comment maintenant les transformer en clients ? C'est l'objet de deux parties : l'entretien face-à-face et le contrat.

L'entretien de vente

Sophie C. a obtenu un rendez-vous avec son futur client. Elle a mis son plus beau tailleur, est arrivée à l'heure, elle entre dans le bureau de son interlocuteur.

Le client : « *Bonjour, chère Madame, asseyez-vous, voulez-vous un café ?* »

Sophie : « *Bonjour, cher Monsieur. Oui, avec plaisir. Je vous remercie de me recevoir.*

- *Alors, que puis-je faire pour vous ?* (Comme s'il ne le savait pas… mais il lui fait recommencer son discours.)
- *Au cours de nos discussions précédentes, vous m'avez fait part de votre souhait d'importer des produits depuis l'Italie. De quels produits s'agit-il, et quel est le métier de votre entreprise ?* (Il faut *lui* laisser la parole).
- *Nous vendons des schmilblicks qui entrent dans la composition de trucs dans l'industrie de la chose. Il est vrai que nous avons découvert en Italie des produits correspondant exactement aux besoins de nos clients. Connaissez-vous techniquement les schmilblicks ?*
- *Non, pas les schmilblicks précisément, mais j'ai travaillé avec la société Machin qui importait des bidules depuis l'Italie, je crois que le processus est assez proche.* (Elle s'est documentée à l'avance sur les schmilblicks de son interlocuteur, en consultant leur site Internet.)
- *Oui, très bien. Nous avons donc besoin de quelqu'un connaissant bien les schmilblicks et capables de traduire le courrier et la documentation que nous recevons des fabricants italiens. J'ai cru comprendre que c'était dans vos cordes. Quel prix demandez-vous ?* (Sophie ne répond surtout pas directement à cette question piège).
- *C'est exactement le service que j'apporte à mes clients, cher Monsieur. Je réalise non seulement les traductions techniques, et j'apprendrai facilement les caractéristiques de vos schmilblicks, mais je connais aussi bien les habitudes de commerce des entreprises italiennes, et les formali-*

tés douanières à remplir. Quand pensez-vous commencer à traiter avec vos correspondants ? (Toujours renvoyer une question pour laisser parler l'interlocuteur).
— *Nous avons déjà commencé, un de nos ingénieurs parle un peu italien, mais maintenant nous devons être plus précis. Êtes-vous disponible ?* (C'est le moment pour Sophie de présenter ses arguments.)
— *Très rapidement, je suis freelance donc toujours disponible. Je dispose aussi d'une liaison ADSL, nous pourrons donc échanger rapidement les textes. Quel volume de documentation avez-vous l'intention de me confier ?*
— *Ça dépend aussi du prix que vous allez demander. Vous comprenez, nous profitons de cette période de préparation pour chercher le prestataire qui va travailler avec nous. Nous en voyons plusieurs* (aïe, aïe, elle n'est pas seule sur le marché) *et nous choisirons ensuite.*
— *Quel sera votre critère de choix ?*
— *Le moins cher, bien sûr, mais nous attachons aussi beaucoup d'importance à la qualité du travail* (réponse attendue, bien sûr). *Nous aimerions par exemple vous confier ce texte* (il sort un document de vingt pages) *qui nous permettra de nous faire une idée. Acceptez-vous ?* (Un essai gratuit ?)
— *Bien naturellement. Sous quelles conditions ?*
— *C'est un test, et non un document opérationnel, nous n'avons donc pas l'intention de le rémunérer.*
— *C'est quand même un gros travail. Je suis prête à vous en faire cadeau si je travaille ensuite avec vous. Acceptez-vous de le payer si ce n'est pas le cas ?*
— *À quel prix ?*
— *Mes tarifs sont de 60 € la page, mais vous aurez des textes parfaitement adaptés à votre activité, et aux habitudes de vos interlocuteurs italiens, sans compter la douane et les autres administrations. C'est plus que de la simple traduction, mes tarifs ne sont donc pas très élevés.* (Toujours associer les avantages après l'annonce du prix.)
…

Arrêtons là la scène, elle peut durer longtemps et tous les pièges ne peuvent y être décrits. Rappelez-vous deux choses : ne jamais transiger sur vos tarifs, faire des cadeaux à l'occasion, mais maintenir votre prix ; parler le moins souvent possible, faire parler votre interlocuteur, il se convaincra

Les clients

lui-même que vous avez les meilleurs arguments (puisque c'est lui qui vous les aura fournis…).

Rappelez-vous que votre interlocuteur attend un commercial, mais aussi la personne avec qui il va travailler ensuite. Au-delà de la présentation de votre offre, il évalue aussi la qualité de votre (future) collaboration : l'échange symbolique y est plus important que les détails techniques – comme dans tout face-à-face.

Le contrat

Le contrat est un résumé de l'ensemble de vos discussions avec votre client. Y seront rappelées vos obligations et, réciproquement, celles de votre client. Disposer d'un canevas est cependant indispensable afin d'être sûr de ne rien oublier.

La situation juridique du freelance

Avant de rentrer dans le vif du sujet contractuel, il est nécessaire d'évoquer un élément sous-jacent à l'exercice de sa profession par un freelance : la requalification. En réalité, ce n'est pas lui qui risque de pâtir de sa situation ambiguë, mais son client et la structure intermédiaire entre les deux s'il y en a une.

Aux yeux d'un certain nombre de personnes, en effet, l'indépendance affichée des freelances recouvre une subordination camouflée : les freelances ne sont que des salariés licenciés par leurs employeurs et « réembauchés » ensuite par ceux-là même, afin de ne pas avoir à payer les charges sociales ni à obéir aux lois du travail.

Ce point de vue n'est pas spécifiquement français, mais il est exacerbé en France par la séparation des régimes de protection sociale – les cotisations versées par les employeurs et les salariés sont beaucoup plus élevées que celles des non-salariés. S'estimant flouée dès qu'un travailleur quitte le premier statut pour le second, l'URSSAF défend l'intérêt du régime général en souhaitant récupérer les transfuges. Elle défend aussi, avec l'aide de l'inspection du Travail, le respect d'un code du travail établi pour protéger les travailleurs contre les abus des employeurs, selon le syllogisme suivant : *« Seuls les travailleurs salariés sont protégés, or il faut protéger les travailleurs, donc tout travailleur doit être salarié. »*

S'installer à son compte

Que viennent faire les freelances dans cette galère ? Il se trouve que, n'ayant pas de statut bien défini, ils sont toujours soupçonnés d'être des salariés déguisés : « *Vous travaillez pour une entreprise ? Ah ! Vous dépendez donc d'elle pour votre rémunération, vous lui êtes donc subordonné, vous êtes donc en réalité son employé, votre contrat devrait donc être un contrat de travail et non un contrat commercial. Nous allons arranger ça. – Mais ça ne m'intéresse pas, j'ai signé un contrat commercial de mon plein gré, je suis indépendant. – C'est au tribunal de juger, la volonté des parties ne suffit pas. – De juger en fonction de quoi ? – De votre subordination au donneur d'ordre.* »

Le mot clé, c'est la *subordination*. Ou bien vous êtes subordonné au client et donc juridiquement son employé salarié, ou bien vous ne l'êtes pas et votre indépendance est acceptée. En incidente, les agences commerciales, les sociétés intermédiaires (de service, de pub, de traduction, etc.) sont des « marchands de main d'œuvre » si vous êtes requalifié, des intermédiaires du *business* si vous êtes indépendant.

QU'EST-CE QUE LA SUBORDINATION ?

En synthèse de différentes législations nationales, est définie comme état de subordination la situation où le client est susceptible – même s'il ne le fait pas, être « susceptible » suffit – de vous dicter vos méthodes de travail. Cette définition est illustrée aux États-Unis par un test de vingt-cinq questions (cf. Annexe D).
En France, depuis la loi Madelin, le texte de l'art. L. 120-3 du code du Travail était plus restrictif. Tout professionnel enregistré auprès des organismes adéquats était « présumé » indépendant, et si la requalification était demandée par une administration, il fallait que cette subordination soit « juridique et permanente ». Las ! Martine Aubry a accepté d'introduire dans sa loi sur les « 35 heures » (19 janvier 2000) la suppression de cet article, et c'est dorénavant la qualification de salariat qui est présumée. Dernière minute : le texte de l'article 120-3 a été réinstauré.

Qui décide de la subordination ?

En premier lieu, l'URSSAF. L'art. L. 311-11 du Code de la Sécurité sociale (CSS) permet aux personnes physiques de « demander aux organismes chargés du recouvrement des cotisations du régime général [l'URSSAF] de leur indiquer si cette activité relève de ce régime ». Sans réponse sous deux mois, vous n'en dépendez pas.

Les clients

En second lieu, le tribunal, saisi par l'URSSAF ou le ministère du Travail. Le tribunal n'a pas besoin de preuves formelles, un « faisceau de présomptions » suffit (base du droit pénal et civil français). Le tribunal peut enfin se baser sur un précédent similaire (jurisprudence).

Quelles conséquences une requalification entraîne-t-elle ?

Ce qui reste de l'article 120-3 y répond : « *Celui qui a recours aux services [d'un faux indépendant] dans des conditions qui permettent d'établir l'existence d'un contrat de travail est tenu au paiement des cotisations et contributions dues aux organismes chargés d'un régime de protection sociale ainsi qu'aux caisses de congés payés mentionnées à l'article L. 223-16 au titre de la période d'activité correspondant à l'exécution de ce contrat...* » *Certaines grandes entreprises ont depuis renoncé à travailler (en direct) avec des freelances, de peur d'avoir à justifier de la non-subordination de leurs prestataires indépendants. Ceci explique en partie le succès des sociétés de portage.*

Quelles sont les présomptions entraînant la suspicion de subordination ?

Tout élément qui vous ferait confondre avec un salarié : présence permanente dans les locaux, respect des horaires (pointage), salle, bureau ou outil de travail affecté à votre personne, présence sur l'annuaire téléphonique interne, accès à la cantine du personnel... Si vous travaillez à domicile, fourniture des matières premières ou des outils de travail, astreinte téléphonique, décompte des heures de travail. Le suivi d'une méthode de travail propre au client peut être un élément de présomption. L'assistance aux meetings internes, le prêt d'une voiture de fonction, le remboursement de tous les frais professionnels aussi.

Ainsi, il a été jugé que les formateurs qui exercent dans les locaux et avec le matériel mis à disposition par l'établissement d'enseignement, suivant un horaire et un programme établis, sont subordonnés donc vacataires salariés (Cour de cassation, chambre sociale, 21 octobre 1985). Un professeur de sport enseignant dans une association, ligue ou club, lorsqu'il enseigne dans le cadre d'un service organisé, utilise les installations du service et n'a pour élève que leurs membres, est assimilé à un salarié (Cour de cassation, chambre sociale, 11 mars 1987).

▶▶

Les « sous-agents d'assurance, travaillant d'une façon habituelle et suivie pour un ou plusieurs agents généraux et à qui il est imposé, en plus de la prospection de la clientèle, des tâches secondaires au siège de l'agence » font partie d'une liste de 20 professions dont l'exercice sous certains critères les rend obligatoirement salariés (Art. L. 311-11 du CSS, cf. Annexe D – Textes de lois).
En revanche, a été rejetée la prétention de l'URSSAF d'immatriculer comme salariés des interprètes de conférences sous prétexte que leurs clients leur imposaient un horaire, un local et des moyens matériels d'exécution (Cour de cassation, 14 janvier 1982).
Récemment, les chauffeurs de taxi locataires de leur véhicule auprès d'une société de location de taxis, ont été requalifiés en salariés de la société, attendu que « l'accomplissement effectif du travail dans les conditions précitées prévues par ledit contrat et les conditions générales y annexées, plaçait le « locataire » dans un état de subordination à l'égard du « loueur » et qu'en conséquence, sous l'apparence d'un contrat de location d'un « véhicule taxi », était en fait dissimulée l'existence d'un contrat de travail… » (Cour de cassation, chambre sociale, 19 décembre 2000).

Une autre présomption de subordination peut être apportée si le contrat est mal libellé.

Ainsi un informaticien a-t-il vu sa demande d'immatriculation refusée par l'URSSAF de Lyon en 1998 parce que son premier contrat, demandé par cet organisme sous prétexte de conseil, était ambigu : « En l'état actuel de votre dossier, nous vous précisons que nous ne pouvons vous reconnaître la qualité de travailleur indépendant… En effet, vous exercez cette activité pour une seule entreprise [il faut bien commencer avec une première, N.D.L.R.], avec une durée de contrat fixée et une rémunération versée régulièrement », lui fut-il répondu par écrit.

Nos contacts parmi les futurs ou les récents freelances nous alertent sur les consignes données au sein de cette administration pour refuser tout candidat pris au piège de ce type d'intervention : « Avez-vous déjà un contrat avec un client ? Montrez-le pour voir. » Et sinon pour interdire, du moins pour déconseiller vivement l'inscription : « Oh ! mais vous n'avez qu'un client, c'est tout à fait illégal. Vous en aurez d'autres, mais vous allez travailler dans leurs locaux, illégal. Attendez, je vais aller chercher mon chef, il va vous expliquer. » Ces procédures d'intimidation sont inadmissibles.

En attendant qu'elles disparaissent, soignez vos contrats.

Le contenu du contrat

Les parties prenantes

Votre client et vous : spécifiez clairement qui est votre client (nom, adresse, statut social, n° SIREN, nom du signataire) et qui vous êtes (idem).

La mission

Elle est décrite brièvement en tête du contrat. Une ou plusieurs annexe(s) détaillent le contenu exact, les conditions de livraison et de réception des résultats. N'oubliez pas que c'est cette description qui fait la différence avec un contrat de travail : vous devez rendre un résultat, mais êtes libre de le réaliser comme vous l'entendez.

RÉGIE OU FORFAIT ?

La régie est l'exercice consistant à vous faire payer en fonction du temps passé, le forfait en fonction du résultat. Il est évidemment moins risqué de travailler en régie, et cela peut aussi satisfaire le client qui ne risque pas ainsi de se voir imposer des suppléments imprévus (les « avenants » chers aux sociétés de service ou de conseil). Il faut cependant que le choix soit très clairement exprimé comme étant une modalité de paiement et non une modalité d'exécution : « Compte tenu des incertitudes quant à la date de fourniture et la qualité d'éléments relevant des obligations du Client telles que définies dans l'article XX du présent contrat, le temps passé par le Prestataire pour livrer le Lot défini en annexe A ne peut être précisé à l'avance. En conséquence, les parties conviennent de rémunérer ce temps passé à raison de X € par jour de travail du Prestataire. **Le paiement de ces jours de travail sera effectué par le Client** *au vu d'un relevé présenté par le Prestataire toutes les semaines (tous les mois, etc.) et contresigné par le responsable désigné par le Client pour superviser l'avancement du projet. »*
Le forfait consiste à vous faire payer pour la fourniture d'un résultat, quel que soit le temps passé, l'énergie fournie et les aléas rencontrés. Il comporte donc une part de risques que le Client doit accepter de partager, en principe.

Il est bien évident que, quel que soit le type de contrat choisi, il comporte le paiement du temps passé sur le projet, mais ce prix basé sur le temps intègre aussi votre compétence, votre expérience, votre formation, vos déplacements non-exceptionnels, l'investissement dans vos outils de travail, etc. Ce qui le différencie du temps salarié qui ne comporte que la présence du professionnel, le reste étant à la charge de l'employeur (outils, locaux, supervision, formation, frais professionnels, etc.).

Paiement « aux résultats ». Les prestations intellectuelles ont en principe une obligation de moyens et non de résultats. Cependant, certaines missions peuvent donner lieu à un paiement aux résultats, c'est-à-dire en proportion des bénéfices réalisés par le client à la suite de votre intervention. À vous d'accepter ou non le défi et de déterminer de quels éléments de contrôle vous disposez. Un bon équilibre étant d'amortir le risque par un minimum fixe.

EXEMPLES DE PAIEMENT AUX RÉSULTATS

Un conseil en implantation d'entreprise à l'étranger peut se faire rémunérer sur le chiffre d'affaires ou le bénéfice des filiales qu'il aide à implanter. Un agent littéraire sur un pourcentage des droits d'auteur. Le compositeur de musique est payé en droits d'auteur. Il faut distinguer la tâche de conseil, payée en régie, en forfait ou aux résultats à la livraison du conseil, de la tâche de mandataire payée à la commission, et du statut d'auteur-compositeur-interprète payé en droits d'auteur ou en droits voisins. On voit l'ambiguïté du terme de résultats.

Le prix et les conditions de paiement

Le prix peut être défini forfaitairement ou être fonction du temps de travail (à l'heure, à la journée), c'est la seule différence entre un contrat au forfait ou en régie. Un bon contrat lie le versement des montants, même partiels, à la remise d'un « objet » matériel, rapport ou produit précisé dans la description de la mission, contre remise duquel le client vous remet un reçu. Vous avez ainsi une preuve de l'accomplissement de votre tâche, au cas où un litige interviendrait par la suite.

En cas de règlements partiels, un calendrier prévisionnel précise les dates de remise des objets et de la rémunération afférente. Le calendrier peut faire état de dates relatives : T0 (T0 étant la date de début de la mission) + 2 mois, par exemple. Des règlements mensuels peuvent ainsi être définis, sur remise d'un rapport d'avancement précis faisant référence à la description de la mission. Tout règlement doit se faire sur présentation d'une facture comportant le montant HT, la TVA (« au taux en vigueur lors de l'émission de la facture ») et le montant TTC.

Si vous êtes exonéré de TVA, vous devez l'indiquer sur votre facture : « Exonéré de TVA selon l'article 293B du Code général des impôts ».

Les clients

> **ATTENTION !**
> Si vous ne précisez pas dans vos documents que le prix est hors taxes (HT), il est réputé toutes taxes comprises (TTC).

Retards de paiement. C'est l'un des sujets de litiges éventuels, il faut donc spécifier dans le contrat : « Tout dépassement donnera lieu à paiement d'intérêts au taux égal à 1,5 fois le taux légal en vigueur. » Que vous les fassiez payer est une autre histoire, mais l'absence de cette phrase peut laisser sous-entendre que vous êtes économiquement subordonné à votre client.

Frais. Des défraiements peuvent être acceptés par le client pour des dépenses spécifiques. Le client n'est en effet pas votre patron, il n'est pas tenu de vous rembourser vos frais habituels (déplacements depuis votre domicile, repas quotidiens, téléphone…). Le contrat doit donc préciser que tout frais ne sera remboursé qu'avec son accord préalable, uniquement pour les rubriques spécifiées dans le contrat.

Dates et délais

Date de début. Préciser quand débute le contrat et quand démarre la mission. Par exemple : dans un contrat de traduction, chaque tâche débute à réception du texte alors que le contrat peut être annuel. S'il n'y a pas de support concret de ce début de mission, on peut instituer un système dit d'ordre de mission, lequel fait démarrer la mission lors de sa réception.

Date de fin. Seul un contrat de travail peut avoir une durée illimitée. Tout contrat commercial doit donc avoir une fin, quitte à ce qu'il soit « prolongé par tacite reconduction », *tacite* signifiant qu'aucun accord n'est nécessaire, *reconduction* qu'il sera prolongé d'une durée identique à la durée initiale.

Petit problème : une date de fin « en dur », c'est-à-dire fixant un jour précis, est délicate, puisque le projet peut avoir pris du retard dès le début. L'utilisation d'une date relative (T0 + x mois) est plus souple.

Dates intermédiaires, dates limites, délais de paiement, délais de préavis, etc. Surveillez bien le calendrier ainsi défini car, une fois couché noir sur blanc et signé des parties, il est impératif. Tout manquement à ces dates par une des parties autorise l'autre à rompre ses engagements.

Responsabilités

Les responsabilités des parties sont de deux ordres : respecter leurs obligations (il doit donc y avoir dans le contrat des articles sur la responsabilité du prestataire et sur celle du client), et garantir leur responsabilité « de droit commun ».

La vôtre correspond aux responsabilités professionnelles liées à votre indépendance. Ne pas être subordonné implique que vous êtes capable d'exercer seul votre expertise technique et d'en assumer la responsabilité. Vos obligations sont des obligations de *moyens* (comme un médecin, vous n'êtes pas responsable de la mort de votre patient, mais d'avoir donné les bons diagnostics et les bons soins), de *conseil* (d'avoir envoyé le patient consulter un spécialiste), d'*information* (de lui avoir fait part de son état et des moyens de se soigner) et d'*alerte* (ce qu'il risque en ne suivant pas vos conseils). D'autant plus si vous êtes le professionnel compétent face à un interlocuteur incompétent (même si c'est le PDG).

Si votre responsabilité reste entière, son montant financier peut être limité : « *La responsabilité du Prestataire ne peut être engagée au-delà du montant total du contrat – ou de la partie du contrat – en litige.* »

Il est aussi de bonne politique de mettre en avant votre assurance responsabilité civile : « *La responsabilité civile du Prestataire est couverte par une assurance numéro XXX souscrite auprès de la Compagnie XXX jusqu'à un montant de XXX €. Le Client renonce à toute demande de dédommagement supérieure à ce plafond.* »

Modifications et résiliation du contrat

Modifications. Il est impératif que des clauses du contrat traitent des modifications pouvant intervenir : qui est susceptible de les proposer ? De quel délai dispose l'autre partie pour répondre ? Que se passe-t-il si elle refuse les propositions ? Ce refus entraîne-t-il automatiquement la résiliation du contrat ? Quid du projet, des travaux intermédiaires et des paiements intermédiaires ?

Résiliation. Mêmes questions : qui peut la proposer ? Avec quel préavis ? Si le projet n'est pas terminé, que se passe-t-il ?

Clauses dites générales
Elles ont trait aux ultimes procédures en cas de litige grave : recours à un arbitrage avant saisine du tribunal, lieu et nature du tribunal. Ces clauses sont suivies du lieu et de la date de signature, et des noms et qualités des signataires.

Annexes
Comme dans tout document complexe, il est préférable d'inclure en annexe les points techniques, dont la description précise de la mission, le mode de réception et d'acceptation par le Client, etc.

Description. Rappelez-vous que la description de la mission, du projet, de l'œuvre comporte essentiellement la description du résultat attendu : un rapport suivi d'une présentation orale, une disquette contenant un programme, un message électronique convoyant une traduction, un dessin, un livret musical… Un résultat matériel, concret, appréhendable physiquement même si votre prestation est purement intellectuelle. On appelle aussi ce résultat un lot : lot n° 1, lot n° 2, etc.

Réception et acceptation du résultat. Si le client n'a pas à vous indiquer comment réaliser votre mission, il peut en accepter ou en refuser le résultat. D'où l'intérêt de préciser les modalités de ces phases (*cf.* ci-dessous).

Rédaction et négociation
Outre le fait qu'il est de tradition courante que c'est au fournisseur de préparer le contrat, il vaut toujours mieux être à l'origine de sa rédaction. Vous en maîtrisez ainsi le texte, évitez d'attendre que les juristes de votre client ne s'en occupent, et en maîtrisez aussi les différentes versions qui vont suivre l'état des négociations.

N'en profitez surtout pas pour le rédiger trop grossièrement en votre faveur. Le droit est un art subtil, et votre client s'en apercevra. Rappelez-vous l'adage qui veut « qu'un bon contrat soit un contrat équilibré ». Faites des concessions à votre client, et signalez-les lui.

Lors de la négociation, cette attitude doit se poursuivre. Acceptez de faire des concessions sous réserve, bien sûr, qu'il en fasse de son côté (soyez ferme sur ce « donnant, donnant »).

Dernière question : faut-il faire appel à un avocat ? Sachant que l'heure de consultation vaut environ 150 €, on comprend votre hésitation. Cependant, si le contrat est d'importance et le client retors, cet investissement s'avère bien placé.

Si vous exercez dans l'informatique ou dans le conseil, je vous signale le *Recueil de contrats types* édité par Freelances Associés et vendu sur le site de Freelance en Europe.

COMMENT AVOIR DES CLIENTS SATISFAITS ?

Puisque vos clients sont le cœur de votre préoccupation, il est normal que leur satisfaction vous tienne à cœur. Or un service, de par son immatérialité, est un produit difficile à vendre : on ne peut pas le montrer, le démontrer, le tester, le prouver, il faut parfois un certain délai pour le délivrer, et ensuite, pfft ! envolé. Angoisse du client qui attend son service, le consomme, et se demande pourquoi il a payé si cher.

Votre constante préoccupation sera donc de le matérialiser, de le rendre visible, palpable, concret. Comment ? En profitant de chaque occasion pour montrer quelque chose : votre personne, un rapport, une disquette, une maquette, un *rough*.

Les supports de matérialisation

Votre personne est certainement la présence la plus efficace. Nous sommes relativement réservé sur l'émergence du télétravail pour les freelances à cause de ce phénomène : le client a besoin de rencontrer son futur prestataire, de jauger sa compétence, son comportement, sa capacité à le satisfaire. *Via* le téléphone ou l'électronique, il est frustré par la « froideur » de ces médias ; il faut alors une bonne dose de confiance pour surmonter ce handicap, confiance qu'il faut gagner par de solides références, un test, une maquette : des éléments concrets. N'oubliez pas non plus que vos concurrents en société envoient leur commercial sur le terrain.

Combinez les deux éléments en apportant personnellement vos références, quelques exemples de vos précédents travaux, une lettre d'un ancien client : votre *book*, et ce recueil n'est pas réservé aux créatifs ou aux exécu-

Les clients

tants de la communication : un consultant peut avoir son book, un informaticien, une secrétaire aussi. Matérialisez !

Le bon plan, c'est un livre. Si vous êtes l'auteur d'un ouvrage en relation avec votre métier, dédicacez un exemplaire à votre prospect, il vous regardera d'un autre œil... Si Hachette ou Gallimard ne vous ont pas édité, réalisez un document résumant vos idées et vos convictions sur le sujet, reproduisez les articles que vous avez publiés, les interviews que vous avez données à un journal ou une revue, vos graphismes ou vos communiqués (si vous êtes attaché de presse). Laissez-lui ce document. Matérialisez !

L'autre bon plan, c'est votre photo. Vous êtes freelance, c'est donc vous qui venez lui proposer vos services et vous qui réalisez le projet. Une photo lui permettra de se rappeler qui vous êtes, sur votre carte de visite, votre plaquette, votre site Web. Faites-vous faire une belle photo par un photographe professionnel (100 à 150 €), faites-la transformer en image électronique (.tif, .gif, .eps, pour l'impression, .gif ou .jpeg pour un site Web) par un infographiste professionnel (100 €), elle vous servira longtemps, même si les ans altèrent vos traits (après tout, les photos du président de la République ou de Sa Majesté la reine d'Angleterre ne sont pas refaites tous les 6 mois).

ARTICLES DANS LA PRESSE

Christophe, chef de projet informatique, a l'habitude de suggérer à ses clients de réaliser une conférence de presse à la fin du projet. Elle peut être financée par le fournisseur de matériel ou de logiciel, et les journalistes sont friands de ces informations concrètes. Christophe s'arrange toujours avec le(s) journaliste(s) pour qu'un encart paraisse expliquant son rôle dans l'opération. Il peut ensuite reproduire cet encart dans son « press-book » et sur son site Web.

Gardez le contact pendant la mission

Rien n'est plus angoissant pour un client que la disparition de son prestataire pendant la réalisation du projet. Où est-il ? Que fait-il ? S'occupe-t-il de mon projet ? Va-t-il tenir les délais ?

Ne laissez pas l'angoisse monter, gardez le contact. Téléphonez, envoyez un rapport d'avancement, allez le voir. Même si vous n'avez rien à dire, votre client sera content de savoir que tout va bien, que le projet avance –

montrez-lui un brouillon, un canevas, des éléments partiels –, il vous donnera quelques conseils et sera rassuré. Envoyez-lui un compte rendu de cette réunion.

Lorsque le projet dure quelques mois, les « réunions d'avancement » n'ont pas d'autre but et sont planifiées dans le contrat lui-même. Si elles ne le sont pas, provoquez-les. Matérialisez !

À la réception

En revanche, demandez-lui de matérialiser à son tour la réception et la recette du produit final. Cette fois-ci, c'est vous qui avez besoin d'être mis en confiance en attendant le paiement.

La recette diffère de la simple réception : elle implique l'agrément du client sur le produit livré, agrément qui n'est pas un dû. Un contrat qui comporte une « pièce de recette » et éventuellement une « procédure de recette » est une excellente présomption de travail indépendant.

L'accusé de réception. Dans tous les cas, demandez acte à votre client de la remise du produit final. Nous disons bien « produit » car il est là aussi indispensable de matérialiser votre service : un rapport, une disquette, un graphisme, le texte de la traduction, la liste des participants à une session de formation, etc. toutes pièces justifiant de l'achèvement de la mission. Vous lui demandez une pièce avec sa signature, et, s'il ne juge pas utile de vous la remettre, vous écrivez que, tel jour, vous lui avez remis le produit en question. Vous pouvez d'ailleurs remettre la lettre en même temps que le produit. Son absence de réponse vaut acceptation.

Si le règlement tarde à venir, vous disposez d'un élément concret prouvant l'achèvement de la mission avec l'accord du client. S'il ne paye pas, vous avez une preuve et pouvez instruire une injonction de payer au greffe du tribunal. L'accusé de réception est un élément aussi important juridiquement que le contrat lui-même.

COMMENT FIDÉLISER VOS CLIENTS

La mission s'est bien terminée, tout s'est bien passé, votre client est satisfait, vous avez votre recette et votre paiement. On se quitte bons amis, en espérant travailler ensemble à nouveau, un jour…

Les clients

Ne laissez pas tomber cette promesse dans l'oreille d'un sourd. Vos clients vont devenir votre trésor de guerre (encore une métaphore militaire), grâce auquel vous n'aurez bientôt plus besoin de « prospecter » à l'aveuglette. Fondée sur cette assise, votre réputation va s'amplifier (le bouche à oreille fonctionne aussi parmi les clients) et vous deviendrez bientôt l'expert que l'on s'arrache.

En attendant, c'est encore à vous de faire le premier pas : soignez avec amour vos précédents clients. Comment ? Pas seulement en leur téléphonant de temps en temps pour leur faire savoir que vous êtes disponible, mais en leur offrant périodiquement des marques de gratitude. Une *carte de vœux* au Nouvel An (indispensable), un *petit cadeau* à cette même occasion (un cadeau « promotionnel », original mais pas trop, en relation avec votre profession), un *petit déjeuner* pour quelques clients choisis, une *manifestation de prestige* (partagez les frais avec quelques confrères), une *invitation* à venir vous rencontrer sur votre stand dans un salon. Dans ces dernières occasions, traitez-les en VIP, tapis rouge, champagne et cadeau souvenir.

Vous pouvez aussi les mettre en copie d'un article vous citant dans un magazine (*cf.* ci-dessus, *supports de matérialisation*). Ou encore reproduire cet article dans un bulletin périodique que vous adressez périodiquement à tous vos clients.

VOTRE BUDGET MARKETING
Combien allez-vous dépenser ?

Pour trouver des clients, il est difficile d'annoncer un chiffre général tant les types de métiers diffèrent chez les freelances. Essayons cependant une typologie :
- les métiers à missions longues (plusieurs mois) : ingénierie, bâtiment, pétrole, informatique, certains métiers de conseil (programme qualité, coaching, systèmes d'information, de production ou de logistique, ressources humaines), traduction littéraire, relations publiques, etc. ;
- les métiers à missions moyennes (plusieurs semaines) : conseil, rédaction (manuels d'utilisation), édition, etc. ;

© Éditions d'Organisation

S'installer à son compte

- les métiers à missions courtes (quelques jours) : formation, pige, photographie, graphisme, événementiel, spécialisation technique très « pointue », traduction.

Vous vous retrouvez à plusieurs endroits, bien sûr, mais cette classification recouvre cependant l'essentiel de votre métier. Vous allez donc devoir trouver quelques clients (type 1), quelques dizaines de clients (type 2), beaucoup plus (type 3). Plus vous devez en trouver, plus ça coûte cher ? Ce n'est pas sûr, car l'enjeu pour les métiers de type 1 devient vital, et le retour sur investissement immédiat, ce qui justifie des sommes importantes.

La différence va être dans le rythme de vos actions dont la fréquence augmente en parcourant l'échelle : type 1, quelques fois dans l'année, car vous ne pouvez pas répondre à la demande en dehors de ces périodes « d'intercontrat » ; type 2, souvent car vous pouvez éventuellement vous partager entre plusieurs missions ; type 3, permanente car vous devez constamment réalimenter votre carnet de commandes.

Dans les trois cas, vous allez partager vos actions entre vos anciens clients, les prospects déjà détectés lors de précédentes campagnes, et les suspects à transformer en prospects à moyenne échéance. Évaluation à l'année.

EXEMPLES DE BUDGET

André est conseil indépendant en ingénierie (type 1) : réseau personnel, permanent (coût = 0 €) ; annuaires professionnels (1 000 €) ; salons, visites et conférences (500 €) ; manifestation promotionnelle, 1 fois par an, 10 invités (500 €) ; cartes de visite, plaquette, site Web, cartes de vœux, petits cadeaux (500 €). Total = 2 500 €.

Brigitte est consultante indépendante en marketing (type 2) : réseau personnel, permanent (coût = 0, €) ; annuaires professionnels (1 000 €) ; salons, visites et conférences (500 €) ; stand dans un salon, une fois tous les deux ans, partagé avec un confrère (1 500 €) ; 2 publipostages de prospection à 100 personnes chacun (200 €) ; cartes de visite, plaquette, site Web, cartes de vœux, petits cadeaux (300 €). Total = 3 500 €.

Claude est formateur indépendant (type 3) : réseau personnel, permanent (coût = 0 €) ; annuaires professionnels (300 €) ; salons, visites et conférences (200 €) ; 4 publipostages de prospection à 100 personnes chacun (400 €) ; petites annonces fréquentes dans magazines professionnels (1 500 €) ; cartes de visite, plaquette, site Web, cartes de vœux, petits cadeaux (500 €). Total = 2 900 €.

Les clients

Ces exemples sont significatifs. Leur montant représente 5 à 10 % du chiffre d'affaires des freelances cités. Un euro pour en gagner dix ou vingt, c'est raisonnable ?

Combien ça vous rapporte ?

L'essentiel n'est pas dans la minimisation ou dans la maximisation de ce taux, mais dans son utilisation efficace (maximisation du retour sur investissement). Un plan bien préparé est dans cet esprit le meilleur garant de la réussite, quel que soit le montant prévu.

Comme le dit si bien A. Detœuf : « *Il n'y a pas d'un côté les recettes et de l'autre les dépenses, il y a d'un côté les recettes et dépenses utiles, et de l'autre les dépenses inutiles.* »[1]

Le reversement d'une commission d'affaires à un agent n'est donc pas une aberration, sous réserve que le montant de votre chiffre d'affaires soit à la hauteur de vos attentes. 20 % de marge paraissent prohibitifs comparés aux dépenses de marketing évitées, mais : il s'agit de 20 % par rapport au prix payé par le client (votre agent doit être capable, en bon commercial, de négocier un meilleur tarif que vous, sinon, à quoi bon en payer un) ; un meilleur remplissage de votre calendrier compense le temps passé à gérer le plan marketing, à transformer le contact en client et à négocier la mission.

En conclusion, trouver des clients, c'est une affaire de cible, de stratégie, de tactique… et de budget. Mais, quels que soient vos moyens de persuasion, votre atout principal reste votre compétence. Pas de faire savoir sans savoir-faire. Pas de savoir-faire sans formation.

Comment gérer votre formation ? C'est l'objet du chapitre suivant.

---

1. *Propos de O.L. Barenton, confiseur*, André Detœuf, Éditions d'Organisation.

S'installer à son compte

RÉSUMÉ

TROUVER ET GARDER SES CLIENTS

Avant de partir à la recherche de clients, il faut bâtir votre plan marketing.
- Définir votre positionnement ;
- Choisir vos outils :
    - Outils de présentation visuelle (cartes de visite, plaquette, site Web),
    - Publicité (annonces ou petites annonces),
    - Marketing direct (publipostage, faxpostage, télémarketing),
    - Réseaux,
    - Salons (participation, visites),
    - Structures intermédiaires.
- Passer à l'action au moment et selon les conditions opportunes ;
- Faire le bilan à la fin de l'année (ou à tout autre moment) ;
- Convaincre vos clients, réaliser la mission et vous faire payer ;
- Et ensuite fidéliser vos clients.

Votre budget marketing : 5 à 10 % de vos recettes.

CHAPITRE 6

Votre formation

« Pour abattre les arbres, le bûcheron doit aiguiser sa hache. »

Ce chapitre sera court parce que vous êtes conscient de cette obligation. Vous avez déjà découvert les filières, ou décidé d'y participer. Nous ne ferons donc qu'un bref rappel des opportunités, et un détour par la veille professionnelle.

LES TYPES ET LES MOYENS DE FORMATION

Votre formation comporte des thèmes techniques, professionnels et comportementaux. Étant en effet dirigeant, gestionnaire, commercial et technicien de votre entreprise, il faut bien développer et maintenir votre savoir-faire dans tous ces domaines. Mais les actions de formation ne seront sans doute pas identiques.

Thèmes techniques

Ce sont ceux que vous possédez déjà le mieux. Organisation, graphisme, langues, communication, bureautique, informatique, vous baignez quotidiennement dans ces techniques et en suivez l'évolution. Il faut cependant vous forcer de temps en temps à approfondir vos connaissances.

La méthode la plus évidente est d'aller suivre des cours proposés par les organismes compétents. L'ennui, c'est qu'ils coûtent cher, et que leur rythme ne convient pas toujours à votre assiduité. Les sessions sont en effet prévues pour des salariés qui continuent à recevoir leur rémunération, sont astreints à suivre des horaires limités et, pour certains, prennent ces séances comme des pauses sinon des vacances. Résultat : l'horaire du type 9 heures – 12 heures, 14 heures – 17 heures, avec des pauses d'une demi-heure à 10 h 30 et à 15 h 30, vous fait bondir. Vous avez l'habitude de rythmes plus soutenus, et vous n'êtes pas payé par vos clients pendant ce temps. Cher, ça revient très cher.

C'est pourquoi de nombreux freelances préfèrent se former chez eux, à leur rythme, et directement sur le produit ou la technique qu'ils ne connaissent pas encore. De quoi disposent-ils ? Dans l'informatique, la bureautique, l'infographie : des logiciels à apprendre, nouvelles versions ou nouveaux produits. En communication, en conseil : des livres sur le sujet. Il existe d'autres moyens.

Il est possible pour un technicien aujourd'hui de pratiquer une sorte d'« auto-éducation » sur son ordinateur. Commencent à apparaître aussi des cours sur Internet, combinaisons d'auto-éducation, d'exercices corrigés et de support par courrier électronique, avec des sessions communes par *chat* – discussion en direct – à intervalles périodiques. Nous croyons beaucoup à l'avenir de ces outils, dont le coût est réduit par rapport aux sessions magistrales, et qui permettent de se former à son rythme et selon ses horaires. C'est peut-être difficile lorsqu'il faut en même temps s'occuper des enfants, mais c'est un problème général de discipline domestique qu'il faut bien résoudre un jour.

Les conférences et sessions pratiques des salons professionnels sont aussi très efficaces. Outre la présence en général de professionnels de haut niveau (conférenciers, instructeurs), vous y côtoyez d'autres spécialistes du même domaine que le vôtre, parfois très compétents sur le sujet. On y apprend beaucoup dans les couloirs et les contacts peuvent se prolonger hors du lieu de la manifestation.

Enfin, les réunions, symposiums et congrès professionnels sont souvent assortis de formation pratique sur tel ou tel sujet technique. Ici comme précédemment, ces sessions sont l'occasion de rencontres interprofessionnelles de qualité.

Votre formation

Précision : les contacts professionnels décrits ci-dessus ne sont pas une occasion de formation technique immédiate, mais d'orientations précieuses vers des aspects de votre métier que vous ne connaissez pas, ou connaissez sans comprendre leur importance. La piste ainsi fournie vous conduira peut-être à une formation formelle, mais vous saurez pourquoi.

Les modes, une veille permanente

Le problème principal à régler est en effet de décider sur quels sujets votre approndissement/rafraîchissement doit porter. À moins d'être un expert très « pointu », vous êtes plutôt un suiveur du marché qu'un manipulateur de celui-ci (on peut *suivre* en *précédant*…).

Le premier souci est donc de savoir quelles sont les modes, les techniques, les pratiques qui « prennent » dans votre marché. Les professionnels de la communication, les stylistes de la mode le savent bien dont l'essentiel de la formation est justement de se tenir au courant. Mais ceci est vrai dans tous les métiers, le pétrole comme l'informatique, l'organisation comme le journalisme.

> **EXEMPLE**
> *Après la Qualité et les 35 heures, les domaines en pointe dans le conseil sont actuellement le coaching, le Customer Relationship Management (CRM, Gestion de la Relation Client) et l'innovation.*

Pas de formation sur les modes, mais un éveil permanent par les médias, les contacts professionnels, l'assistance aux conférences. Interrogez vos clients, ils ont tous eux aussi un avis sur les futures techniques qu'ils devront appliquer. Les contacts internationaux se révèlent aussi fort utiles, tant il est vrai que les modes se créent souvent hors des frontières hexagonales.

Comment, ensuite, financer votre formation ? La solution immédiate et générale tient en trois mots : de votre poche. Il existe cependant une source de subventions peu connue des freelances : les OPCA (Organismes Paritaires Collecteurs Agréés), FAF ou FIF-PL.

Nous n'évoquerons pas les FAF (Fonds d'Assurance Formation) qui recueillent les fonds destinés à la formation des salariés des entreprises – y compris le gérant salarié. Ces organismes sont relativement nombreux, et ont donc des mécanismes de formation variés. Vous choisissez celui à qui vous voulez voir attribuer les cotisations de la société et vous faites appel à eux pour le financement de votre formation. Le FAFIEC, par exemple, est spécialisé dans les métiers de l'ingénierie, du conseil, de l'informatique et de la traduction.

Nous présenterons surtout le seul habilité à gérer les fonds de formation des non-salariés (indépendants ou gérants non-salariés) libéraux.

LE FIF-PL

Le FIF-PL est un organisme agréé habilité à recueillir des fonds de chaque entreprise libérale pour financer la formation de ses professionnels. Il est géré par l'UNAPL (Union nationale des associations de professions libérales). Les fonds sont recueillis par l'URSSAF (0,15 % du plafond de la Sécurité sociale = 45 € en 2004) et reversés au FIF-PL (CSS L. 953-1). Celui-ci reçoit ainsi chaque année une somme importante (80 millions F en 1998) et la redistribue aux professionnels en subventionnant certains cours. Comment en bénéficier ?

Vous prévenez le FIF-PL de votre souhait de suivre une session. Si elle rentre dans les critères de subventionnement, l'organisme vous renvoie son accord (si vous vous y êtes pris moins de trente jours avant, l'accord arrivera après celle-ci, vous prenez le risque d'un refus). Vous suivez la formation, vous envoyez au FIF-PL la facture, l'attestation de présence et bien sûr une copie de son accord. Vous êtes remboursé, disent-ils, moins de deux mois après la session.

Pour en bénéficier, il faut quand même prouver que vous payez votre cotisation, mais l'URSSAF envoie cette attestation automatiquement vers mars avril chaque année, gardez-la donc précieusement.

Critères

Les fonds du FIF-PL sont répartis suivant les 79 professions représentées à l'UNAPL, regroupées en quatre sections : santé, technique, juridique et cadre de vie (bâtiment). Les professions non représentées à l'UNAPL (conseils, informatique, etc.) ont quand même un représentant au conseil de gestion

Votre formation

du FIF-PL (112 membres). La répartition des fonds se fait par profession (code NAF) en fonction des statistiques fournies par l'ACOSS, chaque profession définissant ensuite ses modalités de prise en charge.

Celles-ci consistent en la définition de formations « prioritaires », donnant lieu à un plafond de remboursement assez large, et de « non-prioritaires » aux subventions plus réduites.

> **EXEMPLE**
> *Pour le code NAF 748 F (traducteurs, secrétaires) les formations prioritaires en langues, communications, Internet sont remboursées jusqu'à un plafond de 1 000 €, et d'autres, toujours prioritaires, jusqu'à 750 €, et les non-prioritaires jusqu'à 150 €. L'ensemble est plafonné à 1 000 € par an et par personne jusqu'à épuisement des fonds alloués à la profession (chiffres 2004).*

Vous auriez tort de ne pas en profiter, bien que plus il y aura de bénéficiaires, moins le plafond autorisé sera élevé... Pour tout renseignement précis, consulter le site Internet http://www.fifpl.fr ou le serveur Minitel 3615 FIFPL.

Une dernière remarque : le FIF-PL rembourse la formation « jusqu'à épuisement de ses fonds dans chaque profession ». Vous aurez plus de chances d'en bénéficier en début d'année.

LA VEILLE PROFESSIONNELLE

En arrière-plan de tous ces aspects quotidiens du maintien de votre compétence se dessine le problème crucial de la cohérence de celle-ci avec le marché. Le « syndrome du typographe » guette ceux qui s'endorment dans l'assurance que leur compétence est solide, donc éternelle. Méfiez-vous.

--- **LE « SYNDROME DU TYPOGRAPHE »** ---

La typographie est un art né avec l'apparition de l'imprimerie, et les typographes sont des professionnels hautement qualifiés, le haut de gamme des métiers du livre. Trois ans de formation professionnelle, un an de stage comme apprenti vous ouvraient les portes du compagnonnage.

▶▶

> *Il fallait encore trois ans pour devenir « ouvrier » ou « artisan » typographe, puis le concours du meilleur ouvrier de France pour le titre de « maître ». L'ère industrielle et le progrès technique ont ruiné cet art, remplacé par la PAO (Publication assistée par ordinateur). La bataille d'arrière-garde menée par le puissant syndicat du livre a retardé l'échéance, mais précipité sa disparition lorsque les forces économiques ont emporté la décision. Les typographes ont disparu du paysage professionnel en quelques années.*

Votre obligation est donc de veiller à l'évolution de votre profession. Les exemples abondent de menaces : la traduction assistée par ordinateur, l'infographie, la photo numérique, l'édition électronique. Ils regorgent aussi de fausses menaces : les ateliers de génie logiciel (AGL) qui devaient faire disparaître le métier de programmeur, les traitements de textes celui de secrétaire, Internet celui de commercial… La traduction assistée par ordinateur est un bon exemple de cette ambiguïté : le gag classique consiste à traduire aller-retour un même texte plusieurs fois, le résultat est toujours hilarant. Cependant, l'assistance apportée aux vrais professionnels est-elle négligeable ?

Il est vraisemblable que c'est l'adjonction de deux compétences qui accroît l'expertise. Les typographes reconvertis dans la PAO ont ajouté à la précision de leur savoir une dextérité dans le maniement de l'ordinateur, ce qui les place immédiatement au premier rang de ce nouveau secteur. Les graphistes ont gardé leur coup de main, multiplié par la puissance informatique. Les photographes leur coup d'œil. L'avenir appartient certainement à ceux qui auront su combiner les deux techniques, la professionnelle et l'informatique ou la numérique.

Ceux qui seront les premiers dans cette évolution en tireront d'ailleurs les fruits. Il n'est qu'à voir le succès des premiers graphistes pour sites Web…

Le portefeuille de compétences

Une autre piste est celle qui associe des compétences fort éloignées en apparence. Charles Handy, dans son ouvrage prophétique *L'âge de déraison* – publié en anglais en 1989 – l'appelait le « portefeuille de compétences ». L'image a été reprise et diffusée depuis, sans être toujours bien comprise : l'auteur signalait par ce terme l'association de compétences fort diverses qui, soudain, se conjuguent face à un besoin nouveau. Le meilleur exemple contemporain est celui des informaticiens dont la passion était la musique. Passion totalement inutile professionnellement à l'âge du Cobol, mais ô combien recherchée à l'ère du multimédia.

Vous avez une passion, un passe-temps, une ancienne compétence périmée aujourd'hui ? Cultivez-les soigneusement et imaginez leur utilisation dans l'économie contemporaine. « *Les êtres plats,* comme les appelait l'écrivain anglais E.M. Forster cité par Charles Handy, *sont ceux qui vivent une vie à une dimension.* » L'avenir, d'après notre auteur, appartient à ceux qui répondent à la question : « *Que faites-vous dans la vie ?* » de la façon suivante : « *Ça va me prendre un petit moment. Par où voulez-vous que je commence ?* »

Vous n'avez pas de passe-temps spécifique ? Variez au moins vos sources d'information, changez de temps en temps de journal, lisez une revue inhabituelle, un livre dont le sujet est étranger à vos activités (l'art des jardins ou la musique grégorienne).

La pluriactivité n'est pas une chose simple à gérer, les institutions sont – seront ? – toujours en retard sur le foisonnement du terrain. Mais nous entrons dans une ère où nous aurons tous de multiples activités, dont certaines hautement professionnelles, même si elles n'apparaissent que comme des passe-temps amateurs aujourd'hui. Qui aurait pensé il y a un siècle que les sportifs deviendraient professionnels, les paysans hôteliers et les musiciens informaticiens ?

« *Cultivez votre jardin* », disait Voltaire. « *Yes* », répond Bill Gates.

CHAPITRE 7

La vie au quotidien

Banalités, diront certains, sûrs d'avoir de bonnes réponses à toutes les questions. Et si nous échangions ces réponses ? Le présent chapitre est issu d'une réflexion personnelle, et ne vaut que comme un ensemble de réponses parmi d'autres. Ne le prenez donc pas pour le Livre, on ne saurait jamais assez douter des textes sacrés.

Nous allons essayer de décrire les conflits se présentant dans votre vie quotidienne. Il est impossible de tout lister, mais certains reviennent systématiquement. Ils ne sont pas majeurs, mais agacent tant qu'on ne les a pas résolus. Ils évoluent dans le temps, en fonction du degré de professionnalisme que vous allez développer. Ils varient enfin suivant le métier exercé, le mode de travail, les coutumes du milieu, la couleur du temps…

Suivez votre inspiration, mais n'oubliez pas de raisonner en professionnel.

L'INSTALLATION PHYSIQUE

Chez soi, dans des bureaux extérieurs, en « pigeon voyageur » ? Les trois solutions ont leurs avantages et leurs inconvénients. Tour du propriétaire.

Chez soi

Cela dépend vraiment de votre tempérament personnel. Travailler chez soi est confortable, bon marché, économe en temps de trajets. Mais risqué si vous craignez la solitude ou l'empiètement de la vie professionnelle sur la vie de famille (et vice-versa).

S'installer à son compte

● *En avez-vous le droit ?*

L'article L. 631-7 du code de la construction et de l'habitation interdit « *la transformation de locaux d'habitation en locaux professionnels* » dans les villes de plus de 10 000 habitants. Le préfet peut cependant l'autoriser, cela va donc dépendre de votre lieu d'habitation.

- **Sociétés.** Cette interdiction/autorisation ne joue que pour les sociétés (SARL, EURL dont les dirigeants ont cependant le droit de commencer leurs activités professionnelles pendant une période de deux ans, sous réserve de l'accord de leur propriétaire (s'ils sont locataires) et de l'assemblée des copropriétaires (s'ils résident en copropriété). Ces autorisations doivent donc être jointes aux documents présentés lors de l'immatriculation de la société. Au bout de deux ans, vous devez, soit exercer ailleurs, soit déclarer votre bureau comme lieu mixte d'habitation et d'activité professionnelle (si Monsieur le préfet le permet), soit aller exercer ailleurs.
Rien ne vous empêche cependant de domicilier votre siège social à une adresse fournie par un centre de domiciliation et de travailler chez vous si vous ne recevez ni clients ni fournisseurs. Ces centres de domiciliation disposent souvent de bureaux qui vous permettent ces dernières activités.
- **Entreprises individuelles.** La loi n° 98-546 du 2 juillet 1998 a modifié l'article cité précédemment. Vous avez donc le droit de vous installer chez vous, simplement en « informant » votre propriétaire, et pour aussi longtemps que vous le souhaitez et ne dérangez pas les voisins.

ARTICLE L. 631-7-3

Par dérogation aux dispositions de l'article L. 631-7, l'exercice d'une activité professionnelle, y compris commerciale, est autorisé dans une partie d'un local à usage d'habitation, dès lors que l'activité considérée n'est exercée que par le ou les occupant(s) ayant leur résidence principale dans ce local et ne conduit à y recevoir ni clientèle ni marchandises.

Louer un bureau

Pour ceux qui craignent de n'avoir pas la discipline nécessaire à l'installation à domicile, ou qui veulent pouvoir recevoir leurs clients dans des

La vie au quotidien

locaux professionnels, il existe des immeubles entiers composés de petites pièces qui sont louées en longue durée. Comptez de 300 à 1 000 € par mois (vous pouvez partager avec un confrère). Des services complémentaires sont facultatifs mais bien utiles : salle de réunions, photocopieur, prise d'appels téléphoniques, réception et transmission de télécopies, connexion au câble. Les coûts montent vite si vous ne faites pas attention.

Comment vous installer ?

Bureau, armoires. Sans commentaires.

Fournitures. Faites-vous livrer à domicile : des sociétés de vente par correspondance livrent dans toute la France, à des tarifs très compétitifs. Sur présentation de votre numéro de Siren (ou d'inscription au registre de commerce et des sociétés), ils vous accordent des délais de paiement.

Téléphone, télécopieur. Ces outils sont vos fenêtres sur l'extérieur, le lien principal avec vos clients, gérez-les donc avec soin. En particulier, surveillez que votre téléphone soit le plus souvent possible disponible pour les appels extérieurs. Si vous avez une famille nombreuse ou un conjoint bavard, abonnez-vous à une ligne spéciale avec un numéro spécifique. France Télécom et maintenant ses concurrents offrent un service « professionnel » dont vous pouvez bénéficier : la maintenance y est garantie rapide. Nous avons eu l'occasion de tester cette offre, elle est effectivement de bonne qualité, nous avons été chaque fois dépanné dans l'heure qui suit (mais c'est dans le centre de Paris).

Quand vous êtes présent, très bien. En votre absence ? Le répondeur commence à passer de mode. Il est pourtant bien pratique pourvu de vous astreindre à un « programme qualité » : répondre systématiquement à tout appel enregistré. Rien n'est plus agaçant que les messages lancés dans le vide, sans réponse.

Vous pouvez basculer vos appels à un service extérieur d'accueil téléphonique. Cela impressionne en général fortement vos interlocuteurs pourvu que vous expliquiez précisément à la personne qui reçoit les appels ce que vous faites, les réponses types aux questions initiales, votre agenda, etc. Et que vous répondiez rapidement aux appels enregistrés (certains services proposent de vous les transmettre *via* Minitel ou Internet).

S'installer à son compte

Téléphone portable. C'est devenu le numéro de téléphone principal de bon nombre de freelances. Vos interlocuteurs sont satisfaits de pouvoir toujours vous joindre, mais évitez de le mettre en service durant le week-end.

SYSTÈME À TROIS NIVEAUX

Xavier L. utilise un système à trois niveaux : un accueil téléphonique personnalisé pour les premiers appels (il est présent dans beaucoup d'annuaires, petites annonces, etc.) ; un portable pour les contacts ultérieurs ; un téléphone fixe chez lui pour les relations professionnelles très étroites. Sa carte de visite ne comporte évidemment que le premier numéro, il la complète à la main par le deuxième si l'occasion se présente.

Ordinateur. Même pour préparer vos factures, un ordinateur est indispensable. Pour les très petites utilisations, vous en trouvez aux alentours de 700 €, surtout lors des promos du mois d'août ou de décembre. Prévoyez tout de même que vous allez rapidement maîtriser cet outil et que vous aurez alors besoin de plus de place (disques, mémoire, sauvegarde). Ne soyez pas trop chiche de ce côté-là, alors qu'en revanche vous n'avez pas besoin de la « mégapuissance » qu'on vante dans les pubs : 4 GHz !

Si vous débutez (demandez d'abord à vos enfants, ils savent tout sur le sujet), achetez un ordinateur Apple, d'un prix raisonnable et facile d'accès pour un débutant. Mais prévoyez que vous allez dans quelques années passer au PC (sauf si vous êtes graphiste ou maquettiste), parce que certaines applications ne fonctionnent qu'avec celui-ci, parce que vos clients sont équipés de PC, parce que les PC de moyenne et haute gamme sont moins chers que les Mac. Un conseil : achetez vos produits informatiques chez un revendeur proche de votre domicile, vous saurez où vous adresser aux premiers pépins (il y en aura, ne craignez rien). Pour le système d'exploitation pour PC : prenez Windows, même si la tête de Bill Gates ne vous plaît pas, Linux et les logiciels libres ne sont encore à la portée que des vrais « bidouilleurs ».

Ordinateur portable. Vous y êtes astreint si vous devez travailler sur un ordinateur hors de votre bureau. À capacité égale, ces machines nomades coûtent cependant plus cher que les postes fixes, il n'en existe guère à moins de 1 500 €. Peu encombrants à transporter, ils doivent cependant

La vie au quotidien

être accompagnés d'une batterie de secours, d'un câble de rechargement, et peut-être d'une imprimante. C'est pourquoi les assistants personnels deviennent très populaires.

Assistants personnels. Ce sont aujourd'hui de véritables mini-ordinateurs, de la taille d'un livre de poche, qui vous donnent accès à un agenda, un carnet d'adresse et un bloc mémo. Certains comportent aussi un traitement de textes et un tableur. Enfin, le *nec plus ultra* comporte une liaison avec votre téléphone portable pour émettre ou recevoir des messages électroniques. De nouveaux matériels étant commercialisés en permanence, il est difficile d'en conseiller un parmi d'autres. Comptez cependant 600 € pour un matériel de moyenne gamme.

Outils nomades connectés à Internet. La technologie est promise pour bientôt : grâce à l'UMTS, les outils nomades pourront se connecter à l'Internet aussi facilement qu'un ordinateur chez soi. En attendant, le GPRS promet de le faire, mais les premiers essais sont peu concluants : en payant le service au flux d'information transmis et non plus au temps passé, la facture grimpe vite. Il est encore temps d'attendre.

Sauvegarde et transport. N'oubliez pas de sauvegarder fréquemment vos fichiers. Leur perte, à la suite d'un incident quelconque, est dramatique. L'outil de sauvegarde peut être combiné avec celui de transport. Auparavant, le seul support était la disquette (1,44 Mo), les cartouches numériques (jusqu'à 20 Go), à l'accès séquentiel et lent, ou les Zip (jusqu'à 750 Mo). Leur avantage est d'être réutilisables. Mais tous ces outils sont aujourd'hui remplacés avantageusement par le CD-Rom (650 Mo), réinscriptible ou non. Au prix de 2 € pièce, vous pouvez y stocker vos archives tous les mois, cela ne vous ruinera pas. Comptez 200 € pour un graveur de CD-Rom et un logiciel de gravure.

Scanner. On trouve d'excellents scanners de table à moins de 150 €, avec le logiciel attaché. Ils sont surtout utiles si vous voulez illustrer vos textes avec des éléments issus de supports papier. Des logiciels de reconnaissance de caractères (*OCR, Optical Character Reader*) comme OmniPage peuvent vous servir à lire des textes pour les transformer en fichiers (sinon le scanner vous les présente sous forme d'images, non modifiables).

Imprimante. Les imprimantes à jet d'encre sont peu encombrantes et bénéficient de la couleur. Évitez cependant d'abuser de cette dernière, elle fatigue la lecture s'il y a beaucoup de choses à lire. Par ailleurs, la qualité d'impression n'est pas optimum, on voit à l'œil nu la trace des points dans vos lettres et vos dessins. Elles valent cependant si peu cher (on en trouve à 100 €) qu'elles sont d'utilisation courante. Sinon, les imprimantes laser, à 1 200 dpi (*dots per inch* ou aussi ppp, points par pouce), donnent une qualité d'impression professionnelle. Leur prix a fortement diminué, elles valent aujourd'hui entre 200 et 300 € ; les lasers couleurs sont encore très onéreuses : 1 000 à 2 000 € même si les prix chutent rapidement.

Comme pour tous les produits banalisés, ce sont les consommables qui coûtent cher, parfois autant que l'imprimante elle-même. C'est donc le prix des cartouches qui doit guider votre choix, malheureusement aucun constructeur ne garantit la durée de vie de ces produits. Reportez-vous aux comparatifs réalisés par la presse spécialisée ou les revues de consommateurs.

Écran. Les écrans vendus avec les plus récents ordinateurs font dorénavant 17 pouces (taille de la diagonale). Ils sont très confortables, et si vous voulez conserver avec plaisir votre ancien 15 pouces, ne regardez jamais un écran 17 pouces. Les écrans de 19, 20 ou 21 le sont encore plus, mais leur prix les réserve aux spécialistes des arts visuels.

Les écrans plats de 15 ou 17 pouces commencent à être commercialisés à un prix raisonnable : 300 à 400 €, et leurs faibles dimensions les rendent très utiles dans un petit espace. Comptez 200 à 300 € pour les mêmes surfaces en écrans cathodiques.

Télécopieur sur l'ordinateur. Les liaisons fax sont très efficaces : pour la réception des fax si vous voulez mettre facilement à la poubelle les prospections commerciales (qui ne gaspilleront ainsi plus votre papier) ou éviter de ressaisir leur contenu ; pour les émissions si vous souhaitez transmettre les textes rédigés sur l'ordinateur. Les listes de destinataires sont plus faciles à manier et à mettre à jour.

Les derniers modems en date supportent presque tous l'envoi et la réception de télécopies. Certains les stockent lorsque votre ordinateur n'est pas en fonction. En revanche, la connexion téléphonique *via* ADSL ne supporte pas l'envoi de télécopie. Il faut utiliser la partie téléphonique de la connexion, et donc disposer d'un modem conventionnel (boîtier extérieur ou carte).

La vie au quotidien

Photocopieur. Autant il n'est pas prudent d'utiliser un téléphone-télécopieur (*cf.* plus haut), autant rien ne s'oppose à ce que vous utilisiez le même appareil à la fois comme télécopieur et comme photocopieur. Certains offrent aussi la possibilité de servir d'imprimante (couleur parfois) de votre ordinateur, et même de scanner. C'est une bonne utilisation de la fonction « numérisation » du matériel : une fois saisie, la page copiée peut en effet être imprimée, utilisée comme image numérisée et transmise *via* le téléphone. Attention toutefois à pouvoir numériser un document épais, livre ou catalogue.

Ces produits sont disponibles à des prix compétitifs aujourd'hui : 100 à 300 €.

Internet. La connexion à Internet suppose deux abonnements : l'un à l'opérateur téléphonique ou au câbleur qui va acheminer vos communications, l'autre à un FAI (fournisseur d'accès internet) qui va vous mettre en relation avec la Toile.

Les opérateurs/câbleurs vous proposent une connexion normale (réseau commuté, débit maximum 56 kbps/seconde), une ligne numérique (RNIS, débit maximum 128 kbps), une ligne ADSL (1 024 kbps dans un sens, 128 à 512 dans l'autre) ou par le câble (64 à 512 kbps).

Les fournisseurs d'accès vous proposent des forfaits mensuels comportant un certain nombre d'heures, soit un accès illimité. Certains sont totalement gratuits (free, freesurf, mageos, etc. Consultez legratuit.com pour plus d'informations).

Nombreux sont ceux qui vous proposent en outre des forfaits combinés, connexions téléphoniques et accès internet.

En fonction de ces paramètres, la matrice de prix est difficile à bâtir, compte tenu en plus des promotions temporaires et aléatoires. Maximum : 45 € par mois pour un accès ADSL 1 024/512.

Une ou plusieurs adresses électroniques sont en général fournies avec l'accès à internet. Mais méfiez-vous : si vous changez de fournisseur, vous devrez abandonner cette adresse, et prévenir tous vos correspondants… La solution est de prendre une adresse non liée à votre FAI, chez hotmail.com par exemple, ou chez les FAI gratuits, *cf.* ci-dessus.

© Éditions d'Organisation

S'installer à son compte

UNE ADRESSE ORIGINALE

Anne Grandiel a déposé le nom de domaine grandiel.com (chez Gandi, cela ne coûte que 12 € HT par an) puis a fait héberger gratuitement (moyennant 1 € de frais de mise en service) son domaine chez ovh.fr. Elle ne développe pas de site personnel pour l'instant, mais utilise l'adresse électronique anne@grandiel.com, facile à retenir par ses interlocuteurs.

Une fois commencée l'aventure Internet, vous allez sans doute être amené à créer votre propre site, parce qu'il est simple dès lors d'y renvoyer vos suspects, prospects et clients : il remplace une plaquette promotionnelle et est plus facile à mettre à jour.

Que doit comporter ce site ? Les mêmes éléments qu'une plaquette : vos coordonnées, votre offre (toujours en présentant l'avantage que vos clients en retirent), votre CV (avec les missions, projets et produits auxquelles vous avez participé), une adresse de contact. Rajoutez quelques actualités du genre : « *Je suis occupé par un gros chantier en ce moment, mais serai libre le 15 septembre.* » Ou « *Un projet vient d'être décalé, je suis provisoirement disponible.* » À mettre à jour périodiquement.

Avant d'investir dans un site personnel, vous pouvez faire héberger vos quelques pages chez votre fournisseur d'accès ou des hébergeurs gratuits (Tiscali, Free, Ovh, Respublica, ils sont nombreux). Certains proposent des pages toutes faites qu'il suffit de paramétrer, ou vous pouvez utiliser des outils simples comme Netscape Composer, livré avec le navigateur, ou tout simplement Microsoft Word sans avoir besoin d'apprendre le langage HTML.

L'ultime étape consistera à créer votre propre site. Les hébergeurs sont nombreux, avec un éventail de tarifs impressionnant : de zéro euro à plusieurs milliers d'euros par an. Pour les pages, si vous rechignez à écrire du HTML, PageMill d'Adobe, ou NetObjects Fusion de Net Objects, ou Dreamweaver de MacroMédia seront vos outils, mais ces deux derniers sont des outils de pros. Sinon, un prestataire extérieur vous prendra quelques centaines d'euros pour composer quelques pages.

La vie au quotidien

LA COMPTABILITÉ

Nous n'allons pas rédiger un long discours sur ce sujet : ou bien vous vous y connaissez en comptabilité, ou bien vous n'y connaissez rien. Dans le premier cas, vous pouvez prendre en charge la vôtre, il existe d'excellents logiciels qui vous permettront de saisir, classer et présenter vos écritures (y compris le formulaire 2 031 ou 2 035). Sinon, faites confiance à un expert-comptable professionnel.

Un principe de base : ne cherchez pas à escroquer le fisc par des manœuvres comptables tortueuses, vous y passerez beaucoup de temps, y gagnerez un peu d'argent, mais risquerez d'attirer l'attention de Monsieur le ministre des Finances sur votre cas particulier. Il dispose de plus de juristes et d'experts-comptables que vous ne pourrez jamais vous en payer (c'est aussi vous qui payez les siens).

Quelques éléments pour éclairer votre vie quotidienne.

La facture

L'émission d'une facture est obligatoire pour toute vente de produits/services réalisée par un professionnel, sous peine d'une amende de 75 000 €. Elle doit être libellée « facture », « note d'honoraire » ou « avoir » très lisiblement. Cela vous paraît évident, mais on a vu le pire…

Les factures émises doivent être numérotées en séquence (la séquence pouvant commencer à 563 si vous voulez impressionner votre client). Elles doivent indiquer :

- **Les en-têtes.** Votre nom et adresse professionnels et ceux de votre client ;
- **La forme juridique** de votre entreprise et son capital si c'est une société ;
- **Votre numéro de Siren,** le numéro de RCS – Registre du Commerce et des Sociétés – si vous êtes en société, de RM – Registre des Métiers – si vous êtes artisan ;
- **Votre code APE** (consulter le document reçu de l'Insee), l'indication que vous êtes adhérent d'une Association Agréée ou d'un Centre de Gestion Agréé). Vous pouvez y rajouter les références de votre assu-

rance responsabilité civile si vous voulez vraiment passer pour un pro, mais ce n'est pas obligatoire.
- **La justification.** La date de la vente ou de la prestation, le prix unitaire HT des produits ou services rendus, la référence à un contrat le cas échéant.
- **Les rabais, remises ou ristournes,** pour chaque ligne de facture ou chaque sous-total.
- **La TVA.** Vous devez indiquer le montant à payer hors taxes, le montant et le taux de la TVA et le montant TTC. Si votre facture comporte des produits/services relatifs à plusieurs taux de TVA, vous devez séparer les lignes correspondantes. Si vous facturez des prestations comportant du service et des produits matériels susceptibles de donner lieu à amortissement (un logo, du matériel informatique, des logiciels), vous devez séparer les lignes correspondantes.
- **Votre numéro de TVA intracommunautaire,** toujours, et celui de votre client si vous facturez une entreprise située dans l'Union européenne (avec la mention « *Exonération de TVA, art. 262ter 1 du CGI* ») ;
- **Si vous avez choisi le statut fiscal de micro-entreprise,** vous êtes totalement exonéré de TVA. Votre facture l'indiquera, avec l'annotation : « *Exonération de TVA, art. 293B du CGI* ».
- **Si vous facturez pour le compte d'une association à but non-lucratif,** celle-ci est aussi exonérée de TVA, mais avec un autre libellé : « *Exonération de TVA, art. 261 du CGI* ».
- **Le règlement.** Le mode de règlement (chèque ou virement à votre compte bancaire) n'est pas obligatoire, mais il est prudent de le rappeler. La date est en revanche obligatoire : « *À réception de facture, 30 jours fin du mois, etc.* » Depuis la loi du 15 juin 2001, les pénalités de retard sont obligatoires : « *Tout dépassement de la date limite entraînera le versement d'intérêt au taux égal à une fois et demi le taux légal* ». Et aussi l'escompte éventuel en cas de paiement anticipé : « *Tout paiement avant la date prévue donnera lieu à un escompte de x % par semaine d'avance* ».

Légalement, vous n'êtes pas tenu de faire figurer au verso les conditions générales de vente de vos produits ou services. Si votre activité le justifie, consultez un homme de l'art pour les rédiger, car les conditions incluses vous obligeront légalement.

La vie au quotidien

La comptabilisation des achats

Certains achats ne sont pas entrés entièrement dans les charges de l'entreprise l'année de l'achat : ils sont considérés comme des investissements (immobilisations), et seul l'amortissement de cet achat sera imputé chaque année. Suivant les produits, l'amortissement s'étale sur un certain nombre d'années (3 ans pour les ordinateurs par exemple), d'autres sont amortis l'année de l'achat (logiciels). Le fisc tolère un amortissement dans l'année pour les achats de moins de 500 € (réponse ministérielle n° 66314 du 10 décembre 2001). Connaissez le principe et laissez l'expert-comptable gérer le détail, il connaît par cœur le mécanisme. En revanche, demandez-lui conseil pour un achat d'une certaine importance, il pourra vous conseiller sur la meilleure modalité.

PAR EXEMPLE
Il est toujours intéressant de faire un achat important en fin d'année. Vous commencerez son amortissement l'année en question, même si vous ne possédez le produit que depuis 15 jours.

Location, location-vente, crédit-bail, leasing, lease-back. L'achat d'un matériel (ordinateur, photocopieur, appareils photographiques, local professionnel…) suppose un investissement financier d'une certaine importance. Pour éviter cette immobilisation de fonds et utiliser ceux-ci à d'autres fins, vous pouvez demander à un organisme financier de faire l'investissement à votre place et de vous louer ensuite le matériel. Tour d'horizon rapide des différentes formules proposées.

- *Location*. Vous louez un produit proposé par le loueur. Vous n'en payez que l'utilisation, mais aussi longtemps que vous l'utilisez. Au bout d'un certain temps, le coût de la location dépasse outrageusement le prix d'achat.
- *Crédit-bail, location-vente, location avec option d'achat, leasing.* Vous choisissez le produit. Vous le louez, mais jusqu'à une échéance prédéterminée dans le contrat. À cette date, vous le rendez ou le rachetez à un prix fixé d'avance. Les différentes formules concernent des subtilités juridiques et financières dont vous aurez besoin de connaître le détail si vous vous lancez dans ce type d'opération.

- *Lease-back*. Vous achetez un produit et le revendez au loueur qui vous le louera en leasing. Pourquoi ? Parce que le produit n'est pas disponible facilement au public, que vous l'avez fait faire spécialement (immobilier par exemple), que c'est une excellente occasion, etc., et que vous voulez récupérer le montant de l'achat pour votre trésorerie.

Toutes ces techniques ont l'avantage de coûter moins cher qu'un crédit. Fiscalement, elles vous permettent d'imputer à l'exercice en cours les mensualités ou annuités du contrat, et vous épargnent de payer la taxe professionnelle sur les immobilisations.

Mais elles ont aussi leurs inconvénients : vous n'êtes pas propriétaire du produit ; vous vous engagez à le conserver pendant un temps fixé d'avance ; le loueur souhaite que le produit reste en bon état, il est donc tenté de vous imposer un contrat de maintenance ; en cas de modification du produit (un nouveau disque dur sur un ordinateur, par exemple), l'échéance du contrat est reportée, vous êtes coincé ; vous devez payer des indemnités importantes en cas de rupture anticipée du contrat, etc.

Les frais de votre local professionnel

Si vous louez un bureau, vous disposerez de tous les détails. Si vous vous installez chez vous, il faudra faire le tri des frais relatifs à votre habitation et des frais relatifs à votre bureau.

Tout commence par l'évaluation de la part consacrée à chaque activité : 20 ou 25 % est un taux réaliste d'occupation professionnelle de votre appartement, au-delà il faudra de bons arguments pour convaincre l'administration. Nous appellerons ce pourcentage le taux d'occupation des sols (TOS).

Loyers. Vous êtes locataire, vous pouvez imputer la part de loyer correspondant au TOS. Vous êtes propriétaire, vous n'avez pas le droit de vous facturer un loyer. Encore que certains arrêts de tribunaux l'autorisent (Conseil d'État, arrêt 164457 du 8 juillet 1998), mais vous devez alors déclarer ce loyer dans vos revenus fonciers personnels. Complication.

Charges locatives, de copropriété, de propriété. Déductibles suivant le partage TOS.

Électricité, gaz, chauffage. Idem.

Téléphone. Ah ! le téléphone. Le TOS ne s'applique plus, votre consommation n'est pas proportionnelle à l'espace occupé. Si vous avez un téléphone portable ou une ligne séparée, tout est simple. Mais si vous partagez la ou les lignes de la maison, essayez de faire l'historique de votre consommation : avant/après vous être mis à votre compte, dessinez la courbe (Excel le fait très bien), tirez des conséquences claires : doublement, voire triplement de la consommation. Imputez la différence. Servez chaud avec un bon schéma.

Les autres frais divers

Voiture, moto, scooter, vélomoteur. Vous pouvez imputer des indemnités kilométriques selon le taux fixé chaque année par le fisc (Barème « carburant » prévu aux articles 302-7 et 38-16, annexe III du CGI). Avez-vous le droit d'acheter une voiture de fonction aux frais de la société ? Non pour les entreprises individuelles, oui pour les sociétés. Une voiture de société n'a que deux places, porte une marque distinctive de la société, et les kilomètres non justifiés professionnellement seront déduits de son amortissement. Sinon, c'est une voiture particulière qui donne lieu à paiement de la taxe sur les véhicules de la société (1 128 € en dessous de 8 CV, 2 439 € au-delà), sauf si elle fonctionne au moyen de l'énergie électrique, du gaz naturel (GNV) ou du gaz de pétrole liquéfié (GPL), CGI, art. 1010A.

> **LE CONSEIL**
> *Dans tous les cas, voiture individuelle et frais kilométriques.*

Documentation. Tous les livres, revues, magazines (sur abonnement) font partie de votre documentation professionnelle (sauf *L'Écho des Savanes*, éventuellement. Quoique…). Gardez les factures.

Repas, transports. Vous pouvez imputer vos repas, sans limitation de montant (soyez raisonnable) s'ils sont pris avec un client ou un prospect, ainsi que vos frais de déplacement. Pour vos repas individuels, l'administration ne les accepte en déduction de vos revenus que « *lorsque la distance entre ces lieux et le domicile fait obstacle à ce que le repas soit pris au domicile* ». Le montant pris en déduction ne doit pas être supérieur à cinq fois le minimum garanti visé à l'article L. 141-8 du code du travail (14,75 €) et sera diminué du coût du repas si vous l'aviez pris chez vous (4,43 €, chiffres 2003). CSS, art. L 141-8.

> De toute façon, tous ces frais, même déduits de vos revenus pour imputation comptable, sortent de votre poche. Même s'ils viennent en déduction des impôts et des cotisations sociales, vous les avez payés, c'est une dépense nette.

Cotisations à des associations professionnelles. Elles sont déductibles, dès lors que ces associations vous aident à mieux gérer vos activités. La cotisation d'adhésion à une Association agréée en fait partie, à Freelance en Europe aussi, mais pas le denier du culte.

Acquisition d'œuvres d'art, mécénat, dons et subventions à des œuvres. Déductibles du revenu imposable si les dons ou le mécénat s'exercent au profit d'organismes, d'œuvres, d'associations d'intérêt général ou d'utilité publique. L'acquisition d'œuvres d'art peut s'imputer si : vous avez l'intention d'en faire don à l'État ; vous êtes en société et vous achetez des œuvres d'un artiste vivant et vous les exposez au public. Plafond : 3,25 pour mille de vos recettes – pour l'achat d'œuvres d'art, c'est le montant de l'amortissement (sur six ans) qui ne doit pas dépasser cette somme (CGI, art. 238 bis).

Vêtements. Aucune déduction n'est possible pour vos vêtements courants. Seuls des vêtements spéciaux sont acceptés tels la blouse grise d'un artiste-peintre ou la blouse blanche d'une infirmière.

Honoraires non rétrocédés. Vous payez les services de votre expert-comptable, d'un avocat pour le recouvrement d'une créance, d'un informaticien pour mettre votre ordinateur en route, il s'agit d'honoraires ordinaires que vous imputez dans vos charges d'exploitation.

Honoraires rétrocédés. Lorsque vous sous-traitez une partie de votre mission à un confrère, pour un client spécifique dans le cadre d'un contrat spécifique, il s'agit d'honoraires rétrocédés. Vous déduisez alors ces montants de votre chiffre d'affaires (et votre confrère les introduira dans le

La vie au quotidien

sien). S'ils dépassent 100 €, ces honoraires rétrocédés doivent être déclarés en même temps que la 2 035 dans la DAS 2 (pas de CSG/CRDS, pas de taxe professionnelle sur ces montants).

Les banquiers et autres alliés
Les banques

Fournisseurs particuliers, les banques sont l'objet de beaucoup de passions et de critiques. Elles gèrent en effet un produit particulier : l'argent, et se payent avec un produit particulier : l'argent. À chaque fois, c'est le vôtre, celui que vous avez ou celui que vous convoitez. Comment travailler avec elles ?

Un compte pour votre entreprise

Vous avez déjà un compte personnel quelque part. Votre première démarche va être d'en ouvrir un autre, suivant le bon principe – que personne n'applique – de ne pas mélanger l'argent personnel et l'argent professionnel.

Un mécanisme particulier de fonctionnement des banques veut qu'elles n'offrent pas le même service aux entreprises et aux particuliers. C'est d'ailleurs vrai aussi chez France Télécom, à la Poste et dans quelques autres entreprises publiques, parapubliques ou ex-publiques. L'apparition des freelances bouleverse quelque peu cette dichotomie traditionnelle dont vous devez profiter pour choisir le service le mieux adapté et le moins cher.

Exemple typique : faut-il choisir un compte bancaire « entreprise » ou un compte bancaire « particulier » ? Si vous êtes en société, vous n'avez pas le choix, seul le compte « entreprise » vous est permis. Si vous êtes indépendant, à vous de décider.

Quelles différences de service ? Essentiellement des subtilités : gestion des traites, billets à ordre et autres effets de commerce par exemple. À quoi ça sert ? À payer des fournisseurs à une échéance lointaine tout en leur donnant la garantie qu'ils seront payés. Ils ont leur traite signée de votre main, ils peuvent attendre. Ils peuvent même, moyennant un escompte (un peu moins d'argent), « remettre » ces futures rentrées en se faisant payer tout

S'installer à son compte

de suite par la banque, ou « l'endosser » au profit d'un tiers. La banque offre aussi de gérer la trésorerie, de placer les liquidités, et d'autres services encore plus ésotériques.

Vous n'êtes pas concerné ? Choisissez alors, sans l'ombre d'une hésitation, le compte particulier. L'autre coûte très cher (minimum constaté : 500 € par an), en commissions diverses et variées que vous allez payer sans bénéficier des services correspondants. Ouvrez donc un deuxième compte, à votre nom et votre enseigne. Exemple : Patrick Dupont Consultant (pour le distinguer de l'autre, Mme et M. Patrick Dupont).

La banque refuse parce que vous allez en faire un usage professionnel ? Allez en voir une autre.

L'honnêteté consiste aussi à reconnaître que les conseillers clients des banques sont spécialisés selon le type de clientèle. Le conseiller « particuliers » ne comprendra rien à vos problèmes de trésorerie, à votre absence de bulletins de salaire et à vos démêlés fiscaux. À vous de choisir !

Suivre son compte sur internet. Un service qui se répand et qui est fort pratique, c'est la possibilité de consulter votre compte sur Internet. Moyennant quelques euros par mois, vous êtes immédiatement au courant des mouvements et, surtout, vous pouvez copier/coller les écritures directement dans un tableur pour en suivre l'historique. Vous pouvez également adresser des virements et gérer un compte d'épargne pour placer vos excédents (Codevi, compte sur livret). Si vous êtes un expert financier, vous pouvez aussi gérer vos placements en Bourse.

Michel Moreau a ouvert un compte supplémentaire à la Banque Directe, qui lui assure 4 % d'intérêts sur un livret alimenté automatiquement par les excédents du compte courant. Mais comme elle n'accepte pas d'émettre ou de recevoir des chèques étrangers, il doit aussi avoir un compte dans une banque traditionnelle. Il a choisi d'ouvrir dans cette deuxième banque un compte professionnel, dont il a négocié les frais « professionnels ». Depuis, il met systématiquement ses deux banques en concurrence, et obtient ainsi, à la fois un service de bonne qualité et une tarification privilégiée.

Crédits. Le plus horripilant dans les contacts avec une banque, c'est la réponse : « *Il faut que je consulte ma direction.* » Changez de banque. Ou au moins menacez de le faire… La qualité des contacts avec le banquier

La vie au quotidien

dépend énormément de votre interlocuteur direct. À la limite, du directeur de l'agence locale. Si aucun de ceux-là n'est capable de prendre une décision, vous allez droit à la crise de nerfs dans la suite de vos relations, parce qu'elles seront nombreuses et fréquentes (Internet ne résout pas tout).

Pour obtenir un crédit, et comme vous n'avez pas de bulletins de salaire, le banquier est méfiant. Il vous reste à montrer vos 2 035 des années antérieures, les factures émises depuis le début de l'année, les contrats en cours, vos listes de prospection. Amassez un dossier de quelques kilos. Confiez-le-lui en lui laissant le soin d'en faire des photocopies. Ne lui cachez rien. Quand vous aurez acquis sa confiance, vous aurez un sérieux allié qui vous aidera même à rencontrer des gens qui connaissent des gens qui…

C'est pourquoi vous devez refuser tout interlocuteur qui n'est pas un vrai banquier.

Les autres interlocuteurs
L'expert-comptable

Lui aussi peut devenir un véritable allié dans votre affaire. Ce n'est pas la peine de lui cacher quoi que ce soit, de toute façon il devinera tout.

Au-delà de la comptabilité pure, l'expert-comptable à la tête du cabinet est votre premier conseil. Rencontrez-le régulièrement.

Tarifs habituels : 1 000 à 2 000 € pour une entreprise individuelle, le double pour une société. Il commence à exister des offres ciblées vers la clientèle des freelances, à des tarifs qui deviennent intéressants. Ainsi l'offre Compta + de CyberPro (http://www.cyberpro.fr) qui comprend pour 790 € (1 260 € pour une EURL/SARL) l'établissement de votre comptabilité et un service d'assistance fiscale et juridique en ligne.

La secrétaire de votre client

Encore une sérieuse alliée. Elle connaît tout de son patron, et de votre relation avec lui. C'est d'abord un bon baromètre de l'ambiance : « *Non, Monsieur X est en conférence, vous ne pouvez pas le déranger.* » Le temps se gâte. « *Monsieur X est en voyage, mais il rentre demain matin et passera tôt à son bureau. Il sera très content d'avoir de vos nouvelles.* » Beau fixe.

C'est ensuite un atout potentiel dans votre manche. « *Vous voulez ce renseignement ? Adressez-vous à Untel, c'est lui qui gère le dossier.* » Bon aiguillage. « *Monsieur X voudrait tel document, mais n'ose pas vous le demander. Pouvez-vous me le transmettre, je le lui ferai parvenir ?* » Elle est en confiance. « *Votre proposition est sur le dessus de la pile, appelez demain soir, la décision sera prise.* » Vous êtes son chouchou.

Un client me demandait un jour : « C'est ma secrétaire, ou la tienne ? » Il était jaloux. Mais, du coup, on se tutoyait.

Passer le barrage de la secrétaire, est un exercice classique d'appel téléphonique. Il faudrait le présenter à l'inverse : « Obtenir la confiance de la secrétaire pour être introduit auprès du patron ». Le langage est symbolique de la stratégie.

LA GESTION DU TEMPS

« Le temps c'est de l'argent », mais c'est aussi du repos, de la culture et de l'amour. Comment gérer tout ça ensemble ?

PARADOXE
« Mieux vous gérez votre temps, plus vous êtes actif et moins il vous en reste. » Il y a donc deux solutions : s'organiser méthodiquement, et prendre du recul sur les résultats.

Une question de priorités

Vous avez appris depuis votre enfance à vous occuper attentivement de ce problème. Entre deux ordres des parents : « Viens manger ! », « Va te coucher ! », « Pars à l'école ! », vous avez développé sournoisement une capacité invraisemblable à ménager le plus long temps possible pour vaquer aux occupations qui en valent la peine, jouer, courir, taper sur les copains, dérober les confitures. Où est le secret perdu ?

N'est-il pas dans la capacité à s'investir totalement dans ce qu'on fait ? Regardez vos enfants, quand ils jouent au ballon, à la poupée ou sur une Game Boy, rien ne les dérange. Toute leur énergie est concentrée sur l'ins-

La vie au quotidien

tant, leur attention sur l'objet de leur plaisir. Après, vous pouvez les « déranger », ils ont vécu un instant riche et gratifiant, ils peuvent (parfois) obéir à vos ordres.

Vous aviez cette capacité de concentration à leur âge, c'est elle qu'il faut retrouver. L'anthropologue américain E.T. Hall distingue les *monochrones* qui ne peuvent entamer une tâche qu'après avoir fini la première, et les *polychrones* qui peuvent exécuter plusieurs tâches en même temps. À l'évidence, il vaut mieux appartenir à la seconde catégorie pour être indépendant.

Cela ne suffit pas, bien sûr. Les impératifs de chaque tâche se contrarient. Vous aviez un client au bout du fil, et c'est la voisine qui sonne, qui servir en premier ? C'est ce que les psychologues appellent des *injonctions contradictoires*. Nous sommes constamment sous le choc d'injonctions contradictoires, ne serait-ce que par nos besoins physiologiques qui viennent interférer « contradictoirement » avec nos occupations les plus prenantes soient-elles. À l'extrême, ce sont les injonctions contradictoires qui provoquent les pires dépressions. Entre les deux, la vie quotidienne. Comment s'en sortir ?

La solution professionnelle est la plus simple : **établir des priorités.** L'outil le plus pratique : la liste des tâches, assorties d'une priorité classée suivant deux critères : l'importance et l'urgence, pondérées de deux notes : 0 et 1 pour les tâches urgentes, 0 et 10 pour l'importance, et bornées par une date. Le classement est vite fait :

	Urgence	**Importance**	**Total**	**Délai**
Téléphoner pour réserver mon billet de train	0	0	0	+ 2 jours
Envoyer ma dernière facture	1	10	11	levée PTT
Changer ma voiture de place avant l'amende	1	0	1	15 minutes
Préparer la prochaine réunion chez le client	0	10	10	+ 2 jours

Au fur et à mesure du temps passé, les urgences se révèlent et deviennent importantes, ou les tâches importantes deviennent urgentes. Mais, 1) vous en avez la liste sous les yeux, 2) les priorités sont exprimées – rien qu'en les exprimant, d'ailleurs…

Un autre outil consiste à vous fixer des heures de la semaine ou du mois pour régler des problèmes précis. Les freelances chez leurs clients durant la semaine consacrent en général le samedi matin aux tâches administratives. La date est ainsi toute trouvée, et la séquence facile à fixer : dans l'ordre, factures à régler, factures à émettre, courrier, notes sur la semaine passée, préparation de la semaine à venir ; une fois par mois, comptabilité ; une fois par trimestre, classement général. Une autre demi-journée pour la documentation (magazines, livres, Internet, etc.).

Si vous avez la chance de travailler à domicile, c'est plus confortable, mais cela rend aussi le planning plus confus. Essayer, là aussi, de dégager une plage pour l'administration, une pour la documentation, une pour le classement, une pour ce que vous voulez.

Le reste du temps professionnel peut lui aussi être découpé : marketing et production. La scission est plus difficile parce que vous n'êtes pas toujours maître de votre temps. Mais si vous arrivez à réserver systématiquement le mardi matin (le lundi matin n'est jamais une bonne plage, trop de réunions chez les clients) pour votre prospection, vous vous porterez mieux.

Le dernier temps (et sa priorité s'évalue par cent points) est votre temps personnel. Faut-il le gérer à l'identique, avec liste des tâches et plages réservées ?

Prendre du recul

Certains conseillent la même rigueur pour le travail et pour les loisirs. Je me rappelle un animateur qui citait son cas personnel : il fixait des rendez-vous à sa femme une fois par semaine, à ses enfants trois fois par an pour discuter du budget, des vacances (mon conseil d'administration, disait-il). Il spécialisait ses relations familiales ou amicales pour traiter de certains sujets (un copain pour le foot, un autre pour la politique, avec celui-ci l'économie, celui-là la philosophie, etc.). Il notait ses pensées sur des cahiers séparés pour classer ses idées.

▶▶

La vie au quotidien

⏩

Ça vous convient ? Moi pas. J'ai séché le reste du séminaire, préférant réfléchir par moi-même sur l'intérêt présenté par une parfaite organisation du temps. Je me suis rappelé le proverbe touareg cité par un de mes amis : « S'il ne sait où il va, le chameau erre dans le désert. » À quoi servent tous ces efforts si l'on n'en profite pas ?

La question se rapporte en fait à ses motivations personnelles. Beaucoup de freelances ont le goût du travail, et du travail bien fait. C'est une motivation profonde qui justifie les cinquante heures par semaine. C'est la vôtre ? Elle doit alors être exprimée comme telle : « *J'aime travailler beaucoup pour faire du bon travail.* » Quelle que soit la qualité de votre organisation, vous travaillerez toujours cinquante heures par semaine.

Votre autre motivation est de gagner beaucoup d'argent ? Vous allez sauter sur toutes les occasions qui se présentent. Plus votre organisation est parfaite, plus vous avez d'occasions. Vous travaillerez toujours cinquante heures par semaine.

Votre motivation est d'équilibrer votre vie personnelle et professionnelle ? Alors elle s'exprime ainsi : « *J'aime être en vacances, aller au cinéma, rencontrer des amis, aller danser.* » Vous verrez que vous dégagerez du temps pour le faire. « *J'aime être désorganisé* » peut être une autre motivation. Tant que vous faites consciemment ce qui vous plaît, vous le faites bien.

Nous ne pouvons pas vivre *sans* injonctions contradictoires. Prendre du recul veut dire choisir celle qu'on préfère et composer avec les autres. Le « sens du devoir » n'est jamais qu'une autre façon de le dire, parce que remplir ce qu'on estime être son devoir provoque en soi une gratification. Et chaque gratification se conquiert contre les autres injonctions. Le tout est de se faire plaisir, l'organisation de ce plaisir n'est plus qu'une affaire logique et mécanique.

On peut quand même se faire aider par les autres.

S'installer à son compte

LES CONFRÈRES

« Il vaut mieux gagner 10 euros à deux qu'un euro tout seul », proverbe chinois.

Petit à petit, vous découvrirez qu'il existe d'autres freelances autour de vous. Si vous avez l'instinct grégaire, vous vous en ferez des amis. Pouvez-vous travailler ensemble ? Description des modes d'association, basées sur des expériences réelles.

L'association informelle

Après quelques occasions de partage de clientèle (« Je suis trop occupé, peux-tu prendre cette mission ? »), vous décidez de répondre ensemble à la demande d'un nouveau client. Comme cela marche bien, vous vous adjoignez quelques compétences connexes pour satisfaire encore mieux votre clientèle. Vous publiez des petites annonces communes pour alimenter le groupe. Vous sablez le champagne. Faut-il aller plus loin ? Et comment ?

Partage des rémunérations

Quelques groupes ont formalisé le partage : 10 % pour celui qui apporte l'affaire, 20 % pour celui qui fait office de maître d'œuvre du projet, 70 % à partager entre les exécutants. Une charte interne pour valider la motivation des membres et sanctionner tout écart.

Embaucher un commercial ?

C'est une denrée rare, surtout pour vendre du service. Il faut le payer, lui assurer un fixe et lui fournir une liste de prospection. Un commercial aura du mal à trouver des clients pour tous les membres de votre équipe, qui va donc le payer ?

Si les heureux fournis en clients lui versent 20 % de commissions, il suffit qu'il trouve cinq clients pour gagner autant que les autres. S'il en trouve dix, lui verserez-vous toujours 20 % ? Comment moduler ses gains ? S'il n'en trouve que deux, qui va lui assurer le reste de son minimum vital ?

La vie au quotidien

La solution recherchée n'est pas simple, elle est facilitée lorsqu'un commercial se trouve déjà dans le groupe et participe à la dynamique.

Arrivé à ce stade, il est prudent de formaliser le groupe.

L'association loi de 1901

Il faut au moins deux associés pour créer une association répondant à la loi du 1er juillet 1901 et au décret du 16 août de la même année (du 1er juin 1924 dans le Haut-Rhin, le Bas-Rhin et la Moselle). Ces personnes préparent une déclaration formalisant leur souhait de fonder une association, en rédigent les statuts et déposent le tout à la préfecture. C'est gratuit. Il faudra payer un peu plus tard la parution au Journal Officiel (36,80 €). À partir de cette parution, l'association est une personne morale ayant pignon sur rue.

> **ASSOCIATION LOI DE 1901**
>
> *L'association est une société qui n'a pas de capital. La propriété de l'association appartient à tous les membres, ceux-ci décident de son activité lors de l'assemblée générale annuelle. Cette activité doit cependant répondre à l'objet déposé dans les statuts. L'association ne peut pas distribuer de bénéfices. Lors de la dissolution, les acquis de l'association ne peuvent être cédés qu'à une autre association.*

Chaque membre est totalement indépendant, gère son activité professionnelle comme bon lui semble. L'association peut cependant informer de son existence, faire de la publicité, éditer une plaquette dans l'intérêt de ses membres. Ses ressources sont issues des cotisations des membres, et peut-être d'un pourcentage des affaires trouvées grâce à elle. Mais on évite de trop l'enrichir, car que faire des excédents de trésorerie s'ils grossissent (il est interdit de distribuer le capital) ? L'accès de nouveaux membres est fortement réglementé afin d'éviter l'apparition de « parasites ».

Une association étant exclusivement fondée sur l'enrichissement des membres peut attirer l'attention du fisc. En effet, et depuis longtemps, une association est exonérée de TVA et d'impôts si elle n'a qu'un but non-lucratif. Elle ne l'est plus si elle a un but lucratif, le fisc va donc lui demander des comptes. Une instruction générale sur le régime fiscal des associations a été publiée le 15 septembre 1998 pour mettre les choses au point.

S'installer à son compte

« A BUT NON-LUCRATIF »

Les critères de « non-lucrativité » d'une association comportent : une gestion désintéressée de son fonctionnement (les dirigeants ne doivent pas être rémunérés de plus du 3/4 du SMIC), la non-concurrence de ses activités par rapport à d'autres organismes du secteur (pour vérification, la règle des 4P : produit/service déjà présent sur le marché ? public réservé ? prix hors des normes commerciales ? publicité non directement « commerciale » ?). Si une association développe une activité spécifique à vocation lucrative, le conseil est de « filialiser » cette activité, la filiale, mais elle seule, se pliant aux règles fiscales – impôts, taxe professionnelle, TVA.

Dans le cas évoqué, l'association ne commercialise aucun produit ni service par elle-même, elle ne tombe donc pas dans les catégories visées.

Avantages. Son fonctionnement est peu onéreux. En outre, elle peut être un lieu d'accueil chaleureux pour rompre l'isolement du free-lance.

Inconvénients. Il faut une bonne motivation aux membres pour maintenir leur présence s'ils n'en tirent aucun bénéfice, l'association risque alors de se réduire progressivement aux seuls heureux bénéficiaires. Elle ne peut en aucun cas facturer ses propres prestations, car alors elle deviendrait concurrentielle dans son secteur. Elle offre une image peu professionnelle vis-à-vis de la clientèle.

Autres types de regroupement
Le GIE (Groupement d'intérêt économique)

Le but du GIE étant « de faciliter ou de développer l'activité économique de ses membres », son utilisation paraît naturelle.

Facile à créer, le GIE n'a pas de capital, mais dispose d'une personnalité morale lui permettant de proposer les services de ses membres à travers sa structure. En outre, le passage d'une association loi de 1901 à un GIE est très facile.

Les inconvénients ? D'abord, le GIE ne peut exercer que dans le secteur d'activité de *tous* les membres : le plus grand commun diviseur de leurs activités. On ne peut envisager un GIE entre des freelances de professions complémentaires. Par ailleurs, le GIE n'ayant pas de capital, chacun de ses membres est solidairement responsable des dettes du groupement sur ses biens propres. Ce qui signifie qu'en cas de défaillance, tout créancier peut se retourner contre le membre qui lui convient le mieux... Vous prenez de gros risques.

La Société de moyens
Elle ne peut que mettre en commun des « moyens de gestion », en aucun cas facturer le travail commun de ses membres.

La Société d'exercice libéral
Ne pouvant réunir que des membres de professions libérales réglementées, elle est citée pour mémoire.

La SCOP (Société coopérative ouvrière de production)
La société ouvrière de production (Scop, loi du 10 septembre 1947) est une personne morale dotée d'un capital, d'un siège social et d'une assemblée d'actionnaires-salariés gérant la société selon le principe « un homme, une voix ».

Elle peut prendre la forme d'une société à responsabilité limitée (SARL) au capital minimum de 7 600 €, ou d'une société anonyme (SA) au capital minimum de 37 000 €. Le capital est variable afin de pouvoir rembourser les associés quittant la Scop ou accepter de nouveaux associés en cours d'exercice, mais ce n'est pas une obligation.

Tous les associés, y compris le gérant dans le cas d'une SARL, sont salariés et bénéficient du droit aux allocations chômage. Les bénéfices de la Scop sont obligatoirement répartis entre les réserves (15 % minimum des bénéfices après impôts), la part travail (25 % minimum) et les dividendes versés aux actionnaires (d'un montant égal à la réserve ou à la part travail).

La part travail est exonérée d'impôts (IS, impôt sur les sociétés pour la Scop, et IRPP, impôt sur les revenus des personnes physiques, pour les associés-salariés).

Les réserves sont exonérées de l'IS mais ne peuvent jamais être versées aux associés, même lors de la dissolution de la Scop.

S'installer à son compte

Une Scop ne peut être ni absorbée ni rachetée par une société non coopérative. Elle adhère au Groupement national de la coopération (GNC) et aux fédérations et confédérations professionnelles (*cf.* annexe B).

Ce statut pourrait s'adapter parfaitement aux sociétés de portage (*cf.* chapitre 1).

Pourquoi pas une SARL ou une SA, tout simplement ?

C'est la voie choisie par un certain nombre de freelances, exerçant dans un secteur où les entreprises sont soucieuses de la qualité (financière) de leurs prestataires et exigent au moins un capital. Suivant les capacités des associés, une SARL (1 € de capital) ou une SA (37 000 €) est constituée, avec un beau papier à en-tête, une secrétaire, des locaux (tout ceci en réalité loué dans un centre d'affaires). Le succès de ces montages est mitigé, parce que même une structure aussi minime coûte cher (environ 30 % du chiffre d'affaires, nous a-t-il été confié, dans plusieurs cas différents).

Il faut aussi une bonne entente pour partager les bénéfices dégagés : en fonction du capital investi (règle capitaliste simple mais pas toujours du goût de chacun) ? Des apports d'affaires ? De la quantité de travail réalisé ? Nous avons connu une expérience de ce type où les associés se réunissaient « en conclave » pour le partage des résultats : ils n'en sortaient que le partage réalisé à l'agrément de tous. Cette expérience sympathique a vécu, malheureusement, dissoute pour d'autres raisons.

EXEMPLES

Le GDTI, groupement de dessinateurs, techniciens et ingénieurs, est un GIE existant depuis 1970. La quinzaine d'indépendants le composant sont des artisans ou des professions libérales, mais exerçant dans le même métier (dessin industriel, bureau d'études), ce qui est obligatoire pour un GIE. L'organisme n'a pas d'activité commerciale – sinon par les relations de ses membres – mais facture les clients, gère la comptabilité et surtout facilite la vie de ses membres par diverses facilités (locaux, outils de travail, référencement chez les grands clients). Le surcoût engendré par la structure est d'environ 10 %.

▶▶

La vie au quotidien

> *Adventis est une SARL, société de services en ingénierie informatique, créée pour répondre au problème de référencement des prestataires par certaines grandes entreprises. Servant au départ de façade commerciale aux indépendants qui utilisait ses services, elle est ensuite devenue un lieu de partage de projets et de mutualisation de frais administratifs. Elle s'est transformée récemment en SA – mais la SARL existe toujours – dont les freelances sont parfois salariés tout en gardant une activité indépendante à côté. Les frais de structure atteignent aussi environ 10 % du chiffre d'affaires.*
>
> Exemples recueillis lors des Entretiens du freelance, janvier 2001.

Un groupement de freelances n'est pas une entreprise

« *Le groupement de freelances est rare, or ce qui est rare est cher, donc le groupement de freelances est cher* », disait déjà Socrate, qui s'y connaissait. L'entreprise nécessite à la fois un partage des tâches bien précis, et un profil très marqué de l'entrepreneur. Les freelances répugnent à limiter leurs fonctions et n'ont pas, en général, le profil du créateur d'entreprise.

Bien sûr, il est impossible d'affirmer que toute expérience est d'avance vouée à l'échec, mais il existe des obstacles importants. L'un se rapporte au surcoût généré par la structure – mais si elle est efficace et rembourse allégrement ce surcoût, pourquoi pas ? L'autre est d'ordre psychologique. Il faut bien se choisir pour travailler ensemble, de même que pour se marier… Les freelances n'ont pas encore inventé le « Pacs professionnel », il serait intéressant d'analyser les solutions disponibles à l'étranger (le *partnership* anglo-saxon, par exemple).

S'installer à son compte

La pluriactivité

Nous sommes tous des pluriactifs. Les ennuis commencent avec la pluriactivité professionnelle, parfois sans que nous en soyons conscients. Visite panoramique.

Pluriactif pour qui ?

Pour un certain nombre de raisons, historiques souvent, les administrations sociales, juridiques et fiscales ont défini des catégories dans lesquelles il leur est impératif que vous soyez rangé. Ressortir de plus d'une catégorie fait de vous un pluriactif.

Essayons de les décrire.

● *Pour le fisc*

Vous êtes salarié, non-salarié BNC (bénéfice non commercial), non-salarié BIC (bénéfice industriel ou commercial) ou non-salarié agricole ; vous êtes assujetti à la TVA ou exonéré.

> **Exemple**
> *Fiscalement parlant, les tatoueurs ne sont pas des artistes. La cour d'appel de Paris, dans un arrêt rendu le 8 octobre 1998, a rangé les tatoueurs dans le droit commun des professions libérales : « À supposer que les tatouages soient considérés comme des œuvres de l'esprit, ils ne figurent pas au nombre de celles limitativement énumérées par les articles L. 112-2 du code de la propriété intellectuelle et 71 de l'annexe III du code général des impôts. »*

● *Pour l'assurance maladie maternité*

Vous dépendez du régime général (salarié), des régimes de non-salariés agricoles ou de non-salariés non agricoles.

● *Pour les caisses de retraite*

Vous dépendez des caisses d'assurance vieillesse des travailleurs salariés (CNAVTS), des professions agricoles (MSA) ou des non-salariés non agricoles (artisans : AVA, commerçants : ORGANIC, libéraux : CNAVPL).

La vie au quotidien

Cette dernière (CNAVPL) comporte elle-même douze caisses spécialisées par profession, plus celle du barreau (avocats).

Pour les artistes plasticiens, les artistes textiles et les auteurs

Vous dépendez de l'intermédiation de deux institutions particulières, la Maison des Artistes pour les professions d'artistes plasticiens et textiles, l'Agessa pour les autres auteurs.

Chacune de ces catégories dispose de ses règles de sélection, de fonctionnement, de recouvrement des cotisations, de paiement des prestations, de forfaits pour ceci, de minimums pour cela. Rares sont celles qui sont disponibles pour vous renseigner.

EXEMPLES

Michel A. est agent commercial. Lorsqu'il prospecte des entreprises pour le compte de ses clients, il est fiscalement considéré comme non-salarié BNC ; lorsqu'il encaisse lui-même les factures et les reverse à ses clients, il est BIC. Il dirige donc deux entreprises avec deux codes Siren et deux comptabilités.

Un photographe peut exercer sa profession selon sept statuts : dans une boutique, il est commerçant ; comme photographe indépendant, il peut facturer des honoraires, il est alors libéral ; mais il peut aussi facturer des droits d'auteur, il dépend alors des Agessa ; s'il crée sa société, il est gérant, non-salarié si majoritaire, salarié si minoritaire ou égalitaire ; s'il est permanent ou pigiste pour un magazine, il est salarié ; s'il travaille à l'occasion de spectacles (théâtre, télévision, cinéma), il est intermittent du spectacle.

Pour vous renseigner, le centre des impôts de votre domicile vous offre un bon accueil, les Associations agréées, les Centres de gestion agréés également. Un bon expert-comptable est en général assez au courant des subtilités. Rappelez-vous aussi que les règlements changent souvent, suivez l'actualité.

Comment y échapper ?

Nous avons trouvé deux voies pour échapper (en partie) à ce labyrinthe : la première est de vous mettre en société, avec un objet social suffisamment vaste pour couvrir toutes vos activités. Sauf si vos activités sont manifestement très colorées d'agricole ou de libéral, le fisc vous baptisera société industrielle ou commerciale. Il vous restera à gérer séparément vos droits d'auteur, c'est tout.

L'autre solution repose sur le portage salarial (voir chapitre 1). Comme la société de portage a forcément un objet social très vaste, vous êtes ramené au problème précédent, en bénéficiant en plus des compétences professionnelles de leurs experts pour démêler l'écheveau.

Y a-t-il un espoir pour les prochains siècles ? C'est l'objet du chapitre suivant : l'avenir.

CHAPITRE 8

L'avenir

> « *Nous sommes partis de l'hypothèse que la crise de l'emploi et les transformations du management pouvaient conduire à un mouvement inverse de regain du travail indépendant par rapport au travail salarié. […] Cette évolution est encouragée au niveau communautaire par les lignes directrices pour l'emploi adoptées par le Conseil des ministres du 13 décembre 1998 qui lient le développement de l'activité indépendante à celui de l'esprit d'entreprise.* »
>
> Au-delà de l'emploi, Alain Supiot, Flammarion, 1999.

Le paysage actuel étant décrit, il reste à évoquer l'avenir. Par vocation affirmée ou presque par hasard, peu importe, vous souffrez en tant que freelance de quelques incohérences de la vie économique et sociale française. Essayons de voir ensemble quelles pistes de solutions pourraient les résoudre.

LES AGACEMENTS DE LA VIE QUOTIDIENNE

Nous restons très poli en disant « agacements », d'autres leur trouvent des noms plus virils. Peu importe, il est vrai que la vie quotidienne des freelances pourrait mieux fonctionner moyennant quelques améliorations. Il est vrai aussi que nombre de professionnels qui souhaiteraient se mettre à leur compte reculent devant des inconvénients réels. Il est enfin vrai que l'information sur ce statut circule mal et qu'aucun effort n'est fait pour remédier à cette situation.

Pourquoi ? Parce la mutation économique et sociale que nous subissons a pris tout le monde au dépourvu. L'opportunité de quitter le salariat, rêvée par les salariés-esclaves des deux siècles précédents, effarouche les bons esprits. Certains sont « plutôt favorables, mais il y a des problèmes plus urgents », d'autres y sont farouchement opposés (« C'est la porte ouverte à l'ultralibéralisme, au pouvoir de l'argent, à la fin de la protection sociale généralisée. »)

Entre ces deux approches, qui, en restant poli, ne font pas avancer la situation, les freelances doivent commencer à réfléchir à leurs problèmes. Voici quelques pistes.

L'accueil des freelances

Nous avons cité au cours de cet ouvrage quelques-uns des inconvénients du statut actuel de freelance. Résumons-les :

- Il n'existe que peu d'endroits où se renseigner pour devenir freelance ;
- L'entreprise individuelle n'est pas un véritable statut, c'est plutôt une « non-société », d'où cette précarité ressentie par les entrepreneurs ;
- Du fait de cette ambiguïté, certaines sociétés sont très réticentes à travailler avec des freelances ;
- Les aides fournies aux créateurs de leur propre emploi (ACCRE) ont disparu, évaporées... En revanche, si vous créez un emploi pour quelqu'un d'autre, vous avez du mal à vous retrouver devant le foisonnement des propositions. C'est une prime à la subordination ;
- Les impôts, taxes et cotisations sociales sont payés avec un, voire deux ans de retard, d'après un taux fixé l'année du paiement et non de l'acquisition des revenus. Impossible de savoir ce qui va vous rester de vos gains ;
- La protection sociale est similaire à celle des salariés, sauf l'absence de sécurité financière pendant les intercontrats ;
- La médecine du travail vous ignore. Les maladies professionnelles, les accidents du travail, le suivi minimum de votre santé vous incombent entièrement ;

- Vous ne bénéficiez d'aucune assistance sociale pour vous aider à choisir le complément de protection sociale nécessaire, ou pour régler des problèmes parfois graves ;
- La pluriactivité est très mal supportée par les administrations, c'est à vous qu'il incombe de trouver les organismes à qui verser les cotisations et à qui réclamer les prestations ;
- Les règles de bénéfice de la retraite sont aussi variées que les caisses qui les gèrent ;
- Alors que les entreprises constituent de plus en plus souvent des équipes fonctionnant en « mode projet », il n'existe pas de structure juridique permettant aux freelances de s'associer sans encourir de gros risques ou perdre leur indépendance ;
- La formation est laissée à votre entière charge, le fonds de gestion de la cotisation obligatoire est géré sans que vous y participiez.

Complétez la liste et faites circuler, il y en a pour tout le monde.

LE STATUT DE FREELANCE

Une bonne partie de ces incohérences provient d'un mauvais départ : *le statut de freelance n'existe pas* (*cf.* chapitre 1, le statut juridique). Il n'existe que virtuellement, par la négative : non-salarié non-agricole, non-société, (bénéfice) non-commercial, libéral non-réglementé. En soi, cette situation n'est pas dérangeante outre mesure (« vivons heureux, vivons caché », disait le poète). Elle ne dérange pas non plus les médecins, avocats, notaires, dentistes et autres professionnels : c'est probablement parce qu'ils sont solidaires d'un corps constitué, un Ordre, une Chambre qui a pris fermement la défense de ses ouailles. En désordre, et sans les moyens financiers des professions libérales d'antan, les freelances sont à la merci des pouvoirs constitués qui, au mieux, les ignorent.

Comment obtenir un statut positif ? Il ne s'agit pas d'un mince problème puisqu'il y a en France environ 1,8 million d'entreprises individuelles – deux fois plus que de sociétés – dont un tiers n'ont aucun salarié. La réflexion circule dans quelques cercles, animée surtout par un texte devenu fondateur : le rapport de Maître Jacques Barthélémy au Conseil économique et social les 27 et 28 avril 1993.

Qui est Maître Barthélémy ? Une des sommités françaises en droit social, créateur d'un cabinet regroupant aujourd'hui plus d'une centaine d'avocats conseils en droit social des plus grandes entreprises de France. Un passionné de la défense des indépendants, des avocats d'abord bien sûr, et aujourd'hui des nouveaux indépendants. Ses cheveux grisonnent, il prépare sa retraite mais reste encore très actif.

Qu'est-ce que le Conseil économique et social ? Un lieu de rencontre entre les professionnels de tous bords, agriculteurs, patrons, syndicalistes, indépendants (réglementés), et quelques personnalités sans doute choisies par leurs amis politiques (la rémunération est rondelette et l'activité peu stressante). Ne soyons pas médisant, des arènes de ce genre ont une fonction hautement symbolique.

Symbolique donc, le rapport de Me Barthélémy dont une bonne partie fut reprise l'année suivante dans le contenu de la loi du 7 février 1994, dite loi Madelin. Nous n'y reviendrons pas. En revanche, des trésors se cachent dans les parties non reprises par cette même loi, ni par aucune autre depuis. D'autres ont été développés depuis, en droite ligne de ce rapport. Citons-en deux : la « parasubordination » et « l'entreprise individuelle à patrimoine affecté ». Un début de réponse à notre question.

● *Un statut positif*

Qu'est-ce qui différencie un indépendant d'un salarié ? La liberté, direz-vous, plus de patron sur le dos. Mais encore ?

En creux dans notre définition du freelance – « celui qui prospecte ses clients et qui réalise la mission ensuite » –, se révèle une définition juridique : « le professionnel qui exerce seul sa compétence technique, et en assume l'entière responsabilité ». La définition est plus vaste que la nôtre, elle englobe les libéraux réglementés (qui ont parfois l'interdiction de prospecter leur clientèle), les freelances, les artisans et les commerçants sans salariés. Mais, ô surprise, elle pourrait s'appliquer aussi en entreprise : cadres dirigeants, experts à la parole reconnue, chercheurs et autres employés tellement indépendants qu'ils ont le droit d'exercer une « clause de conscience » : journalistes, médecins, experts-comptables ou avocats.

L'avenir

Tous ceux-ci sont « protégés » par un contrat de travail, mais l'exercice de leur indépendance, voire de la clause de conscience les place bien évidemment dans une catégorie à part. Ils rejoignent en ce sens les freelances dont la compétence exclut toute intervention de leur client dans l'exercice de leur mission.

Symétriquement, il faut reconnaître que ces derniers sont parfois, sinon dépendants hiérarchiquement de leur employeur ou de leur client, du moins dépendants économiquement. Quand vous travaillez exclusivement et à temps plein pour un même patron (employeur ou client), vous devenez dépendants de lui financièrement. S'il décide de se séparer de vous, vous n'avez aucun recours. Redoutable chantage où même aujourd'hui le contrat de travail ne vous protège pas : vous ne bénéficiez que d'une compensation financière contre cet abus de pouvoir. Indépendant, vous ne pouvez, vu la différence de rapport de forces, que vous incliner.

La parasubordination, une expérience Made in Italy

D'où l'idée de prévoir un type de contrat commercial où le freelance est protégé des abus de pouvoir du client : vous n'êtes pas subordonné juridiquement puisque, techniquement, vous exercez seul votre mission. Mais subordonné économique vous l'êtes, puisque votre client vous domine de sa puissance financière. « Parasubordonné », le terme est emprunté de l'expérience italienne où des millions d'*autonomi* travaillent sous ce statut.

La protection assurée n'est pas seulement liée à l'obligation d'indemnités en cas de séparation abusive décidée par le client, mais à de multiples clauses de droit public (impératives même si non-écrites dans le contrat), protégeant votre capacité de négociation (délai de réflexion), votre santé financière (limite aux délais de paiement), votre capacité de trouver des clients (interdiction des clauses de non-concurrence).

Des siliconventions collectives pourraient, par branche économique, fixer des modalités propres aux us et coutumes de la profession, à l'instar de celle signée entre les agents généraux d'assurances (indépendants) et les compagnies d'assurance – qu'ils représentent pourtant avec un contrat d'exclusivité –, ou entre les médecins et la Sécurité sociale.

Le freelance parasubordonné peut alors travailler sans durée déterminée avec son client, jusqu'à la fin du projet. Il peut ensuite naturellement travailler avec un concurrent de son client précédent, en s'engageant déontologiquement au respect du secret professionnel.

• *L'entreprise individuelle à patrimoine affecté*

Légèrement différent est le cas du freelance dont les missions sont ponctuelles, et qui a besoin de développer son propre outil de travail (matériel ou intellectuel) pour exercer sa compétence. Si le premier ne loue que sa matière grise, le deuxième est une entreprise traitant d'égal à égal mais ne disposant pas des moyens techniques de faire prospérer sa structure. La problématique est loin de la subordination, elle porte sur la séparation entre le patrimoine de l'individu et celui de sa structure professionnelle.

Et l'EURL, direz-vous ? La SARL à entrepreneur unique est une bonne solution, mais pourquoi vouloir maintenir la fiction d'une société (*affectio societatis*, goût de l'association) alors que l'entrepreneur est unique ? On aboutit d'ailleurs à cette situation aberrante où l'actionnaire-gérant est travailleur non-salarié (comme un freelance), responsable sur ses biens en cas de faillite (comme le freelance), incluant l'ensemble du revenu de sa société dans son revenu personnel BNC (comme un freelance) et doit, pour bénéficier de la séparation entre sa personne physique et la personne morale qu'est son EURL, supporter les mêmes charges et les mêmes formalités qu'une SARL de plusieurs millions de chiffre d'affaires. Il n'éprouve d'ailleurs aucun besoin de se verser des dividendes sur ses bénéfices, puisque sa rémunération correspond au revenu net d'exploitation (sauf incorporation aux réserves).

Le seul avantage de l'EURL – l'unicité du propriétaire – a été utilisé par les grands groupes, internationaux par exemple, pour lancer à moindre frais une tête de pont en France ou une activité nouvelle. Ils en sont le seul actionnaire et délèguent un salarié pour faire le travail. Cette solution a d'ailleurs été abandonnée depuis la création de la SASU, société par actions simplifiées à entrepreneur unique.

Une autre solution qui conviendrait beaucoup mieux aux freelances, et définirait positivement leur situation d'unique entrepreneur, serait d'accorder à leur entreprise individuelle un *patrimoine affecté à l'exercice professionnel*, distinct du patrimoine familial, dans lequel ils peuvent incorporer une partie du revenu net d'exploitation de son entreprise, exonérée d'impôts et de charges sociales. Le freelance peut ainsi économiser pour investir plus tard ou utiliser ces réserves pour faire face à une mauvaise année (en remboursant alors les impôts et les charges sociales dûs sur ce revenu). Les créanciers seraient tranquillisés, sachant que leur débiteur dispose d'un patrimoine sur lequel ils se paieront d'abord, avant de saisir des biens personnels ou familiaux de leur débiteur.

Quel que soit son choix pour la parasubordination ou le patrimoine affecté, le freelance dispose ainsi d'un statut officiel reconnaissant sa spécificité de professionnel exerçant seul sa compétence, assumant ses responsabilités, louant simplement sa capacité de travail ou développant une structure distincte de sa personne physique. Les conséquences sont immédiates sur les autres points de notre précédente liste d'incohérences.

La requalification

Les statuts positifs de freelance décrits ci-dessus présentent l'avantage de soustraire celui-ci à la requalification évoquée dans le chapitre 5. À quoi servirait en effet de requalifier un freelance parasubordonné alors qu'il est statutairement aussi bien protégé vis-à-vis de son client que s'il était salarié ? Alors qu'il fait la preuve de son indépendance technique et ne peut donc être soupçonné de subordination hiérarchique ?

De plus, un freelance chef de son entreprise individuelle à patrimoine affecté, dispose d'un fonds de réserve le rendant maître de son outil de travail. Il est aussi peu soupçonnable de subordination que le chef d'une entreprise de sous-traitance industrielle ou de service. Celui-ci est-il requalifiable en salarié de son client ?

La mise en œuvre de ces statuts permettrait alors de supprimer du droit du travail (Art. 120-3) toute référence à une possible requalification. Les entreprises pourraient, sans crainte, faire appel aux services des freelances.

Les structures d'association de freelances

Nous avons vu qu'aucune structure ne satisfait vraiment au besoin d'association de freelances. Il reste à inventer une « société de partenaires », qui interviendrait, comme le GIE, pour le compte de ses membres auprès de la clientèle, avec un capital variable comme les Scop, et dont l'engagement des membres serait limité à leur apport en capital, comme une SARL.

LA PROTECTION SOCIALE

Rapport de la Commission pour la simplification des formalités administratives (Cosiform), juillet 1997 : « Il apparaît que la multiplicité des intervenants du domaine social (régime général de la Sécurité sociale, assurance chômage, caisses de retraite complémentaire, caisses de congés payés, etc.), trop soucieux de préserver leur identité jusque dans la définition et la gestion la plus pointilleuse des procédures de collecte de données dont elles sont légitimement destinataires, est un frein, pour l'usager, à la simplification des formalités administratives. »

Simplification administrative : le guichet unique

Pour des raisons historiques, les cotisations sociales sont recouvrées aujourd'hui par l'URSSAF (Union de recouvrement des cotisations de Sécurité sociale et d'allocations familiales). En réalité, pour les freelances, l'URSSAF ne recouvre que les cotisations d'allocations familiales, la CSG, la CRDS et la contribution à la formation continue. Les cotisations d'assurance maladie maternité sont recouvrées par des organismes conventionnés par la CANAM, les cotisations retraite (de base et complémentaire) et d'invalidité-décès par les caisses de retraite de chaque profession. Si le freelance exerce d'autres métiers et dispose d'autres statuts, simultanément ou successivement, il fait face à un véritable labyrinthe administratif pour savoir de qui il dépend.

Une véritable simplification consisterait à unifier les procédures de recouvrement, et à les confier à un seul organisme. Pourquoi pas les services du fisc ? Ceux-ci recouvrent déjà, avec efficacité, les impôts directs et indirects, les taxes et les contributions directes. Ce sont eux qui centralisent le recouvrement de la CSG et de la CRDS, même si l'URSSAF y prend sa part.

Étant au courant le premier des déclarations de revenus professionnels des freelances, le fisc pourrait émettre immédiatement les avis de recouvrement, simultanément aux impôts directs, quitte à en mensualiser les versements comme pour les impôts. Son rôle se bornerait à redistribuer ensuite les cotisations aux différents organismes, qui conserveraient ainsi la gestion de la protection sociale.

Cette solution est en œuvre dans de nombreux pays, à la satisfaction des contributeurs. Elle suppose, bien sûr, une réforme d'une certaine ampleur parmi les personnels des organismes concernés. Et alors ?

Protection sociale

La protection sociale des freelances se rapproche enfin de celle des autres professionnels. Elle est moins onéreuse pour l'assurance maladie maternité parce que les indépendants sont moins souvent malades (statistiques nationales : 12 000 F par an pour les assurés protégés par le régime général, 8 200 F pour ceux protégés par la Canam, chiffres 2000).

Certaines règles de fonctionnement restent cependant définies en fonction d'une situation qui depuis lors a bien évolué. Exemple : la CIPAV (Caisse d'assurance vieillesse des professions techniques) ne verse de pensions que si l'on a cotisé chez elle pendant au moins dix ans.

Il est aujourd'hui nécessaire d'adapter ces mécanismes. Certaines institutions y sont favorables, elles essaient même de mettre au point un fonctionnement collectif pour un meilleur accueil des assurés. D'autres, enfermées dans un corporatisme d'un autre âge, défendent les situations actuelles avec un conservatisme digne du Sénat.

Quelles adaptations rendraient service aux freelances ?

L'institution d'indemnités journalières en cas de maladie ou d'accidents

Les commerçants les ont mutualisées après les artisans. Ils touchent la moitié du revenu journalier moyen de leurs trois dernières années dans la limite du plafond de la Sécurité sociale : minimum 16,51 € et maximum 41,27 €. Cotisation annuelle : 0,5 % de l'assiette des cotisations sociales. Délai de carence de 3 jours en cas d'hospitalisation et de 7 jours en cas de maladie ou d'accident. Versements jusqu'au 90e jour, au-delà, prise en charge par le régime d'invalidité-décès si l'invalidité de l'artisan est égale ou supérieure à 66 %. Les cotisations sont bien entendu déductibles du revenu imposable. Trouvez mieux dans le commerce !

Chômage

Le chômage est en général considéré comme l'absence totale d'activités professionnelles, il est donc lié, dans le cas de non-salariés, au dépôt de bilan de l'entreprise. Dans ce cas existent trois régimes pouvant servir des allocations « chômage » aux freelances : GSC APPI et GCD d'April (*cf.* chapitre 4). On pourrait aussi envisager que l'Unedic prenne en charge les freelances para-subordonnés, à charge pour ceux-ci de cotiser les sommes proportionnelles aux allocations versées.

Mais en réalité le véritable problème du freelance réside dans l'absence momentanée de contrats, le laissant sans ressources et dans l'angoisse de trouver rapidement un client. On appelle ces intervalles les intercontrats.

Intercontrats

Provisoirement sans ressources, le freelance doit puiser dans ses économies qu'il sait limitées (quelle que soit la limite). Aussi cette période est-elle une source de stress importante. Comment y pallier ? Il existe deux modalités possibles : soit un mécanisme semblable à celui protégeant les intermittents du spectacle, soit un fonds mutuel.

INTERMITTENTS DU SPECTACLE

Au-delà d'un certain nombre d'heures travaillées dans les onze derniers mois (507 heures, une prestation étant égale à 12 heures), ceux-ci bénéficient d'une allocation dès qu'ils sont en panne d'engagements. Le calcul est simplifié par les bulletins de salaires qu'ils peuvent exhiber pour prouver qu'ils ont atteint le minimum d'activité, et par la constatation de leur absence d'engagements. Les freelances peuvent-ils agir ainsi sans devoir justifier de leurs contrats – et comment justifier de l'absence de contrats ? Parallèlement, le mécanisme des intermittents donne lieu à deux abus : l'un de la part des patrons d'entreprises du spectacle, payant les intermittents au minimum dès que le plancher est atteint (même s'ils travaillent alors légèrement « en perruque »), et l'autre consistant à faire renflouer une caisse en lourd déficit par les autres caisses du régime général (l'art, n'est-ce pas ? pourquoi pas, en effet). Ce système ne nous paraît pas être le système idéal pour protéger des freelances ne disposant pas d'un prétexte culturel pour être subventionné par la collectivité.

L'avenir

FONDS MUTUEL

On peut imaginer un fonds mutuel auquel cotiseraient tous les freelances (ou serait-il facultatif ?). Une partie de leur cotisation constituerait une économie personnelle (une assurance-vie, par exemple), une autre un fonds d'assurance « intercontrats ». En cas de revenu inférieur à un certain seuil, le complément à un revenu minimum serait complété (en mai de chaque année, après la publication de la 2 035), d'abord par un prélèvement sur les économies du freelance (afin d'éviter les abus), puis, jusqu'au minimum garanti, par un prélèvement sur le fonds mutuel. Le fonds mutuel pourrait aussi fournir des avances en cours d'année, qui seraient régularisées en mai de l'année suivante selon le principe énoncé ci-dessus.

Rien n'empêche que les cotisations (au moins la partie assurance intercontrats) ainsi versées soient « défiscalisées », la loi Madelin le permet. Concrètement, ce fonds ne peut fonctionner que si au moins un millier de freelances y adhèrent.

La médecine du travail

Les PME ont accès à ce service *via* des associations locales, mais rien n'est prévu pour les freelances, les organisations d'indépendants traditionnels ayant été hostiles à cette bureaucratisation de leur liberté lors du lancement de ce service. Il nous semble aujourd'hui que les médecins du travail jouent un rôle important dans la santé de la population, et que les freelances bénéficieraient d'un service utile en y ayant accès.

Assistance sociale

Aucune assistance sociale, service classique dans les entreprises, n'est disponible pour les freelances. Les services municipaux sont débordés par bien d'autres misères pour écouter les soucis des freelances. Un service spécialisé pour les travailleurs non-salariés pourrait être créé pour ceux-ci, pourquoi pas géré par les Caisses mutuelles régionales (organismes relais de l'assurance maladie maternité).

Bureaux d'aide sociale

Les freelances, confrontés aux difficultés de compréhension et de choix des supports de protection sociale, apprécieraient un service de conseil sur leur situation personnelle. L'instauration d'associations agréées de conseil social, sur le modèle des Associations agréées, serait appréciable, et leur éviterait de se retrouver « fort dépourvus la bise étant venue ». Nos sondages personnels montrent en effet qu'à peine 20 % d'entre eux souscrivent à des complémentaires maladie, indemnités journalières ou retraite. Les seuls conseils actuels sont les agents d'assurance, professionnellement compétents mais partiaux.

● *Microactivité*

La simplification administrative pourrait prendre en exemple l'instauration des micro-entreprises, ou du régime microfoncier des prélèvements fiscaux : une déclaration des recettes, un abattement forfaitaire, un prélèvement mensuel. Pourquoi ne pas étendre ce régime au-delà des limites actuelles, à un chiffre d'affaires de 100 000 € par exemple (pour les activités libérales) ? Cette limite marque bien la différence entre les freelances et les sociétés, elle atteint 48 000 £ (73 000 €) en Grande-Bretagne.

La franchise de TVA devrait alors être disjointe du statut de micro-entreprise, il n'est en effet pas raisonnable d'obliger les micro-entreprises à renoncer à la récupération de cette taxe sur leurs achats en contrepartie d'une simplification administrative à laquelle ils ont droit.

● *Aide au démarrage d'activités non-salariées*

L'ACCRE, l'allocation d'aide aux chômeurs créateurs ou repreneurs d'entreprise a financièrement accompagné l'installation de nombreux freelances dans les années quatre-vingt-dix. La contribution financière a été supprimée en 1997. Pourquoi émise ? Pourquoi supprimées ?... Pourquoi ne pas la réinstaurer, compte tenu qu'elle aide un chômeur à créer son propre emploi ?

● *Information*

C'est sans doute un des points les plus noirs du statut de freelance, dont l'existence même est totalement occultée par la formation scolaire, professionnelle ou même universitaire. En conséquence, les postulants au statut de freelance doivent tout apprendre depuis le début : qu'est-ce qu'une activité professionnelle, une activité commerciale, artisanale, libérale, une société, une société de capitaux, une société de personne, etc. ?

L'avenir

Les candidats freelances doivent ensuite trouver leur voie parmi le labyrinthe des formalités administratives, la plus simple étant de choisir entre un statut d'entreprise individuelle et de société. Mais ensuite, quel statut social (salarié ou non-salarié), fiscal (micro-entreprise, réel, impôt sur les sociétés) ? Maison des artistes ou Agessa ou libéral (graphistes par exemple) ? Avez-vous le droit de vous installer à domicile ? Et si vous êtes pluriactifs, c'est encore pire.

Rémi W., à Strasbourg, a voulu adjoindre à son activité d'agent commercial celle d'agent immobilier. Que ne demandait-il pas ? Il a reçu une fin de non-recevoir de la part de toutes les administrations contactées : « Ce n'est pas possible ». Heureusement, deux personnes bien intentionnées et compétentes, au greffe du tribunal d'instance, l'ont dépêtré de cet imbroglio.

Il est indispensable qu'un service public prenne en charge l'information juridique, sociale et fiscale des freelances et des postulants à ce statut. Pourquoi un service public ? Parce que ce sont les administrations publiques qui compliquent les formalités. Sans doute ne font-elles qu'appliquer la loi, mais il est de leur ressort d'informer le public, il doit bien y avoir une loi le précisant quelque part.

DÉCLARATION DES DROITS DE L'HOMME ET DU CITOYEN, *26 août 1789. Article 15 : « La société a le droit de demander compte à tout agent public de son administration. »*

Il faut saluer ici le travail réalisé par certaines Associations agréées (*cf.* liste en annexe A) qui offrent un service d'information de qualité aux rares postulants connaissant leur existence.

La formation

FIF-PL. Les freelances cotisent à un organisme (*cf.* chapitre 6) où ils ne sont pas représentés lors du partage du budget entre les professions. La réponse dépend peut-être d'eux, s'ils délèguent des représentants pour cette fonction. C'est à l'UNAPL de le leur proposer, qui n'a guère pris conscience de leur existence jusqu'alors.

Formation continue. Cette formation va devenir un chantier important dans la future société de freelances. Est-ce aux pouvoirs publics de contribuer à leur formation individuelle ? Le débat est engagé entre les partenaires sociaux ces temps-ci, mais ils ne traitent que de leurs populations.

La variabilité du revenu des freelances

Casse-tête quotidien des freelances, c'est probablement le sujet qui les isole le plus du monde « normal » du salariat. Seuls parmi la population active, les freelances, et leurs confrères les paysans, les commerçants, les artisans et les libéraux « réglementés » ont un revenu qui n'est pas stable d'une année sur l'autre. En soi, c'est un risque qu'ils ont pris en tout état de cause, bien qu'il cause quelques dommages dans la vie courante, en particulier dans leurs relations avec les propriétaires et les organismes de crédit : « *Montrez-nous votre bulletin de paye* », s'entendent-ils répondre à toute demande de service. Bon, on y survit.

En revanche, ils sont soumis à une rude épreuve financière lorsque les organismes de recouvrement des impôts, taxes, cotisations et contribution leur réclament le recouvrement des sommes, une, voire deux années après le gain de leur revenu professionnel. Imaginez une bonne année N, puis deux mauvaises années N + 1 et N + 2. C'est lors de ces dernières que tous les organismes vont leur réclamer les cotisations dues sur l'année faste. Non seulement ils doivent assumer la perte de revenus liée à une baisse d'activité, mais encore ils doivent payer les sommes astronomiques engendrées par les cotisations basées sur la bonne année.

Ils n'ont qu'à mettre de l'argent de côté les années fastes, répondent les bons esprits. C'est oublier, qu'à l'inverse d'une société qui peut provisionner ses dépenses et les déduire de ses revenus pour le calcul de l'impôt, les indépendants ne peuvent pas imputer fiscalement ces sommes sur l'année de perception du revenu en question.

Cette année N, ils vont déduire de leurs revenus les cotisations payées sur le revenu des années N-1 et N-2. Si ceux-ci ont été faibles, ils aboutiront donc à présenter un revenu professionnel (assiette de l'impôt et des cotisations sociales) très élevé. Puis les années N + 1 et N + 2, si les revenus sont faibles, un revenu professionnel très faible.

Ce phénomène de « yoyo » est très désagréable financièrement (comment l'expliquer à un propriétaire ou un agent salarié d'un organisme de crédit ?). Du fait de la progressivité de l'impôt, il est aussi très injuste. Enfin, il place les freelances installés en entreprise individuelle en concurrence faussée par rapport aux structures sociétales qui peuvent, elles, provisionner ces charges l'année même de leur perception.

Il y a trois solutions à ce dysfonctionnement : comme les paysans et les auteurs littéraires, bénéficier d'un lissage des revenus sur deux ou trois ans ; pouvoir provisionner les charges prévues dans le cadre du « patrimoine affecté » (*cf.* plus haut) ; payer par anticipation les charges l'année même où le revenu professionnel est engendré. Cette dernière solution suppose un guichet unique de recouvrement, ce qui rejoint le point « simplification administrative » de ce chapitre.

PAIEMENT DES CHARGES PAR ANTICIPATION

On sait que le montant des cotisations et contributions sociales – allocations familiales, CSG, CRDS, formation continue, assurance maladie maternité, invalidité-décès, vieillesse – représente 17 à 20 % du revenu professionnel. On peut donc en calculer un montant approximatif chaque trimestre, comme on calcule un montant approximatif de la TVA à reverser au fisc. Sur les mêmes bases (recettes moins dépenses du trimestre), une cote mal taillée pourrait être versée au guichet unique chargé de le répartir entre les organismes de protection sociale. La régularisation aurait lieu en mai de l'année suivante lors du dépôt de la 2035, exactement comme pour la TVA.

Et pourquoi pas un paiement des impôts sur le revenu de la même façon ?

PRÉPARER L'AVENIR

Si l'on imagine que dans quelques années les freelances vont envahir la vie professionnelle, il faut constater qu'aucune structure n'est préparée pour eux.

Or le travail indépendant devient dès maintenant une alternative potentielle à la disparition des « emplois », si l'on entend par là l'emploi à vie et à temps complet. Seuls les inconvénients cités dans ce chapitre empêchent un grand nombre de professionnels de l'exercer.

S'installer à son compte

Notre choix de société est donc le suivant : ou bien on considère l'emploi indépendant comme un pis-aller, un refuge en attendant le retour des jours meilleurs, un statut dans lequel de diaboliques employeurs relèguent leurs salariés pour éviter de payer les charges sociales ; ou bien on le considère comme une opportunité de libérer les professionnels de l'obligation de répondre à un patron. Dans ce cas, il s'agit d'un choix adulte et volontaire.

Il faut alors rendre ce choix équilibré : certains individus préféreront toujours le plaisir du travail en équipe et la tranquillité d'esprit du salariat, avec le transfert à un employeur de la responsabilité des moyens de production, de la gestion et du commerce ; d'autres choisiront d'être responsables d'eux-mêmes, de la qualité de leur travail et du montant de leur « fortune ».

Les améliorations citées dans ce chapitre œuvrent dans ce sens : laisser aux individus le choix de leur avenir.

CONCLUSION

Vous êtes prêts ? Partez !

Ouf ! La lecture de cet ouvrage est sans doute un peu fastidieuse. Il est vrai qu'il essaie de rassembler, de résumer et d'illustrer ce qui devrait s'apprendre par étape au cours d'une éducation professionnelle.

Gérer son entreprise s'apprend en partie dans un livre, en partie sur le tas. « *Ce n'est pas au pied du mur qu'on voit le maçon, c'est au sommet* », disait Auguste Detoeuf dans ses *Propos d'O. L. Barenton, confiseur*. Commencez votre mur, on verra à quoi il ressemble en haut.

Ce livre ne vous confie pas de secrets pour « réussir son activité de freelance » (et gagner beaucoup d'argent). Il n'y en a pas, et ceux qui vous en proposent sont malhonnêtes. Le seul secret réside en vous, trouvez-le et assumez vos choix : organisation et précision, ou fougue et énergie ? Chien ou chat ? Bach ou Mozart ? Il y a de la place au soleil pour tout le monde, et les clients sont, eux aussi, divers et variés. Soyez vous-même et aimez vos clients. Ils vous aimeront à leur tour.

Vous êtes prêt ? Partez… (Avec un client, jamais sans !)

Bonne chance !

Annexes

Annexe A

Liste des associations agréées et des centres de gestion agréés

Les Associations et Centres de gestion agréés sont des associations suivant la loi de 1901, dont le Conseil d'Administration comporte des représentants des adhérents, ordres, syndicats, chambres et organisations professionnelles. Un inspecteur des impôts assiste aux réunions du conseil. Ces organismes effectuent un contrôle formel des déclarations comptables de leurs adhérents avant transmission aux services des impôts. Ils procèdent ensuite à un examen approfondi de la cohérence et de la vraisemblance des comptabilités.

Les adhérents bénéficient d'un abattement de 20 % sur leur revenu imposable jusqu'à un plafond révisé chaque année (115 900 € pour les revenus 2003). Si leur chiffre d'affaires annuel est inférieur aux limites de la micro-entreprise et s'ils ont renoncé aux bénéfices de celle-ci, ils bénéficient en plus d'une réduction d'impôt pour frais d'adhésion et de comptabilité (maximum pour les revenus 2003 : 915 €).

Développant une réelle expertise comptable et fiscale, les AA et les CGA apportent aussi une assistance à leurs adhérents dans de nombreux domaines : information (ils publient souvent une lettre ou un bulletin mensuel), formations, réunions périodiques – et même tenue de la comptabilité dans le cas des CGA.

Les Associations agréées

Peuvent y adhérer les entreprises individuelles libérales.

Les Associations agréées sont regroupées, pour la majorité d'entre elles, en deux grandes associations :
- L'UNASA (Union nationale des Associations Agréées) : www.unasa.org/
  Au 1er janvier 2004, elle regroupait 61 Associations et plus de 140 000 adhérents professionnels libéraux.
- La conférence des ARAPL (Associations Régionales Agréées des Professions Libérales), fondée par l'UNAPL (Union Nationale des Professions Libérales), regroupe 19 associations : www.arapl.org

Plus d'informations et listes sur le site du ministère de l'Économie, des Finances et de l'Industrie :
> http://www.minefi.gouv.fr/minefi/acces/profliberales/index.htm

Les Centres de gestion agréés

Peuvent y adhérer les artisans, les commerçants et les industriels, entreprises individuelles ou sociétés, imposés à l'IRPP (ou à l'IS, mais le gérant bénéficie déjà de l'abattement de 20 %).

La fédération des centres de gestion agréés regroupe 114 centres : www.fcga.fr

Plus d'informations et listes sur le site du ministère de l'Économie, des Finances et de l'Industrie :
> http://www.minefi.gouv.fr/minefi/acces/artisans/index.htm ou
> http://www.minefi.gouv.fr/minefi/acces/commercants/index.htm

Annexe B

Adresses utiles

● **Administration**

Secrétariat d'État aux PME, au Commerce, à l'Artisanat, aux Professions libérales et à la Consommation, 80 rue de Lille 75700 Paris 07 S.P., Tél : 01 43 19 24 24, www.pme.gouv.fr

CIRA (Centres interministériels de renseignements administratifs).

Numéro de téléphone des CIRA :
- Bordeaux : 05 56 11 56 56
- Lille : 03 20 49 49 49
- Limoges : 08 36 68 16 26 (2,23 F la minute)
- Lyon : 08 36 68 16 26 (2,23 F la minute)
- Marseille : 04 91 26 25 25
- Metz : 03 87 31 91 91
- Paris : 01 40 01 11 01
- Rennes : 02 99 87 00 00
- Toulouse : 08 36 68 16 26 (2,23 F la minute)

Service public. Sur Internet, l'ensemble des informations diffusées par les administrations est regroupé dans le site www.service-public.fr : formulaires en ligne, téléservices publics, marchés publics (BOAMP).

Autres adresses :
- Informations et déclarations sociales : www.net-entreprise.fr
- Informations et déclarations fiscales : www.minefi.gouv.fr
- Impôts : www.impots.gouv.fr
- Informations juridiques : www.legifrance.gouv.fr
- Informations sur l'Europe, Sources d'Europe : www.info-europe.fr

● **Organismes professionnels**

APEC (Association Pour l'Emploi des Cadres), 51, bd Brune 75689 Paris Cedex 14, T 01 40 52 20 01, F 01 40 44 40 94, www.apec.fr
Des centres dans toute la France.

APCE (Agence Pour la Création d'Entreprises), 14 rue Delambre 75014 Paris, T 01 42 18 58, www.apce.com

Chambres de Commerce et d'Industrie, liste des adresses sur le site de l'Assemblée des Chambres Françaises de Commerce et d'Industrie : www.acfci.fr

Chambres des Métiers, liste des adresses sur le site de l'Assemblée Permanente des Chambres de Métiers : www.apcm.com

DDTEFP (Directions Départementales du Travail, de l'Emploi et de la Formation Professionnelle)
http://www.travail.gouv.fr/services/services_F.html

FIF-PL (Fond Interprofessionnel de Formation des Professionnels Libéraux), 35-37 rue Vivienne 75083 Paris Cedex 02, T 01 55 80 50 00, F 01 55 80 52 29, www.fifpl.fr

INPI (Institut National de la Propriété Intellectuelle), 26 bis rue de St-Petersbourg (ex-rue de Leningrad) 75800 Paris Cedex 08, T 01 53 04 53 04, www.inpi.fr

INSEE (Institut National des Statistiques et des Études Économiques), 18 boulevard Adolphe-Pinard 75675 Paris Cedex 14, T 01 41 17 66 11, www.insee.fr

Observatoire des Solos, 1 rue du Départ, 75014 Paris, www.solos.fr

Annexe B

Institutions sociales

AGESSA (Association pour la Gestion de la Sécurité sociale des Auteurs), 21 bis rue de Bruxelles 75009 Paris,
T 01 48 78 25 00, F 01 48 78 17 30, www.agessa.fr

APPI (Association pour la Protection des Patrons Indépendants), 25 boulevard de Courcelles 75008 Paris,
T 01 45 63 92 02, F 01 45 61 02 43.

CANAM (Caisse d'Assurance Maladie Maternité des non-salariés non agricoles), Centre Paris-Pleyel 93521 Saint-Denis Cedex, T 01 49 33 38 00,
F 01 49 33 38 03, www.canam.fr

CANCAVA (Caisse de retraite des artisans), 28 bd de Grenelle 75737 Paris Cedex 15, T 01 44 37 51 00,
F 01 44 37 52 05, www.cancava.fr

CIPAV (Caisse Interprofessionnelle de Prévoyance et d'Assurance Vieillesse des architectes, agréés en architecture, ingénieurs, experts, conseils et professions assimilées), 21 rue de Berri 75008 Paris, T 01 44 95 68 20, www.cipav-berri.org

Garantie chômage des dirigeants, APRIL, 27 rue Maurice Flandin,
BP 3261, 69403 Lyon cedex 03, www.april.fr

GSC (Garantie Sociale des Chefs et dirigeants d'entreprise), 42 avenue de la Grande Armée 75017 Paris,
T 01 45 72 63 10, F 01 45 74 25 38, www.gsc.asso.fr

MAISON DES ARTISTES (Artistes des arts plastiques), 90 rue de Flandres 75019 Paris, T 01 53 35 83 63,
F 01 53 35 83 64,
www.maisondesartistes.org

ORGANIC (Caisse de retraite des industriels et des commerçants), 9 rue du Jardin BP 776 Paris Cedex 17,
T 01 40 53 43 00, F 01 47 64 92 00, www.organic.fr

UNEDIC (gestion du régime interprofessionnel d'assurance-chômage), 80 rue de Reuilly 75012 Paris,
T 01 53 17 20 00, F 01 53 17 21 11, www.unedic.fr

URSSAF (Union de Recouvrement des cotisations de Sécurité sociale et d'Allocations Familiales), T 01 48 51 75 75, www.urssaf.fr

Assurances professionnelles

Freelance Protection, association proposant des assurances de groupe aux freelances, 23 rue Saint-Blaise, 75020 Paris www.freelance-protection.com

SAGA-ASCORA (pour les indépendants ou les petites sociétés), 80 rue Taitbout 75009 Paris,
T 01 48 78 15 15, F 01 42 85 07 88, www.ascora.com

Associations professionnelles

API-PL, association pour la promotion d'Internet pour les professions libérales, 27 rue de Fleurus, 75006 Paris www.apipl.org

CICF (Chambre de l'Ingénierie et du Conseil de France), organisation syndicale patronale, membre de l'UNAPL, 3 rue Léon-Bonnat, 75016 Paris,
T 01 44 30 49 30, F 40 50 92 80, www.cicf.fr

CFPJ (Centre de Formation et de Perfectionnement des Journalistes), 33 rue du Louvre 75002 Paris,
T 01 44 82 20 00, F 01 44 82 20 02, www.cfpj.com

CGSCOP (Confédération Générale des Sociétés Coopératives), 37 rue Jean-Leclaire 75017 Paris,
T 01 44 85 47 00, F 01 44 85 47 10, www.scop-entreprises.tm.fr

CNPL (Chambre Nationale des Professions Libérales), www.cnpl.org
CPFAC (Chambre Professionnelle des Agents Commerciaux), 30 avenue de l'Opéra 75002 Paris, T 01 44 94 07 07, F 01 44 94 07 10
FNAC (Fédération Nationale des Agents Commerciaux) 30, avenue de l'Opéra 75002 Paris, T 01 44 94 05 00, F 01 44 94 05 10, www.comagent.com
SNAC (Syndicat national des Agents Commerciaux), 10 rue du 14-juillet 93310 Le Pré-St Gervais,
T 01 48 40 19 58,
UNAPL (Union Nationale des Associations de Professions Libérales) www.unapl.fr

Associations professionnelles comportant de nombreux indépendants

FREELANCE EN EUROPE (uniquement des freelances), 48 rue Ste-Croix-de-la-Bretonnerie 75004 Paris,
T 06 57 48 71 72,
www.freelance-europe.com
ACP (Association des Consultants Pétroliers), 14 rue de Mantes 92700 Colombes, acp-france.org
ADBS, association des professionnels de l'information et de la documentation www.adbs.fr
AFTT (Assocation Française de Télétravail et Téléactivités), 6 rue Ernest-Gaugivan, BP 34, 41600 Lamotte-Beuvron, T 02 54 88 18 12,
F 02 54 88 19 19, www.aftt.asso.fr
Agro Consultants, consultants anciens élèves des Grandes Écoles agronomie et agro-industrielles européennes, 5 quai Voltaire, 75007 Paris,
T 01 42 60 25 00, F 01 42 60 48 50, www.agroconsultants.com

APROTRAD (Association professionnelle des métiers de la traduction), 46 ter rue Ste-Catherine 45000 Orléans, www.aprotrad.org
CADE (Consultants en Agriculture, Développement et Environnement), Agropolis, avenue d'Agropolis, 34394 Montpellier Cedex 5,
www.cade-consultants.org
CSFC, Chambre syndicale des formateurs-consultants, 1 rue du 11-novembre, 92120 Montrouge,
T 01 47 35 32 20, F 01 47 35 32 25, www.federation-csfc.com
Freelens, association de photographes indépendants, freelens. france. free. fr
CFDT-Cadres, Réseau des professionnels autonomes, 47 avenue Simon-Bolivar, 75950 Paris Cedex 19,
T 01 56 41 55 89, F 01 56 41 55 01 www.professionnels-autonomes.net
SICFOR, Syndicat des indépendants consultants et formateurs, 30 rue Claude-Tillier, 75012 Paris,
T 06 20 87 81 10, www.sicfor.org
SFT (Société Française des Traducteurs, Syndicat National des Traducteurs professionnels), 22 rue des Martyrs 75009 Paris, T 01 48 78 43 32,
F 01 44 53 01 14, www.sft.fr

Associations à l'étranger

ICCA (USA) Independent Computer Consultants Association www.icca.org
L'AUTONOME (Québec) www.magazinelautonome.com
PCG (GB) Professional Computer Group www.pcg.org.uk
Shout99 (site internet, éditeur Webtastic, Ltd, Southampton, GB) www.shout99.com

Annexe B

● Offres de missions consultables gratuitement sur Internet

www.agent-first.com/
agents commerciaux
www.creerenfrance.net
www.categorynet.com/fr/presse et RP
http://www.freelancepark.com
informatique
http://www.missind.com
http://www.motamot.com
informations et offres de mission
http://fr.scguild.com/
Guilde des métiers du logiciel, modeste cotisation facultative
http://www.secretaire.com/

● Intermédiation sur Internet

Une page complète est tenue à jour dans le site www.freelance-europe.com (missions)

● Sociétés de portage

SEPS (Syndicat des Entreprises de Portage Salarial), 1 avenue Hélène-Boucher 93123 La Courneuve Cedex,
T 01 45 08 86 86,
www.portagesalarial.org
FNEPS (Fédération Nationale des Entreprises de Portage Salarial), 149 avenue du Maine, 75014 Paris,
T 06 62 64 55 91, www.fenps.org
Une page complète est tenue à jour dans le site www.freelance-europe.com (portage)

● Journaux, magazines, revues

LA CYBERGAZETTE, le journal des Freelances, 23 rue Saint-Blaise, 75020 Paris www.cybergazette.info (hebdomadaire électronique)
Internet & solo, 9 rue Notre-Dame-des-Victoires, 75002 Paris
www.i-entreprise.com
www.motamot.com, informations, annuaire, offres de mission
arquemuse.free.fr, mine de renseignements sur le statut d'artiste-auteur
www.apce.com, le site incontournable pour toutes les infos juridiques et sociales

● Salons spécialisés pour les freelances

SALON DES ENTREPRENEURS (Groupe SID Éditions, magazine Défis) fin janvier chaque année,
T 01 44 10 41 00, F 01 44 88 46 34,
www.salondesentrepreneurs.com/
le Salon de la création d'entreprise
SALON DES MICRO-ENTREPRISES
fin septembre chaque année
www.salonmicroentreprises.com/
Les fournisseurs des freelances et des petites entreprises exposent.

● Agences commerciales

ABC-Indépendants, 3 rue Mauras, 13016 Marseille, T 04 95 06 12 17, www.abc-independants.com
Créer en France, 25 cours Alsace-Lorraine, 33000 Bordeaux,
T 0810 000 261,
www.creerenfrance.net
Eurolead, 5 rue de Chazelles, 75017 Paris, T 01 43 80 50 50,
www.eurolead.com
Expertancy, 77 boulevard de Sébastopol, 75002 Paris, T 01 53 40 81 00,
www.expertancy.com

S'installer à son compte

Free Expert, 9-11 rue Benoist-Malon, 92150 Suresnes, T 01 46 14 87 67, www.free-expert.com
Freelance.com, 42 avenue de Sainte Foy, BP 82, 92203 Neuilly-sur-Seine Cedex, T 01 55 62 12 34, www.freelance.com

Need Consult, 83 avenue Philippe-Auguste, 75011 Paris, T 01 44 64 03 20, www.needconsult.com
PROLIXE, 46 rue Raulin, 69007 Lyon, T 04 78 58 29 25, www.prolixe.fr

Annexe C

Lectures utiles
(classées par date)

Références

BARTHÉLÉMY Jacques, *L'entreprise individuelle*, rapport au Conseil Économique et Social, Journal Officiel, 1993.

> L'analyse des difficultés de l'entreprise individuelle et les propositions pour y remédier. De cet avis fut tiré l'essentiel des lois « Madelin » du 11 février 1994.

DETOEUF Auguste, *Les propos de O.L. Barenton*, Éd. d'Organisation, 1938.

> Un classique de la gestion des hommes et des affaires, jamais égalé.

Essais

ETTIGHOFFER Denis et BLANC Gérard, *Du mal travailler au mal vivre*, Éditions d'Organisation, 2003.

LEBAUBE Alain (sous l'autorité rédactionnelle de –), *Artisans, le prix de l'entreprise individuelle*, Cahiers de Générations N° 7, SFG, 134 rue du Bac 75007 Paris, 1999.

> La transformation des métiers artisanaux sous la pression de la modernité.

SUPIOT Alain (sous la direction de –) *Au-delà de l'emploi*, Flammarion, 1999.

> Rapport présenté à la Commission européenne sur les évolutions des modes de travail, et en conséquence sur les adaptations nécessaires des législations nationales du droit du travail. Une référence européenne sur le devenir de l'emploi.

RAMBACH, Anne et Marine, *Les intellos précaires*, Hachette Littérature, Pluriel, 2002.

LEBAUBE Alain (sous l'autorité rédactionnelle de –), *Les Robinsons de l'emploi*, Cahiers de Générations N° 6, SFG, 134 rue du Bac 75007 Paris, 1999

> La découverte de l'existence des freelances à travers une enquête menée par la CIPAV auprès de 3 500 d'entre eux.

Moi, Émile Landormy, indépendant du XXIe siècle, éd. Téraèdre Publishing, 48, rue Ste-Croix-de-la-Bretonnerie 75004 Paris, 1997.

> Le « roman vrai » d'un consultant, du salariat à l'indépendance. Une vision très personnelle des patrons, du fisc, des organismes de protection sociale, des pouvoirs publics. Un excellent recueil aussi de conseils pour éviter les pièges.

LUCRON Xavier, *Comment réussir vos mailings*, Éd. Demos, 1996.

> Tous les secrets d'un mailing efficace.

EUROTECHNOPOLIS Institut, *Le travail au XXIe siècle*, Dunod, 1995.

> Les mutations de l'économie et de la société à l'ère des autoroutes de l'information. Des chapitres signés par Denis Etighoffer, Hugues de Jouvenel, Pierre Lévy, Chantal Cumunel…

PAYSANT Michel et BATTY Fabrice, *Travail salarié, travail indépendant*, Flammarion, 1995, épuisé. Disponible sur freelance-europe.com

> Le salariat a mis deux cents ans pour conquérir une certaine sécurité d'exercice. Il s'effrite aujourd'hui, sapant ainsi les bases de toute l'organisation sociale bâtie autour de lui. Le travail indépendant prend la relève. En attendant qu'il atteigne le même degré de protection pour ceux qui l'exercent, nous entrons dans le monde des caméléons.

MENGER Pierre-Michel, *Portrait de l'artiste en travailleur*, Le Seuil, 2003.

Guides

GUILLON Joël, *Vendre ses prestations*, Éditions d'Organisation, 2003

> Comment convaincre ses prospects sans être un « super-vendeur », un processus à suivre pas à pas dans les entretiens en face-à-face.

CARTON Francine, *Trouver ses clients*, Éditions d'Organisation, 2004

> Comment trouver des clients alors qu'un freelance est déjà bien occupé par toutes sortes d'autres tâches. Et pourtant, c'est bien la démarche la plus indispensable, n'est-ce pas ?

Le Recueil de contrats types en informatique, avec le texte sur CD-ROM, Freelances Associés, 23 rue Saint-Blaise, 75020 Paris, 2002.

> 15 contrats, des annexes, et un résumé : « Tout ce que vous devez savoir sur le droit des contrats » en 15 pages. Un outil de travail directement opérationnel.

Les Mémentos pratiques Francis Lefebvre : Professions Libérales, Social, Fiscal, Comptable, Associations.

> Le détail exhaustif et documenté des procédures juridiques, sociales, fiscales à respecter pour se conformer aux lois, règlements et instructions. À déguster avec modération.

PIGANEAU Laurence, *La micro-entreprise de A à Z*, Éditions d'Organisation, collection APCE, 2004.

> Cet ouvrage, très détaillé sur le statut fiscal de la micro-entreprise, concerne la création de tous types d'entreprises, avec ou sans salariés.

PALLIER Bruno, *La réforme des retraites*, Que sais-je ? 2003.

ALLENOU Michel, *Guide professionnel des artistes*, Magma, 31310 Montesquieu-Volvestre, 2000.

> Le guide du (des) statut(s) d'artiste, complet et lisible. Une référence.

Guide fiscal, AFPL (Association Française pour les Professions Libérales).

> Un excellent outil de travail distribué par une association agréée, demandez à la vôtre si elle en publie un.

NOBÉCOURT Pascale et CAZARD Xavier, *Le Guide de la Pige 2003/2004*, Entrecom Éditions, 24, rue Paul-Bert 92800 Puteaux.

http://www.categorynet.com/fr/shop/guidepige.php

> La Bible du journaliste indépendant, avec la liste documentée de 702 médias.

LAMBERT Stéphanie, *Recruter, la boîte à outils de l'entrepreneur*, Éditions d'Organisation, collection Les guides de l'entrepreneur, 2003.

> L'heure est venue d'embaucher un(e) collaborateur(trice) ? L'opération demande un peu de recul et une bonne connaissance des conséquences : charges, évolution, rupture éventuelle et surtout management du personnel. Une bonne introduction aux éléments de base indispensables.

Objectif Entreprise, CANAM – Assurance maladie des professions indépendantes, Centre Paris-Pleyel 93521 Saint-Denis Cedex, 2002.

> Une explication détaillée et fourmillant de tableaux et d'exemples sur la situation juridique, sociale, fiscale des travailleurs non-salariés non-agricoles. Manque la réalité du terrain, ce qu'une administration ne peut pas décrire... mais l'ouvrage est gratuit, profitez-en. Il existe aussi sous forme de CD-Rom.

Annexe C

FLÉ Cécile, *Entreprendre en Solo*, Éditions d'Organisation, 2003.

« Solo » et non pas « freelance »… l'ouvrage s'adresse en effet à tous les métiers « de service » aux personnes (écrivain public, bricolage, bien-être…), aux animaux, métiers commerciaux, publicitaires, etc. Le mode d'emploi est clair et aborde bien des sujets quotidiens. Peut-être manque-t-il seulement quelques approfondissements des éléments financiers.

Protection sociale et développement du travail indépendant non agricole, conférence de l'AISS, région Europe – Association Internationale de Sécurité sociale, CP 1, CH-1211 Genève Suisse, 1998.

Les actes d'une conférence unique en son genre, dont il reste à espérer qu'elle sera suivie d'effets.

KADDOUR Hédi, *Pour les adjectifs, vous viendrez me voir*, Les éditions du CFPJ, 29 rue du Louvre 75002 Paris, 1995

L'écriture journalistique a ses règles, en concordance avec les habitudes de lecture des clients. Une excellente initiation, comme tous les ouvrages du CFPJ.

RUHL Janet, *The Computer Consultant's Guide,* John Wiley & Sons Inc.; 1994.

Le guide du freelance informaticien aux États-Unis… Si vous pensez émigrer…

LESELBAUM Valérie et AKERIB Jean-Claude, *Loi Madelin, analyse et 43 cas pratiques*, Préface de Jacques Barthélémy, SÉFI, 35-37 rue de Sèvres 92100 Boulogne, 1994.

L'explication des mécanismes de prévoyance et de retraite institués par la loi Madelin, avec une excellente comparaison entre la retraite complémentaire « Madelin » et l'assurance-vie.

Annexe D

Textes de loi

PLAN
1. Loi Madelin
   Les activités des freelances sont *a priori* non subordonnées
   Les cotisations sociales facultatives des freelances sont déductibles si...
2. Code Général des Impôts
   Micro-entreprise
      BIC
      BNC
   Franchise en base TVA
   Réduction d'impôt accordée aux adhérents de centres de gestion ou d'associations agréés
3. Code de la Sécurité Sociale
   Définition des professions non-salariées
   Mécanisme d'affectation des caisses pour les pluriactifs
      Assurance maladie maternité
      Assurance vieillesse
4. Artisanat (liste des activités relevant de –)
5. Le test du fisc américain (Common Law Test) pour le statut d'indépendant

1. Loi Madelin

Les activités des freelances étaient a priori non subordonnées

Code du travail, Article L. 120-3, tel qu'il devrait être rétabli par le projet de loi pour l'initiative économique

Les personnes physiques immatriculées au registre du commerce et des sociétés, au répertoire des métiers, au registre des agents commerciaux ou auprès des unions pour le recouvrement des cotisations de Sécurité sociale et des allocations familiales pour le recouvrement des cotisations d'allocations familiales sont présumées ne pas être liées par un contrat de travail dans l'exécution de l'activité donnant lieu à cette immatriculation.

Toutefois, l'existence d'un contrat de travail peut être établie lorsque les personnes citées au premier alinéa fournissent directement ou par une personne interposée des prestations à un donneur d'ouvrage dans des conditions qui les placent dans un lien de subordination juridique permanente à l'égard de celui-ci. (Loi n° 94-126 du 11 février 1994 art. 49 Journal Officiel du 13 février 1994).

Celui qui a eu recours aux services d'une personne visée au premier alinéa dans des conditions qui permettent d'établir l'existence d'un contrat de travail est tenu au paiement des cotisations et contributions

Annexe D

dues aux organismes chargés d'un régime de protection sociale ainsi qu'aux caisses de congés payés mentionnées à l'article L. 223-16 au titre de la période d'activité correspondant à l'exécution de ce contrat, dans la limite des prescriptions applicables à ces cotisations et contributions. (Loi n° 97-210 du 11 mars 1997 art. 2 Journal Officiel du 12 mars 1997).

Les cotisations facultatives des freelances sont déductibles si...

Code Général des Impôts

Art. 24 de la loi du 13 février 1994
(Loi « Madelin »)

I. – L'article 154 bis du code général des impôts est ainsi rédigé :

« Art. 154 bis. – Pour la détermination des bénéfices industriels et commerciaux et des bénéfices des professions non commerciales, sont admises en déduction du bénéfice imposable les cotisations à des régimes obligatoires, de base ou complémentaires d'allocations familiales, d'assurance vieillesse, invalidité, décès, maladie et maternité il en est de même des cotisations volontaires de l'époux du commerçant du professionnel libéral ou de l'artisan qui collabore effectivement à l'activité de son conjoint sans être rémunéré et, sous réserve des dispositions des 5e et 6e de l'article L. 742-6 du code de la Sécurité sociale, sans exercer aucune autre activité professionnelle. »

« Il en est également de même des primes versées au titre des contrats d'assurance groupe, prévues par l'article 41 de la loi n° 94-126 du 11 février 1994 relative à l'initiative et à l'entreprise individuelle et des cotisations aux régimes facultatifs mis en place dans les conditions fixées par les articles L. 635-1 et L. 644-1 du code de la Sécurité sociale par les organismes visés aux 1°, 2° et 3° de l'article L. 621-3 et aux articles L. 644-1 et L. 723-1 du code de la Sécurité sociale pour les mêmes risques et gérés dans les mêmes conditions, dans une section spécifique au sein de l'organisme. »

« Les versements aux caisses de Sécurité sociale au titre de l'assurance vieillesse obligatoire ainsi que les cotisations visées au précédent alinéa sont déductibles dans la limite de 19 % d'une somme égale à huit fois le plafond annuel moyen retenu pour le calcul des cotisations de Sécurité sociale. A l'intérieur au titre des régimes de prévoyance complémentaires et de perte d'emploi subie mentionnés à l'alinéa précédent ne peut excéder respectivement 3 % et 1,5 % de la somme susvisée. »

II. – Les prestations servies par les régimes ou au titre des contrats visés au deuxième alinéa de l'article 154 bis du code général des impôts sous forme de revenus de remplacement sont prises en compte pour la détermination du revenu imposable de leur bénéficiaire.

Les prestations servies sous formes de rentes ou pour perte d'emploi subie sont imposables dans la catégorie des pensions dans les conditions fixées au a du 5 de l'article 158 du code général des impôts.

III. – Les dispositions du I et du II ci-dessus sont applicables aux cotisations et aux prestations versées à compter de la date de publication de la présente loi.

Art. 41 de la loi du 13 février 1994
(Loi « Madelin »)

Les contrats d'assurance de groupe définis par les articles L. 140-I à L. 140-5 du code des assurances et l'article L. 311-3 du code

S'installer à son compte

de la mutualité, peuvent être souscrits, au profit de ses membres, par un groupement comportant un nombre minimum de personnes qui exercent une activité non-salariée non agricole ou ont exercé cette activité et bénéficient à ce titre d'une pension de vieillesse, sous réserve des dispositions de l'article L. 652-4 du code de la Sécurité sociale, en vue du versement de prestations de prévoyance complémentaire, d'indemnité en cas de perte d'emploi subie ou d'une retraite complémentaire garantissant un revenu viager.

Les prestations servies au titre de ces contrats peuvent prendre la forme soit de prestations en nature de versements de revenus de remplacement ou de rentes soit de capitaux en cas de liquidation judiciaire ou d'invalidité dans les conditions prévues à l'article L. 132-23 du code des assurances. Le versement des cotisations doit présenter un caractère régulier dans son montant et sa périodicité.

Un décret en Conseil d'État fixe les conditions d'application des dispositions du présent article, notamment les clauses types qui doivent obligatoirement figurer au contrat et les caractéristiques des groupes.

2. Code Général des Impôts
Micro-entreprise
BIC

Article 50-0

1. Les entreprises dont le chiffre d'affaires annuel, ajusté s'il y a lieu au prorata du temps d'exploitation au cours de l'année civile, n'excède pas 76 300 euros hors taxes s'il s'agit d'entreprises dont le commerce principal est de vendre des marchandises, objets, fournitures et denrées à emporter ou à consommer sur place, ou de fournir le logement, ou 27 000 euros hors taxes s'il s'agit d'autres entreprises, sont soumises au régime défini au présent article pour l'imposition de leurs bénéfices.

Lorsque l'activité d'une entreprise se rattache aux deux catégories définies au premier alinéa, le régime défini au présent article n'est applicable que si son chiffre d'affaires hors taxes global annuel n'excède pas 76 300 euros et si le chiffre d'affaires hors taxes annuel afférent aux activités de la 2e catégorie ne dépasse pas 27 000 euros. Le résultat imposable, avant prise en compte des plus ou moins-values provenant de la cession des biens affectés à l'exploitation, est égal au montant du chiffre d'affaires hors taxes diminué d'un abattement de 72 % pour le chiffre d'affaires provenant d'activités de la 1re catégorie et d'un abattement de 52 % pour le chiffre d'affaires provenant d'activités de la 2e catégorie. Ces abattements ne peuvent être inférieurs à 305 euros.

Les plus ou moins-values mentionnées au troisième alinéa sont déterminées et imposées dans les conditions prévues aux articles 39 duodecies à 39 quindecies, sous réserve des dispositions de l'article 151 septies. Pour l'application de la phrase précédente, les abattements mentionnés au troisième alinéa sont réputés tenir compte des amortissements pratiqués selon le mode linéaire.

Sous réserve des dispositions du b du 2, ce régime demeure applicable pour l'établissement de l'imposition due au titre de la première année au cours de laquelle les chiffres d'affaires limites mentionnés aux premier et deuxième alinéas sont dépassés. En ce cas, le montant de chiffre d'affaires excédant ces limites ne fait l'objet d'aucun abattement.

Les dispositions du cinquième alinéa ne sont pas applicables en cas de changement d'activité.

Annexe D

2. Sont exclus de ce régime :
   a. Les contribuables qui exploitent plusieurs entreprises dont le total des chiffres d'affaires excède les limites mentionnées au premier alinéa du 1, appréciées, s'il y a lieu, dans les conditions prévues au deuxième alinéa de ce même 1 ;
   b. Les contribuables qui ne bénéficient pas des dispositions des I et II de l'article 293 B. Cette exclusion prend effet à compter du 1er janvier de l'année de leur assujettissement à la taxe sur la valeur ajoutée ;
   c. Les sociétés ou organismes dont les résultats sont imposés selon le régime des sociétés de personnes défini à l'article 8 ;
   d. Les personnes morales passibles de l'impôt sur les sociétés ;
   e. Les opérations portant sur des immeubles, des fonds de commerce ou des actions ou parts de sociétés immobilières et dont les résultats doivent être compris dans les bases de l'impôt sur le revenu au titre des bénéfices industriels et commerciaux ;
   f. Les opérations de location de matériels ou de biens de consommation durable, sauf lorsqu'elles présentent un caractère accessoire et connexe pour une entreprise industrielle et commerciale ;
   g. Les opérations visées au 8e du I de l'article 35.

3. Les contribuables concernés portent directement le montant du chiffre d'affaires annuel et des plus ou moins-values réalisées ou subies au cours de cette même année sur la déclaration prévue à l'article 170. Ils joignent à cette déclaration un état conforme au modèle fourni par l'administration. Un décret en Conseil d'État précise le contenu de cet état.

4. Les entreprises placées dans le champ d'application du présent article ou soumises au titre de l'année 1998 à un régime forfaitaire d'imposition peuvent opter pour un régime réel d'imposition. Cette option doit être exercée avant le 1er février de la première année au titre de laquelle le contribuable souhaite bénéficier de ce régime. Toutefois, les entreprises soumises de plein droit à un régime réel d'imposition l'année précédant celle au titre de laquelle elles sont placées dans le champ d'application du présent article exercent leur option l'année suivante, avant le 1er février. Cette dernière option est valable pour l'année précédant celle au cours de laquelle elle est exercée. En cas de création, l'option peut être exercée sur la déclaration visée au 1er du I de l'article 286.

Les options mentionnées au premier alinéa sont valables deux ans[1] tant que l'entreprise reste de manière continue dans le champ d'application du présent article. Elles sont reconduites tacitement par période de deux ans[1]. Les entreprises qui désirent renoncer à leur option pour un régime réel d'imposition doivent notifier leur choix à l'administration avant le 1er février de l'année suivant la période pour laquelle l'option a été exercée ou reconduite tacitement.

5. Les entreprises qui n'ont pas exercé l'option visée au 4 doivent tenir et présenter, sur demande de l'administration, un registre récapitulé par année, présentant le détail de leurs achats et un livre-journal servi au jour le jour et présentant le détail de leurs recettes professionnelles, appuyés des factures et de toutes autres pièces justificatives.

---

1. Ces dispositions s'appliquent aux options exercées à compter du 1er janvier 2002 et aux options en cours à cette date. BNC

BNC

Article 102 ter

1. Le bénéfice imposable des contribuables qui perçoivent des revenus non commerciaux d'un montant annuel, ajusté s'il y a lieu au prorata du temps d'activité au cours de l'année civile, n'excédant pas 27 000 euros hors taxes est égal au montant brut des recettes annuelles diminué d'une réfaction forfaitaire de 37 % avec un minimum de 305 euros.

Les plus ou moins-values provenant de la cession des biens affectés à l'exploitation sont prises en compte distinctement pour l'assiette de l'impôt sur le revenu dans les conditions prévues à l'article 93 quater, sous réserve des dispositions de l'article 151 septies. Pour l'application de la phrase précédente, la réfaction mentionnée au premier alinéa est réputée tenir compte des amortissements pratiqués selon le mode linéaire.

2. Les contribuables visés au 1 portent directement sur la déclaration prévue à l'article 170 le montant des recettes annuelles et des plus ou moins-values réalisées ou subies au cours de cette même année. Ils joignent à cette déclaration un état conforme au modèle fourni par l'administration. Un décret en Conseil d'État précise le contenu de cet état.

3. Sous réserve des dispositions du 6, les dispositions prévues aux 1 et 2 demeurent applicables pour l'établissement de l'imposition due au titre de la première année au cours de laquelle la limite définie au 1 est dépassée. En ce cas, le montant des recettes excédant cette limite ne fait l'objet d'aucun abattement.

Les dispositions du premier alinéa ne sont pas applicables en cas de changement d'activité.

4. Les contribuables visés au 1 doivent tenir et, sur demande du service des impôts, présenter un document donnant le détail journalier de leurs recettes professionnelles.

Lorsqu'il est tenu par un contribuable non adhérent d'une association de gestion agréée, ce document comporte, quelle que soit la profession exercée, l'identité déclarée par le client ainsi que le montant, la date et la forme du versement des honoraires.

5. Les contribuables qui souhaitent renoncer au bénéfice du présent article peuvent opter pour le régime visé à l'article 97.

Cette option doit être exercée dans les délais prévus pour le dépôt de la déclaration visée à l'article 97. Elle est valable deux ans[1] tant que le contribuable reste de manière continue dans le champ d'application du présent article. Elle est reconduite tacitement par période de deux ans[1]. Les contribuables qui désirent renoncer à leur option pour le régime visé à l'article 97 doivent notifier leur choix à l'administration avant le 1er février de l'année suivant la période pour laquelle l'option a été exercée ou reconduite tacitement.

6. Sont exclus de ce régime :
   a. Les contribuables qui exercent plusieurs activités dont le total des revenus, abstraction faite des recettes des offices publics ou ministériels, excède la limite mentionnée au 1 ;
   b. Les contribuables qui ne bénéficient pas des dispositions des I et II de l'article 293 B. Cette exclusion prend effet à compter du 1er janvier de l'année de leur assujettissement à la taxe sur la valeur ajoutée.

---

1. Ces dispositions s'appliquent aux options exercées à compter du 1er janvier 2002 et aux options en cours à cette date.

Annexe D

Franchise en base TVA

Article 293 B

I. – 1. Pour leurs livraisons de biens et leurs prestations de services, les assujettis établis en France, à l'exclusion des redevables qui exercent une activité occulte au sens du deuxième alinéa de l'article L. 169 du livre des procédures fiscale, bénéficient d'une franchise qui les dispense du paiement de la taxe sur la valeur ajoutée lorsqu'ils n'ont pas réalisé au cours de l'année civile précédente un chiffre d'affaires supérieur à :

   a. 76 300 euros s'ils réalisent des livraisons de biens, des ventes à consommer sur place ou des prestations d'hébergement ;
   b. 27 000 euros s'ils réalisent d'autres prestations de services.

2. Lorsqu'un assujetti réalise des opérations relevant des deux limites définies au 1, le régime de la franchise ne lui est applicable que s'il n'a pas réalisé au cours de l'année civile précédente un chiffre d'affaires global supérieur à 76 300 euros et un chiffre d'affaires afférent à des prestations de services autres que des ventes à consommer sur place et des prestations d'hébergement supérieur à 27 000 euros.

II. – 1. Les dispositions du I cessent de s'appliquer aux assujettis dont le chiffre d'affaires de l'année en cours dépasse le montant de 84 000 euros s'ils réalisent des livraisons de biens, des ventes à consommer sur place ou des prestations d'hébergement, ou 30 500 euros s'ils réalisent d'autres prestations de services.

2. Pour les assujettis visés au 2 du I, le régime de la franchise cesse de s'appliquer lorsque le chiffre d'affaires global de l'année en cours dépasse le montant de 84 000 euros ou lorsque le chiffre d'affaires de l'année en cours afférent aux prestations de services autres que les ventes à consommer sur place et les prestations d'hébergement dépasse le montant de 30 500 euros.

3. Les assujettis visés aux 1 et 2 deviennent redevables de la taxe sur la valeur ajoutée pour les prestations de services et les livraisons de biens effectuées à compter du premier jour du mois au cours duquel ces chiffres sont dépassés.

III. – Le chiffre d'affaires limite de la franchise prévue au I est fixé à 37 400 euros :

   1. Pour les opérations réalisées par les avocats, les avocats au Conseil d'État et à la Cour de cassation et les avoués, dans le cadre de l'activité définie par la réglementation applicable à leur profession ;
   2. Pour la livraison de leurs œuvres désignées aux 1° à 12° de l'article L. 112-2 du code de la propriété intellectuelle et la cession des droits patrimoniaux qui leur sont reconnus par la loi par les auteurs d'œuvres de l'esprit, à l'exception des architectes ;
   3. Pour l'exploitation des droits patrimoniaux qui sont reconnus par la loi aux artistes interprètes visés à l'article L. 212-1 du code de la propriété intellectuelle.

IV. – Pour leurs livraisons de biens et leurs prestations de services qui n'ont pas bénéficié de l'application de la franchise prévue au III, ces assujettis bénéficient également d'une franchise lorsque le chiffre d'affaires correspondant réalisé au cours de l'année civile précédente n'excède pas 15 300 euros.

Cette disposition ne peut pas avoir pour effet d'augmenter le chiffre d'affaires limite de la franchise afférente aux opérations mentionnées au 1, au 2 ou au 3 du III.

V. – Les dispositions du III et du IV cessent de s'appliquer aux assujettis dont le chiffre d'affaires de l'année en cours dépasse respectivement 45 800 euros et 18 300 euros. Ils deviennent redevables de la taxe sur la valeur ajoutée pour les prestations de services et pour les livraisons de biens effectuées à compter du premier jour du mois au cours duquel ces chiffres d'affaires sont dépassés.

Article 293 E

Les assujettis bénéficiant d'une franchise de taxe mentionnée à l'article 293 B ne peuvent opérer aucune déduction de la taxe sur la valeur ajoutée, ni faire apparaître la taxe sur leurs factures, notes d'honoraires ou sur tout autre document en tenant lieu.

En cas de délivrance d'une facture, d'une note d'honoraires ou de tout autre document en tenant lieu par ces assujettis pour leurs livraisons de biens et leurs prestations de services, la facture, la note d'honoraires ou le document doit comporter la mention : « TVA non applicable, article 293 B du CGI ».

NOTA : Ces dispositions sont applicables pour la détermination des résultats des années 1999 et suivantes.

Réduction d'impôt accordée aux adhérents de centres de gestion ou d'associations agréés

Article 199 quater B

Les titulaires de revenus passibles de l'impôt sur le revenu dans la catégorie des bénéfices industriels et commerciaux, bénéfices agricoles ou bénéfices non commerciaux dont le chiffre d'affaires ou les recettes sont inférieurs aux limites du forfait prévu aux articles 64 à 65 B ou des régimes définis aux articles 50-0 et 102 ter et qui ont opté pour un mode réel de détermination du résultat et adhéré à un centre de gestion ou à une association agréés bénéficient d'une réduction de la cotisation d'impôt sur le revenu égale aux dépenses exposées pour la tenue de la comptabilité et, éventuellement, pour l'adhésion à un centre de gestion ou à une association agréés. Cette réduction, plafonnée à 915 € par an, s'applique sur le montant de l'impôt sur le revenu calculé dans les conditions fixées par l'article 197 et dans la limite de ce montant. Les dispositions du 5 du I de l'article 197 sont applicables.

Cette réduction d'impôt est maintenue également pour la première année d'application de plein droit du régime réel normal ou simplifié d'imposition des bénéfices agricoles.

3. CODE DE LA SÉCURITÉ SOCIALE
● *Définition des professions non-salariées*

Article R. 241-2

La cotisation d'allocations familiales des employeurs et des travailleurs indépendants est due par toute personne physique *exerçant, même à titre accessoire, une activité non-salariée.*

Est considéré comme employeur ou travailleur indépendant :

1° tout associé d'une société en nom collectif ;
2° tout commandité, gérant ou non, d'une société en commandite simple et par actions ;
3° tout gérant d'une société à responsabilité limitée qui n'est pas affilié obligatoirement aux assurances sociales, en application du 11° de l'article L. 311-3. Lorsque le titulaire d'un fonds n'en

assure pas lui-même l'exploitation et confie celle-ci à un tiers non-salarié ou à son conjoint, ces derniers sont considérés comme employeur ou travailleur indépendant.

Les personnes qui n'occupent pas habituellement, dans l'exercice de leur activité, un personnel salarié si ce n'est leur conjoint, leurs enfants mineurs ou des apprentis munis d'un contrat d'apprentissage établi conformément aux dispositions législatives et réglementaires en vigueur, sont classées comme travailleurs indépendants.

Est également assujetti au paiement de la cotisation d'allocations familiales des employeurs et travailleurs indépendants le conjoint exerçant une activité professionnelle non-salariée dans la même entreprise que son époux, s'il exerce cette activité en qualité de conjoint associé au sens du chapitre IV de la loi n° 82-596 du 10 juillet 1982.

S'il n'existe pas de définition de l'activité non-salariée, qu'est-ce qu'une activité salariée ?

Article L. 311-2

Sont affiliées obligatoirement aux assurances sociales du régime général, quel que soit leur âge et même si elles sont titulaires d'une pension, toutes les personnes quelle que soit leur nationalité, de l'un ou de l'autre sexe, salariées ou travaillant à quelque titre ou en quelque lieu que ce soit, pour un ou plusieurs *employeurs* et quels que soient le montant et la nature de leur rémunération, la forme, la nature ou la validité de leur contrat.

Article L. 311-3

Sont notamment compris parmi les personnes auxquelles s'impose l'obligation prévue à l'article L. 311-2, même s'ils ne sont pas occupés dans l'établissement de l'employeur ou du chef d'entreprise, même s'ils possèdent tout ou partie de l'outillage nécessaire à leur travail et même s'ils sont rétribués en totalité ou en partie à l'aide de pourboires :

1° les travailleurs à domicile soumis aux dispositions des articles L. 721-1 et suivants du code du travail ;
2° les voyageurs et représentants de commerce soumis aux dispositions des articles L. 751-1 et suivants du code du travail ;
3° les employés d'hôtels, cafés et restaurants ;
4° sans préjudice des dispositions du 5° du présent article réglant la situation des sous-agents d'assurances, les mandataires non assujettis à la taxe professionnelle mentionnés au 4° de l'article R. 511-2 du code des assurances rémunérés à la commission, qui effectuent d'une façon habituelle et suivie des opérations de présentation d'assurances pour une ou plusieurs entreprises d'assurances telles que définies par l'article L. 310-I du code des assurances et qui ont tiré de ces opérations plus de la moitié de leurs ressources de l'année précédente ;
5° les sous-agents d'assurances travaillant d'une façon habituelle et suivie pour un ou plusieurs agents généraux et à qui il est imposé, en plus de la prospection de la clientèle, des tâches sédentaires au siège de l'agence ;
6° les gérants non-salariés des coopératives et les gérants de dépôts de sociétés à succursales multiples ou d'autres établissements commerciaux ou industriels ;

7° les conducteurs de voitures publiques dont l'exploitation est assujettie à des tarifs de transport fixés par l'autorité publique, lorsque ces conducteurs ne sont pas propriétaires de leur voiture ;
8° les porteurs de bagages occupés dans les gares s'ils sont liés, à cet effet, par un contrat avec l'exploitation ou avec un concessionnaire ;
9° les ouvreuses de théâtres, cinémas, et autres établissements de spectacles, ainsi que les employés qui sont dans les mêmes établissements chargés de la tenue des vestiaires et qui vendent aux spectateurs des objets de nature diverse ;
10° les personnes assurant habituellement à leur domicile, moyennant rémunération, la garde et l'entretien d'enfants qui leur sont confiés par les parents, une administration ou une œuvre au contrôle desquels elles sont soumises ;
11° les gérants de sociétés à responsabilité limitée et de sociétés d'exercice libéral à responsabilité limitée à condition que lesdits gérants ne possèdent pas ensemble plus de la moitié du capital social, étant entendu que les parts appartenant, en toute propriété ou en usufruit, au conjoint et aux enfants mineurs non émancipés d'un gérant sont considérées comme possédées par ce dernier ;
12° les présidents-directeurs et directeurs généraux des sociétés anonymes et des sociétés d'exercice libéral à forme anonyme ;
13° les membres des sociétés coopératives ouvrières de production ainsi que les gérants, les directeurs généraux, les présidents du conseil d'administration et les membres du directoire des mêmes coopératives lorsqu'ils perçoivent une rémunération au titre de leurs fonctions et qu'ils n'occupent pas d'emploi salarié dans la même société ;
14° les délégués à la sécurité des ouvriers des carrières exerçant leurs fonctions dans des entreprises ne relevant pas du régime spécial de la Sécurité sociale dans les mines, les obligations de l'employeur étant, en ce qui les concerne, assumées par le ou les exploitants intéressés ;
15° les artistes du spectacle et les mannequins auxquels sont reconnues applicables les dispositions des articles L. 762-1 et suivants, L. 763-1 et L. 763-2 du code du travail. Les obligations de l'employeur sont assumées à l'égard des artistes du spectacle et des mannequins mentionnés à l'alinéa précédent, par les entreprises, établissements, services, associations, groupements ou personnes qui font appel à eux, même de façon occasionnelle ;
16° les journalistes professionnels et assimilés, au sens des articles L. 761-1 et L. 761-2 du code du travail, dont les fournitures d'articles, d'informations, de reportages, de dessins ou de photographies à une agence de presse ou à une entreprise de presse quotidienne ou périodique, sont réglées à la pige, quelle que soit la nature du lien juridique qui les unit à cette agence ou entreprise ;
17° les personnes agréées qui accueillent des personnes âgées ou handicapées adultes et qui ont passé avec celles-ci à cet effet un contrat conforme aux dispositions de l'article L. 442-1 du code de l'action sociale et des familles ;

Annexe D

18° les vendeurs-colporteurs de presse et porteurs de presse, visés aux paragraphes I et II de l'article 22 de la loi n° 91-1 du 3 janvier 1991 tendant au développement de l'emploi par la formation dans les entreprises, l'aide à l'insertion sociale et professionnelle et l'aménagement du temps de travail, pour l'application du troisième plan pour l'emploi, non immatriculés au registre du commerce ou au registre des métiers ;

19° les avocats salariés, sauf pour les risques gérés par la Caisse nationale des barreaux français visée à l'article L. 723-1 à l'exception des risques invalidité-décès ;

20° les vendeurs à domicile visés au I de l'article 3 de la loi n° 93-121 du 27 janvier 1993 portant diverses mesures d'ordre social, non immatriculés au registre du commerce ou au registre spécial des agents commerciaux ;

21° les personnes qui exercent à titre occasionnel pour le compte de l'État, d'une collectivité territoriale ou d'un de leurs établissements publics administratifs, ou d'un organisme privé chargé de la gestion d'un service public à caractère administratif, une activité dont la rémunération est fixée par des dispositions législatives ou réglementaires ou par décision de justice. Un décret précise les types d'activités et de rémunérations en cause. Toutefois, ces dispositions ne sont pas applicables, sur leur demande, dans des conditions fixées par décret, aux personnes exerçant à titre principal une des professions visées à l'article L. 621-3, lorsque les activités occasionnelles visées ci-dessus en sont le prolongement ;

22° les dirigeants des associations remplissant les conditions prévues au deuxième alinéa du d du 1° du 7 de l'article 261 du code général des impôts ;

23° les présidents et dirigeants des sociétés par actions simplifiées ;

24° les administrateurs des groupements mutualistes qui perçoivent une indemnité de fonction et qui ne relèvent pas, à titre obligatoire, d'un régime de Sécurité sociale.

25° les personnes bénéficiaires d'un appui à la création ou à la reprise d'une activité économique dans les conditions définies par l'article L. 127-1 du code de commerce ;

26° les personnes mentionnées au 2° de l'article L. 781-1 du code du travail.

Qui exerce une profession libérale ?

Article L622-5

Les professions libérales groupent les personnes exerçant l'une des professions ci-après ou dont la dernière activité professionnelle a consisté dans l'exercice de l'une de ces professions :

1° médecin, chirurgien-dentiste, sage-femme, pharmacien, architecte, expert-comptable, vétérinaire ;

2° notaire, avoué, huissier de justice, commissaire priseur, syndic ou administrateur et liquidateur judiciaire, agréé, greffier, expert devant les tribunaux, courtier en valeurs, arbitre devant le tribunal de commerce, artiste non mentionné à l'article L. 382-1, ingénieur-conseil, auxiliaire médical, agent général d'assurances ;

3° et d'une manière générale, toute personne autre que les avocats, exerçant une activité professionnelle non-salariée et *qui n'est pas assimilée à une activité salariée pour l'application du livre III du présent code, lorsque cette activité ne relève pas d'une autre organisation autonome* en vertu des articles L. 622-3 [artisans], L. 622-4 [industriels et commerçants], L. 622-6 [agriculteurs] ou d'un décret pris en application de l'article L. 622-7.

Mécanisme d'affectation des caisses pour les pluriactifs

• *Assurance maladie maternité*

Article L. 615-4

Les personnes exerçant simultanément plusieurs activités dont l'une relève de l'assurance obligatoire des travailleurs non-salariés des professions non agricoles sont affiliées et cotisent simultanément aux régimes dont relèvent ces activités. Toutefois, le droit aux prestations n'est ouvert que dans le régime dont relève leur activité principale.

Lorsque l'activité salariée exercée simultanément avec l'activité principale non-salariée non agricole répond aux conditions prévues à l'article L. 313-1 pour l'ouverture du droit aux prestations en espèces maladie et maternité, les intéressés perçoivent lesdites prestations qui leur sont servies par le régime d'assurance maladie dont ils relèvent au titre de leur activité salariée.

Article R. 615-4

Est réputée exercer, à titre principal, une activité non-salariée, la personne qui exerce simultanément au cours d'une année civile, d'une part, une ou plusieurs activités non-salariées entraînant affiliation au régime d'assurance maladie et maternité des travailleurs non-salariés des professions non agricoles ou au régime de l'assurance maladie, invalidité et maternité des exploitants agricoles, d'autre part, une activité professionnelle entraînant affiliation au régime agricole des assurances sociales des salariés.

Toutefois, l'activité salariée ou assimilée est réputée avoir été son activité principale si l'intéressée justifie avoir occupé au cours de chacun des semestres de l'année de référence un emploi salarié ou assimilé pendant le temps nécessaire pour avoir droit aux prestations de l'assurance maladie dans les conditions prévues au 1° de l'article 7 du décret du 20 avril 1950 modifié, sans que le temps ainsi déterminé puisse être inférieur à 1 200 heures au cours de ladite année, et à condition qu'elle ait retiré de ce travail un revenu au moins égal à celui que lui ont procuré ses activités non-salariées ci-dessus mentionnées.

Un arrêté du ministre chargé de l'agriculture détermine les périodes assimilées à des heures de travail salarié et fixe, pour les salariés agricoles ou assimilés qui ne sont pas rémunérés à l'heure, les bases de calcul du nombre annuel d'heures de travail auquel l'activité exercée par eux est réputée correspondre.

• *Assurance vieillesse*

Article L. 622-1

Lorsqu'une personne exerce simultanément plusieurs activités professionnelles non-salariées dépendant d'organisations autonomes distinctes, elle est affiliée à l'organisation d'assurance vieillesse dont relève son activité principale. Toutefois, si l'activité agricole de cette personne n'est pas considérée comme son activité principale, elle verse à l'assurance vieillesse des personnes non-salariées agricoles une cotisation de solidarité, calculée en pourcentage des revenus professionnels du chef d'exploitation ou d'entreprise ou de l'assiette forfaitaire définis à l'article 1003-12 du code rural et dont le taux est fixé par décret.

Lorsqu'une personne a exercé simultanément plusieurs activités professionnelles non-salariées dépendant d'organisations autonomes distinctes, l'allocation est à la charge de l'organisation d'assurance vieillesse dont relevait ou aurait relevé son activité principale. Toutefois, les personnes admises à percevoir une demi-allocation agricole et une demi-allocation d'un autre régime non-salarié continueront à recevoir ces deux demi-allocations jusqu'à ce qu'elles soient appelées à percevoir une allocation intégrale de l'organisation dont relève leur activité principale.

Article L. 622-2

Lorsqu'une personne exerce simultanément une activité salariée et une activité non-salariée, elle est affiliée à l'organisation d'assurance vieillesse dont relève son activité non-salariée, même si cette activité est exercée à titre accessoire, sans préjudice de son affiliation au régime des travailleurs salariés. Lorsqu'une personne a cotisé simultanément à un régime de Sécurité sociale en tant que salariée et à un autre régime en tant que non-salariée, les avantages qui lui sont dus au titre de ses cotisations se cumulent.

Article R. 643-3

La section professionnelle à laquelle doivent être affiliées les personnes exerçant ou ayant exercé simultanément plusieurs professions libérales relevant de sections professionnelles différentes est déterminée conformément aux dispositions énumérées ci-après par ordre de priorité dans leur application :

1° lorsqu'une de leurs activités est exercée en vertu d'une nomination par l'autorité publique, elles sont affiliées à la section dont relève ladite activité ;
2° lorsque plusieurs de leurs activités sont exercées en vertu de nomination par l'autorité publique, elles sont affiliées à la section dont relève l'activité exercée en vertu de leur première nomination ; toutefois, la nomination à une charge de notaire entraîne toujours affiliation à la section des notaires, à dater de la prestation de serment en cette qualité ;
3° lorsqu'une de leurs activités relève d'un ordre professionnel institué en vertu d'une loi, elles sont affiliées à la section dont relève ladite activité ;
4° lorsque plusieurs de leurs activités relèvent d'ordres professionnels institués en vertu de lois, elles sont affiliées à la section de leur choix, parmi celles auxquelles elles pourraient être affiliées ;
5° dans tous les autres cas, elles sont affiliées à la section professionnelle de leur choix, parmi celles auxquelles elles pourraient prétendre être affiliées.

Dans les cas mentionnés aux 4° et 5° qui précèdent et à défaut de choix par la personne intéressée, son affiliation est effectuée au bénéfice de la section professionnelle la plus diligente à l'inscrire, sauf à l'intéressé à exprimer un choix dans le délai d'un mois suivant la date de réception de la lettre recommandée avec demande d'avis de réception lui ayant été adressée par ladite section pour l'informer de son affiliation d'office.

Cette affiliation prend effet à partir de la date à laquelle la personne intéressée a rempli pour la première fois les conditions utiles pour être affiliée à l'organisation autonome des professions libérales.

S'installer à son compte

Article R. 643-4

Les experts qui exercent une profession relevant d'une section professionnelle sont affiliés à ladite section même lorsque leur activité se limite uniquement à des expertises.

Article R. 643-5

Pour les personnes venant à exercer simultanément plusieurs activités mais qui, lors de leur affiliation, n'exerçaient qu'une activité, l'affiliation ainsi déterminée ne peut être changée aussi longtemps qu'elles continuent à exercer la profession sur laquelle elle a été fondée, sauf si une des nouvelles professions exercées l'est en vertu d'une nomination par l'autorité publique ou comporte l'inscription à un ordre professionnel, auxquels cas une nouvelle affiliation est déterminée conformément aux dispositions des 1°, 2°, 3° et 4° de l'article R. 643-3.

4. ARTISANAT

J.O. Numéro 79 du 3 avril 1998 page 5172, **Décret n° 98-247 du 2 avril 1998** relatif à la qualification artisanale et au répertoire des métiers [Vu la loi n° 96-603 du 5 juillet 1996 relative au développement et à la promotion du commerce et de l'artisanat, et notamment son article 16]

…

TITRE II – DU RÉPERTOIRE DES MÉTIERS

Chapitre Ier – Immatriculation au répertoire

…

Art. 7. – Sont soumises à l'obligation d'immatriculation au répertoire des métiers, en application de l'article 19-I de la loi du 5 juillet 1996 et dans les conditions prévues à cet article les activités dont la liste figure en annexe du présent décret.

ANNEXE

LISTE DES ACTIVITÉS RELEVANT DE L'ARTISANAT AVEC LEUR CORRESPONDANCE DANS LES CODES DE LA NAF

Métiers de l'alimentation

Boulangerie-pâtisserie, biscotterie-biscuiterie, pâtisserie de conservation (sauf terminaux de cuisson), 15.8 A à D/15.8 F.

Transformation de viande, boucherie, charcuterie, 15.1/52.2 C ; 52.6 D partiel : commerce de détail de viandes et produits à base de viandes sur éventaires et marchés.

Conservation et transformation des produits de la mer, poissonnerie, 15.2/52.2 E ; 52.6 D partiel : commerce de détail de poissons, crustacés et mollusques sur éventaires et marchés.

Fabrication de produits laitiers, 15.5 A à D.

Fabrication de glaces et sorbets, chocolaterie et confiserie, 15,50 F/15.8 K.

Conservation et transformation de fruits et légumes, 15.3.

Autres transformations de produits alimentaires (sauf activités agricoles et vinification), 15.4/15.6/15.7/15.8 H/15.8 M à V/15.9.

Métiers du bâtiment

Préparation des sites et terrassement, 45.1 A/45.1 B.

Maçonnerie et autres travaux de construction, 45.2 A à F/45.2 N à V.

Couverture, plomberie, chauffage, 45.2 J à L/45.3 E/45.3 F.

Menuiserie, serrurerie, 45.4 C/45.4 D.

Travaux d'installation électrique et d'isolation, 45.3 A/45.3 C/45.3 H.

Annexe D

Aménagement, agencement et finition, 45.4 A/45.4 F à M.
Location avec opérateurs de matériel de construction, 45.5.
Travaux sous-marins de forage, 45.1 D.
Activités artisanales extractives, 10.3/14 ; 13.2 Z partiel : Orpaillage.

Métiers de fabrication

Transformation des fibres, tissage, ennoblissement, 17.1/17.2/17.3.
Fabrication d'articles textiles, notamment par les couturières, les tailleurs et les modistes ; autres fabrications du textile et de la maille, 17.4/17.5/17.6/17.7/18.2.
Fabrication de vêtements en cuir et fourrure, 18.1/18.3.
Travail du cuir et fabrication de chaussures, 19.
Fabrication et réparation d'articles d'horlogerie et bijouterie, 33.5/36.2.
Fabrication d'instruments de musique, 36.3.
Fabrication d'articles de sport, de jeux et de jouets, 36.4/36.5.
Fabrication et réparation de meubles, 36.1 (sauf 36.1 K).
Travail du bois, du papier et du carton, 20/21.
Imprimerie (sauf journaux), reliure et reproduction d'enregistrements, 22.2 C/22.2 E/22.2 G/22.2 J/22.3.
Travail du verre et des céramiques, 26.1 à 3.
Fabrication de matériel agricole, de machines et d'équipements et de matériel de transport, 29/34/35.
Fabrication et réparation de machines de bureau, de matériel informatique, de machines et appareils électriques, d'équipements de radio, de télévision et de communication, 30/31/32/72.5.
Fabrication d'instruments médicaux, de précision et d'optique, 33.1 à 3 ; 33.4 À partiel : fabrication de lunettes sauf verres ; 33.4 B : fabrication d'instruments d'optique et de matériel photographique.
Transformation de matières nucléaires, 23.3.
Fabrication et transformation des métaux ; produits chimiques (sauf principes actifs, sang et médicaments), caoutchouc, matières plastiques et matériaux de construction, 24 (sauf 24.4 A, à l'exclusion de la fabrication d'édulcorants de synthèse, et 24.4 C)/25/26.4 à 8/27/28.
Taxidermie, 36.6 E partiel.
Autres fabrications diverses (sauf taxidermie), 36.6 A/36.6 C/36.6 E.
Récupération, 37.

Métiers de service

Réparation automobile, 50.2 ; 50.4 partiel : entretien et réparation de motocycles.
Cordonnerie et réparation d'articles personnels et domestiques, 52.7.
Entretien et réparation de machines de bureau et de matériel informatique, 72.5.
Blanchisserie et pressing (sauf libre-service), 93.0 A/93.0 B.
Coiffure, 93.0 D.
Soins de beauté, 93.0 E.
Réparation d'objets d'art, 36.1 K/92.3 A partiel.
Finition et restauration de meubles, dorure, encadrement, 36.1 K.
Spectacle de marionnettes, 92.3 J partiel.
Préparation de plantes et de fleurs et compositions florales, 52.4 X/52.6 E partiel.

Travaux photographiques, 74.8 A/74.8 B.
Étalage, décoration, 74.8 K partiel.
Taxis et transports de voyageurs par voitures de remise, 60.2 E.
Ambulances, 85.1 J.
Contrôle technique, 74.3 A.
Déménagement, 60.2 N.
Pose d'affiches, travaux à façon, conditionnement à façon, 74.4 A partiel ; 74.8 D ; 74.8 F partiel : travaux à façon, à l'exclusion des services de traduction et de domiciliation.
Ramonage, nettoyage, entretien de fosses septiques et désinsectisation, 74.7 ; 90.0 A partiel.
Maréchalerie, 92.7 C partiel.
Embaumement, soins mortuaires, 93.0 G partiel.
Toilettage d'animaux de compagnie, 93.0 N partiel.

5. Le test du fisc américain (Common Law Test) pour le statut d'indépendant

Il comportait au départ (1987) 25 questions, que nous reproduisons ci-dessous. Depuis la nouvelle législation (1994), cinq d'entre elles ont été jugées « moins importantes » (* au début du facteur), donnant au test son nouveau nom : « The (famous) IRS 20 Factors Test ».

Ces facteurs ne sont que des présomptions, aucun algorithme ne décidant automatiquement de la décision. C'est l'administration, puis le tribunal, qui juge de la pertinence de l'ensemble.

Bénéfices ou pertes. Un salarié ne fait jamais de bénéfices (ni de pertes) sur son employeur. Tout prestataire susceptible d'en faire est donc potentiellement un indépendant.

Travailler sur le site du client. Un indépendant est supposé apte à choisir son lieu de travail.

Offre publique de prestations. La présentation de publicités, de présence dans des annuaires, est réservée aux indépendants, pas aux salariés.

* **Droit de licenciement.** Seul un employeur peut licencier son salarié du jour au lendemain (on est aux États-Unis). Un client doit respecter les termes du contrat, sous peine de dommages et intérêts.

Propriété des outils. Comme au XVIIIe siècle, l'indépendant est propriétaire de ses outils de travail. En particulier, tout investissement professionnel à ses frais singularise l'indépendant.

Mode de paiement. Les salariés sont payés au temps passé, l'indépendant à la tâche. Si la tradition professionnelle s'y oppose (avocat, expert-comptable), elle prévaut.

* **Travail pour plusieurs clients.** Un employeur peut exiger de son salarié, même à temps partiel, de ne pas travailler pour certaines entreprises.

Continuité de la relation. Un contrat illimité est par définition un contrat de travail.

Investissements dans des équipements ou des services. Seul l'indépendant peut engager ses propres dépenses professionnelles dans ces domaines. Ceci apparaît comme une indication majeure.

Frais professionnels ou de transport. Un indépendant prend ces dépenses à sa charge. Si parfois, ils les imputent à son client, celui-ci n'a pas de droit de regard sur leurs modalités.

Annexe D

* Droit de démission. Seul un salarié peut quitter son emploi du jour au lendemain – on est aux États-Unis (bis). Un indépendant est tenu par son contrat de terminer sa prestation, sous peine de dommages et intérêts.

Directives. Facteur sans doute le plus important. Un employeur peut dicter ses ordres, oraux ou écrits, à son salarié quant à la façon dont le travail doit être réalisé. Un indépendant décide comment il remplit sa mission, et son client accepte ou refuse le résultat. Bien que cette différence ressorte parfois de la nuance délicate, elle est fondamentale dans l'appréciation de la subordination.

Séquence des opérations. Facteur très lié au facteur précédent, puisqu'il traite de la façon dont le travail est réalisé. Il précise ce facteur.

Formation. Un employeur assure la formation de son salarié, et travaille avec un indépendant justement parce que celui-ci est immédiatement opérationnel. La répétition de cette formation est une indication majeure de subordination.

Personnalisation du service. Un indépendant a la liberté de faire exécuter la mission par un de ses employés ou par un sous-traitant (sous réserve parfois de l'accord du client). Pas un salarié.

Assistant. Les contrôleurs du fisc sont toujours impressionnés lorsqu'un professionnel embauche et paye ses propres assistants (ou sous-traite ce service). C'est forcément un indépendant.

* Fixation des horaires de travail. Un indépendant est maître de ses horaires.

* Travail à plein temps. Un indépendant travaille quand et pour qui il veut.

Rapports oraux ou écrits. Un employeur peut exiger inopinément de son salarié des rapports d'avancement du travail. Un indépendant n'est responsable que de ce qui est convenu dans le contrat.

Degré d'intégration dans les opérations. Un peintre travaillant chez MacDonald's n'est pas intégré dans les opérations quotidiennes du mange-vite. Il le serait dans certaines entreprises du bâtiment.

Compétence requise. Les professionnels de faible qualification sont plus facilement considérés comme des salariés. Ils sont plus sujets à recevoir des directives de l'entreprise.

Bénéfices sociaux. Tout professionnel percevant des bénéfices sociaux (assurance maladie, indemnités journalières, retraite, congés payés… même privés) de l'entreprise est logiquement un salarié.

Recouvrement de l'impôt sur la facture. Logiquement ne concerne que les salariés. (L'impôt est retenu à la source aux États-Unis)

Intention des parties. Un contrat écrit (de travail ou de prestation) est une bonne matérialisation de cette intention.

Coutumes de la profession. Ou obligations légales, pour les vendeurs à domicile, ou certains travailleurs à domicile, par exemple.

Annexe E

La micro-entreprise, précisions

L'administration fiscale a publié trois instructions clarifiant le régime de la micro-entreprise et de la franchise en base de TVA. Au début, cela avait l'air tout simple ; après clarification, ça s'est bigrement compliqué. Et nous ne vous citerons pas tout. Résumé des instructions 4 G-2-99, 5-G-6-99 et 3 F-2-99 du 20 juillet 1999.

Vocabulaire :
1. Le fisc distingue le régime fiscal de la *micro-entreprise BIC*, le régime fiscal de la *micro-entreprise BNC* et la *franchise en base de TVA* (pas une « exonération », une « franchise en base »). Les limites de chiffre d'affaires sont identiques, mais le mécanisme peut différer sensiblement. *Cf.* CGI, micro-entreprise, *in* Annexe D, page 190.
2. Les régimes fiscaux BIC se nomment : *micro-entreprise*, *réel simplifié* (RSI), *réel normal* (RN) ou *impôt sur les sociétés* (IS) ; les régimes fiscaux BNC se nomment : *régime déclaratif spécial* (similaire à la micro-entreprise en BIC), *déclaration contrôlée*.
3. Pour les entreprises relevant du BIC, le fisc introduit une distinction subtile entre les entreprises ayant une activité principale de commerce : « vente en l'état ou après fabrication ou transformation de marchandises, objets, fournitures ou denrées à consommer ou à emporter sur place ; ou fourniture d'hébergement non exonérées de TVA, à savoir hôtels et résidences de tourisme classés ou villages de vacances classés ou établissements où il est offert, en plus de l'hébergement, des prestations parahôtelières. » Ces entreprises sont dites *commerciales*. Les autres *de prestations de services*. Vous imaginez les multiples cas particuliers (terrains de camping, établissements de spectacles…) et les activités mixtes.

Limites

Les limites de chiffres d'affaires prises en compte sont de 76 300 € pour les entreprises commerciales, de 27 000 € pour les entreprises BIC de prestations de service et de 27 000 € pour les entreprises BNC.

Ces chiffres d'affaires s'entendent *hors TVA*, au prorata de la durée d'exploitation en cas de création et de cessation d'activité en cours d'année (sauf pour les entreprises à activités saisonnières et intermittentes). On déduit des recettes brutes les « honoraires rétrocédés » à un confrère pour la sous-traitance d'une tâche particulière liée à un contrat client (BNC seulement), mais on y incorpore les frais que certains clients ont pu vous rembourser. Sont à exclure aussi toutes recettes exceptionnelles ou qui ne font que transiter chez le professionnel.

Régime fiscal micro-entreprise (régime déclaratif spécial pour les BNC)

Il n'est offert qu'aux entreprises non soumises à l'IS – et respectant les critères énoncés précédemment – ce qui exclut les SARL et les EURL ayant opté pour l'IS.

Il n'est offert qu'aux entreprises bénéficiant de la franchise en base de TVA. Si vous optez pour le paiement de celle-ci – et bénéficiez donc de la récupération de la TVA sur vos achats – vous ne pouvez plus bénéficier du régime de la micro-entreprise.

L'inverse n'est pas vrai, *cf.* le paragraphe ci-après, *la franchise en base de TVA*.

Mécanisme. Vous ne déclarez que le chiffre d'affaires sous la rubrique *ad hoc* de votre déclaration de revenus 2 042.

Mais vous devez tenir à la disposition du fisc un livre journal détaillé jour par jour (montants et origines) vos recettes professionnelles. Ainsi qu'un registre des achats de biens et de services. Le tout accompagné des factures et autres pièces justificatives.

Sur ces recettes, le fisc va appliquer forfaitaire un abattement égal à 72 % du montant si vous êtes une entreprise commerciale, 52 % une entreprise de prestations de services, 37 % une profession libérale. Aucun déficit n'est permis.

Si vous exercez des activités mixtes, vous devez présenter un résultat fractionné suivant les activités.

Centres de Gestion Agréés et Associations Agréés. Rien ne vous empêche d'y adhérer, mais vous ne bénéficiez plus de l'abattement de 20 % de votre résultat pour le calcul de vos impôts, *sauf si vous avez*, malgré un chiffre d'affaires inférieur aux limites énoncées, *opté pour un régime réel d'imposition* (RSI, RN ou déclaration contrôlée) et adhéré à une de ces structures : le fisc accepte alors l'abattement de 20 % de votre résultat et vous accorde en plus une réduction d'impôts plafonnée à 915 € pour « frais d'adhésion et de comptabilité » (Art. 193 quater B du CGI).

Franchissement des limites. Dès le dépassement des limites et jusqu'à 84 000 € ou 30 500 €, vous conservez le bénéfice de la franchise pour l'année en cours. Elle ne sera supprimée que l'année suivante. Au-delà, vous devez avertir le fisc, vous êtes redevable de la TVA reçue dès le premier jour du mois de dépassement. En contrepartie, vous pouvez alors déduire la TVA sur vos achats.

Donc, dès la limite de franchise en base de TVA dépassée, vous perdez le statut de micro-entreprise pour l'année en cours. *Attention* : si vous n'avez pas adhéré par précaution à un CGA ou une AA, il est trop tard, vous ne bénéficierez plus pour l'année en cours de l'abattement de 20 %... (Il faut adhérer avant le 1er avril pour bénéficier des avantages sur le revenu de l'année en cours.)

Entreprises nouvelles. Elles sont *d'office* placées en régime de micro-entreprise. Vous pouvez cependant opter, lors de l'immatriculation, pour un autre régime. Adhérez aussitôt à un CGA ou une AA : vous avez en effet trois mois après la création de l'entreprise pour que l'adhésion porte ses effets sur le revenu de l'année en cours.

Renonciation au régime de la micro-entreprise. Considérant le faible abattement réalisé par le fisc (37 % comparés aux 50 % de charges couramment atteintes par un freelance BNC), vous pouvez opter pour un autre régime fiscal. Cette option doit être signifiée au fisc avant le 30 avril pour l'imposition des revenus de l'année précédente (avant le 1er février de l'année en cours pour en bénéficier sur les revenus de celle-ci, si vous êtes BIC). Elle est valable pour cinq ans et tacitement reconductible. Après les cinq ans, la renonciation à l'option doit être formulée par écrit avant le 1er février de l'année suivant la fin de la période de cinq ans.

Franchise en base de TVA (art. 293 B du CGI)

Les limites sont les mêmes que pour le régime de la micro-entreprise, sauf un cas particulier pour les avocats, les « auteurs d'œuvre de l'esprit » et les artistes interprètes, pour lesquels la limite est repoussée à 37 400 €.

À la différence du régime de la micro-entreprise, cette franchise est offerte à toutes les entreprises, quelle que soit leur structure juridique : entreprise individuelle, SARL, EURL, SA, association.

Mécanisme. Vous libellez vos factures en montants Hors Taxes, en indiquant sur le document : « TVA non applicable, article 293 B du CGI » sous peine d'une amende fiscale de 7,5 € (art. 1784 du CGI) par infraction constatée. Vous devez tenir à la disposition du fisc les mêmes documents que pour le régime de la micro-entreprise : journal des recettes et registre des achats.

Franchissement des limites. Dès le dépassement des limites et jusqu'à 84 000 ou 30 500 €, vous conservez le bénéfice de la franchise pour l'année en cours. Elle ne sera supprimée que l'année suivante. Au-delà, vous devez avertir le fisc, vous êtes redevable de la TVA reçue dès le premier jour du mois de dépassement. En contrepartie, vous pouvez alors déduire la TVA sur vos achats.

Ne bénéficiant plus de la franchise de TVA, vous êtes exclu du régime de la micro-entreprise pour toute l'année en cours.

Renonciation. Vous pouvez renoncer, par écrit, à la franchise à tout moment, elle prendra fin au début du mois de votre choix. L'option durera jusqu'au 31 décembre de l'année suivante, puis sera tacitement renouvelable.

Entreprises nouvelles. Sauf option pour l'imposition à la TVA lors de l'immatriculation, toute entreprise nouvelle bénéficie *d'office* de la franchise jusqu'à franchissement de la limite de 76 300 ou de 27 000 €. Sinon, le chiffre d'affaires réalisé sera comparé aux limites ajustées *prorata temporis* le 1er janvier de l'année suivante. S'il les dépasse, plus de franchise.

Il faut donc impérativement que les créateurs d'entreprise indiquent sur le formulaire de création leur souhait de renonciation à cette franchise pour pouvoir déduire la TVA sur leurs achats, y compris ceux antérieurs à la création proprement dite (achats en vue de la création d'entreprise).

Conclusion

Le mécanisme de la micro-entreprise et de la franchise en base de TVA est redoutable pour ceux qui ne souhaitent pas en bénéficier. Comme il est appliqué d'office par le fisc, il faut être attentif aux mécanismes tant que son chiffre d'affaires est en dessous des limites prévues.

Rappelons les inconvénients de ces deux régimes, contrepartie bien sûr de leurs avantages (surtout de simplification administrative) :

- pas de possibilité de récupérer la TVA sur les achats, alors que les clients (entreprises) n'attachent aucune importance à la TVA de vos factures, qu'elles « récupèrent » (sauf à travailler avec des particuliers) ;
- abattement de 37 % pour les professions libérales, alors qu'en moyenne les charges atteignent environ 52 % du chiffre d'affaires ;

Annexe E

- pas de déficit possible ;
- pas d'abattement de 20 % du résultat lors du calcul de vos impôts en cas d'adhésion à une Association Agréée ou un Centre de Gestion Agréé, ni de réduction d'impôts ;
- image négative donnée à vos clients (à moins d'avoir une bonne raison de n'obtenir qu'un faible chiffre d'affaires).

À vous de choisir.

Annexe F

Artiste/auteur

DÉFINITION DE L'ŒUVRE DE L'ESPRIT
Code de la propriété intellectuelle

Article L. 112-2

(Loi n° 94-361 du 10 mai 1994 art. 1 Journal Officiel du 11 mai 1994)

Sont considérés notamment[1] comme œuvres de l'esprit au sens du présent code :
- 1° Les livres, brochures et autres écrits littéraires, artistiques et scientifiques ;
- 2° Les conférences, allocutions, sermons, plaidoiries et autres œuvres de même nature ;
- 3° Les œuvres dramatiques ou dramatico-musicales ;
- 4° Les œuvres chorégraphiques, les numéros et tours de cirque, les pantomimes, dont la mise en œuvre est fixée par écrit ou autrement ;
- 5° Les compositions musicales avec ou sans paroles ;
- 6° Les œuvres cinématographiques et autres œuvres consistant dans des séquences animées d'images, sonorisées ou non, dénommées ensemble œuvres audiovisuelles ;
- 7° Les œuvres de dessin, de peinture, d'architecture, de sculpture, de gravure, de lithographie ;
- 8° Les œuvres graphiques et typographiques ;
- 9° Les œuvres photographiques et celles réalisées à l'aide de techniques analogues à la photographie ;
- 10° Les œuvres des arts appliqués ;
- 11° Les illustrations, les cartes géographiques ;
- 12° Les plans, croquis et ouvrages plastiques relatifs à la géographie, à la topographie, à l'architecture et aux sciences ;
- 13° Les logiciels, y compris le matériel de conception préparatoire ;
- 14° Les créations des industries saisonnières de l'habillement et de la parure. Sont réputées industries saisonnières de l'habillement et de la parure les industries qui, en raison des exigences de la mode, renouvellent fréquemment la forme de leurs produits, et notamment la couture, la fourrure, la lingerie, la broderie, la mode, la chaussure, la ganterie, la maroquinerie, la fabrique de tissus de haute nouveauté ou spéciaux à la haute couture, les productions des paruriers et des bottiers et les fabriques de tissus d'ameublement.

Article L. 112-3

(Loi n° 96-1106 du 18 décembre 1996 art. 1 Journal Officiel du 19 décembre 1996)
(Loi n° 98-536 du 1 juillet 1998 art. 1 Journal Officiel du 2 juillet 1998)

Les auteurs de traductions, d'adaptations, transformations ou arrangements des œuvres de l'esprit jouissent de la protection instituée par le présent code sans préjudice

---

[1] La présence de l'adverbe « notamment » ne permet pas d'exclure *a priori* les autres…

des droits de l'auteur de l'œuvre originale. Il en est de même des auteurs d'anthologies ou de recueils d'œuvres ou de données diverses, tels que les bases de données, qui, par le choix ou la disposition des matières, constituent des créations intellectuelles.

On entend par base de données un recueil d'œuvres, de données ou d'autres éléments indépendants, disposés de manière systématique ou méthodique, et individuellement accessibles par des moyens électroniques ou par tout autre moyen.

BÉNÉFICE DE LA PROTECTION SOCIALE
Code de la Sécurité sociale

Article R. 382-1

(Décret n° 94-1147 du 27 décembre 1994 art. 1 Journal Officiel du 29 décembre 1994)

(Décret n° 99-1049 du 15 décembre 1999 art. 7 IV Journal Officiel du 16 décembre 1999 en vigueur le 1er janvier 2000)

(Décret n° 2001-644 du 18 juillet 2001 art. 1 Journal Officiel du 20 juillet 2001)

Sont affiliées aux assurances sociales prévues au chapitre II du titre VIII du livre III (partie législative) et à l'article R. 382-2 les personnes mentionnées à l'article L. 382-1 qui, au cours de la dernière année civile, ont tiré de leur activité d'artiste-auteur un revenu d'un montant au moins égal à 900 fois la valeur horaire moyenne du salaire minimum de croissance en vigueur pour l'année civile considérée, évalué conformément aux dispositions de l'article L. 382-3.

Un artiste-auteur qui ne remplit pas les conditions de ressources visées au premier alinéa peut être affilié aux assurances sociales prévues au présent chapitre s'il fait la preuve devant la commission compétente prévue à l'article L. 382-1 qu'il a exercé habituellement l'une des activités relevant du présent chapitre durant la dernière année civile.

Les dispositions des deux alinéas précédents s'appliquent sous réserve des mesures particulières qui concernent les auteurs d'œuvres photographiques aux termes des dispositions de l'article L. 382-1.

Lorsqu'un artiste-auteur affilié aux assurances sociales prévues au présent chapitre a retiré de son activité d'artiste, au cours d'une année civile, un montant de ressources inférieur à 900 fois la valeur horaire moyenne du salaire minimum de croissance, son affiliation peut être maintenue par la caisse primaire d'assurance maladie, après avis de la commission prévue à l'article L. 382-1.

La radiation est prononcée par la caisse primaire d'assurance maladie à l'issue de cinq années successives de maintien de l'affiliation lorsque l'artiste-auteur a tiré chaque année de son activité d'artiste un montant de ressources inférieur à 450 fois la valeur horaire moyenne du salaire minimum de croissance en vigueur pour chaque année considérée. Le maintien peut cependant être exceptionnellement prolongé sur proposition motivée du directeur de l'organisme agréé compétent ou du médecin-conseil de la caisse.

Article R. 382-2

(Décret n° 94-1147 du 27 décembre 1994 art. 2 Journal Officiel du 29 décembre 1994)

(Décret n° 2001-644 du 18 juillet 2001 art. 2 Journal Officiel du 20 juillet 2001)

Entrent dans le champ d'application du présent chapitre les personnes dont l'activité, relevant des articles L. 112-2 ou L. 112-3 du

code de la propriété intellectuelle, se rattache à l'une des branches professionnelles suivantes :
1° Branche des écrivains :
- auteurs de livres, brochures et autres écrits littéraires et scientifiques,
- auteurs de traductions, adaptations et illustrations des œuvres précitées,
- auteurs d'œuvres dramatiques,
- auteurs d'œuvres de même nature enregistrées sur un support matériel autre que l'écrit ou le livre ;
2° Branche des auteurs et compositeurs de musique :
- auteurs de composition musicale avec ou sans paroles,
- auteurs d'œuvres chorégraphiques et pantomimes ;
3° Branche des arts graphiques et plastiques : auteurs d'œuvres originales graphiques et plastiques telles que celles définies par les alinéas 1° à 6° du II de l'article 98 A de l'annexe III du code général des impôts ;
4° Branche du cinéma et de la télévision : auteurs d'œuvres cinématographiques et audiovisuelles, quels que soient les procédés d'enregistrement et de diffusion ;
5° Branche de la photographie : auteurs d'œuvres photographiques ou d'œuvres réalisées à l'aide de techniques analogues à la photographie.

Code général des impôts, annexe 3, art. 98 A, II-1° à 6°

Article 98 A

(inséré par décret n° 95-172 du 17 février 1995 art. 1 à 4 Journal Officiel du 18 février 1985)

II. Sont considérées comme œuvres d'art les réalisations ci-après :
1° Tableaux, collages et tableautins similaires, peintures et dessins, entièrement exécutés à la main par l'artiste, à l'exclusion des dessins d'architectes, d'ingénieurs et autres dessins industriels, commerciaux, topographiques ou similaires, des articles manufacturés décorés à la main, des toiles peintes pour décors de théâtres, fonds d'ateliers ou usages analogues ;
2° Gravures, estampes et lithographies originales tirées en nombre limité directement en noir ou en couleurs, d'une ou plusieurs planches entièrement exécutées à la main par l'artiste, quelle que soit la technique ou la matière employée, à l'exception de tout procédé mécanique ou photomécanique ;
3° A l'exclusion des articles de bijouterie, d'orfèvrerie et de joaillerie, productions originales de l'art statuaire ou de la sculpture en toutes matières dès lors que les productions sont exécutées entièrement par l'artiste ; fontes de sculpture à tirage limité à huit exemplaires et contrôlé par l'artiste ou ses ayants droit ;
4° Tapisseries et textiles muraux faits à la main, sur la base de cartons originaux fournis par les artistes, à condition qu'il n'existe pas plus de huit exemplaires de chacun d'eux ;
5° Exemplaires uniques de céramique, entièrement exécutés par l'artiste et signés par lui ;
6° Émaux sur cuivre, entièrement exécutés à la main, dans la limite de huit exemplaires numérotés et comportant la signature de l'artiste ou de l'atelier d'art, à l'exclusion des articles

de bijouterie, d'orfèvrerie et de joaillerie ;
7° Photographies prises par l'artiste, tirées par lui ou sous son contrôle, signées et numérotées dans la limite de trente exemplaires, tous formats et supports confondus.

ARTISTES DU SPECTACLE
Code du Travail

Article L. 762-1

(Inséré par Loi n° 73-4 du 2 janvier 1973 Journal Officiel du 3 janvier 1973)

Tout contrat par lequel une personne physique ou morale s'assure, moyennant rémunération, le concours d'un artiste du spectacle en vue de sa production, est présumé être un contrat de travail dès lors que cet artiste n'exerce pas l'activité, objet de ce contrat, dans des conditions impliquant son inscription au registre du commerce.

Cette présomption subsiste quels que soient le mode et le montant de la rémunération, ainsi que la qualification donnée au contrat par les parties. Elle n'est pas non plus détruite par la preuve que l'artiste conserve la liberté d'expression de son art, qu'il est propriétaire de tout ou partie du matériel utilisé ou qu'il emploie lui-même une ou plusieurs personnes pour le seconder, dès lors qu'il participe personnellement au spectacle.

Sont considérés comme artistes du spectacle, notamment l'artiste lyrique, l'artiste dramatique, l'artiste chorégraphique, l'artiste de variétés, le musicien, le chansonnier, l'artiste de complément, le chef d'orchestre, l'arrangeur-orchestrateur et, pour l'exécution matérielle de sa conception artistique, le metteur en scène.

Le contrat de travail doit être individuel. Toutefois, il peut être commun à plusieurs artistes lorsqu'il concerne des artistes se produisant dans un même numéro ou des musiciens appartenant au même orchestre. Dans ce cas, le contrat doit faire mention nominale de tous les artistes engagés et comporter le montant du salaire attribué à chacun d'eux. Ce contrat de travail peut n'être revêtu que de la signature d'un seul artiste, à condition que le signataire ait reçu mandat écrit de chacun des artistes figurant au contrat. Conserve la qualité de salarié l'artiste contractant dans les conditions précitées.

Article D. 121-2

(Décret n° 82-196 du 26 février 1982 Journal Officiel du 27 février 1982)
(Décret n° 83-223 du 22 février 1983 art. 2 Journal Officiel du 25 mars 1983)
(Décret n° 83-223 du 22 mars 1983 art. 1 Journal Officiel du 25 mars 1983)
(Décret n° 85-389 du 27 mars 1985 art. 1 Journal Officiel du 2 avril 1985)
(Décret n° 86-1387 du 31 décembre 1986 art. 1 II Journal Officiel du 4 janvier 1987)
(Décret n° 87-303 du 30 avril 1987 art. 7 Journal Officiel du 3 mai 1987)
(Décret n° 92-18 du 6 janvier 1992 art. 7 Journal Officiel du 8 janvier 1992)

En application de l'article L. 122-1-1 (3°), les secteurs d'activité dans lesquels des contrats à durée déterminée peuvent être conclus pour les emplois pour lesquels il est d'usage constant de ne pas recourir au contrat à durée indéterminée en raison de la nature de l'activité exercée et du caractère par nature temporaire de ces emplois sont les suivants :

…

Les spectacles ;
L'action culturelle ;

L'audiovisuel ;
L'information ;
La production cinématographique ;
L'édition phonographique.

PROTECTION SOCIALE
Code de la Sécurité sociale

Article L. 311-2

Sont affiliées obligatoirement aux assurances sociales du régime général, quel que soit leur âge et même si elles sont titulaires d'une pension, toutes les personnes quelle que soit leur nationalité, de l'un ou de l'autre sexe, salariées ou travaillant à quelque titre ou en quelque lieu que ce soit, pour un ou plusieurs employeurs et quels que soient le montant et la nature de leur rémunération, la forme, la nature ou la validité de leur contrat.

Article L. 311-3

(Loi n° 89-475 du 10 juillet 1989
art. 7 II Journal Officiel du 12 juillet 1989)

(Loi n° 91-1 du 3 janvier 1991
art. 22 III Journal Officiel du 5 janvier 1991)

(Loi n° 90-1259 du 31 décembre 1990
art. 35 I Journal Officiel du 5 janvier 1991
en vigueur le 1er janvier 1992)

(Loi n° 91-1406 du 31 décembre 1991
art. 26 VI, V Journal Officiel du
4 janvier 1992 en vigueur le 1er janvier 1992)

(Loi n° 93-121 du 27 janvier 1993
art. 3 II Journal Officiel du 30 janvier 1993
en vigueur le 1er janvier 1993)

(Loi n° 94-126 du 11 février 1994
art. 36 Journal Officiel du 13 février 1994)

(Loi n° 98-1194 du 23 décembre 1998
art. 15 Journal Officiel du 27 décembre 1998)

(Loi n° 2001-1246 du 21 décembre 2001
art. 7 I, art. 9 I Journal Officiel
du 26 décembre 2001)

(Loi n° 2002-73 du 17 janvier 2002
art. 51 II Journal Officiel du 18 janvier 2002)

Sont notamment compris parmi les personnes auxquelles s'impose l'obligation prévue à l'article L. 311-2, même s'ils ne sont pas occupés dans l'établissement de l'employeur ou du chef d'entreprise, même s'ils possèdent tout ou partie de l'outillage nécessaire à leur travail et même s'ils sont rétribués en totalité ou en partie à l'aide de pourboires :

…

15° les artistes du spectacle et les mannequins auxquels sont reconnues applicables les dispositions des articles L. 762-1 et suivants, L. 763-1 et L. 763-2 du code du travail.
Les obligations de l'employeur sont assumées à l'égard des artistes du spectacle et des mannequins mentionnés à l'alinéa précédent, par les entreprises, établissements, services, associations, groupements ou personnes qui font appel à eux, même de façon occasionnelle.

…

Liste des métiers de techniciens et ouvriers du spectacle

Comportant plusieurs pages, cette liste peut être consultée sur le site suivant :
http://web.culture.fr/culture/paca/emploi/intermittents/fp5.pdf

Annexe G

Combien ça coûte ?
(Pour ceux qui aiment aller au fond des choses)

Les chiffres (taux, plafonds, forfaits, etc.) sont ceux en vigueur au 1er janvier 2004.

HYPOTHÈSES DE DÉPART
Recettes encaissées :
- Année A (début 1er janvier) : 15 000 €
- Année A + 1 : 30 000 €
- Année A + 2 : 45 000 €
- Année A + 3 : 60 000 €
- Année A + 4 : 70 000 €
- Année A + 5 : 50 000 €

(La variable N étant généralement utilisée pour signifier l'année en cours, nous avons choisi de symboliser les années de notre exemple par A, A + 1, etc.)

Adhésion à une Association Agréée (abattement de 20 % sur le revenu net imposable) Calcul de l'impôt : célibataire sans enfant, 1 part.

Frais d'exploitation
Fixés arbitrairement à 25 % du total des recettes.

Protection sociale
Retraite complémentaire : pas de demande de bénéficier de la classe supérieure.

Invalidité-décès : classe A pour commencer, classe B dès la troisième année, classe C la cinquième.

Assurances complémentaires (santé, indemnités journalières, retraite) : fixées arbitrairement à 500 € la première année, 4 000 € par an les suivantes.

Calcul des cotisations sociales
Année A et A + 1
Application des forfaits.

Allocations familiales
Année A
La cotisation du premier trimestre est payée le 15 mai : assiette forfaitaire (6 258 €) multipliée par 5,4 % et divisée par 4 = 84 €.

Les cotisations des trimestres suivants, identiques, sont payées le 15 août, le 15 novembre puis le 15 février de l'année suivante.

Total de l'année A : $3 \times 84 = 252$ € (253 avec les arrondis).

Année A + 1
Les cotisations des premiers et deuxièmes trimestres sont payées le 15 mai et le 15 août.

Leur assiette a augmenté : 9 387 €. Multipliée par 5,4 % et divisée par 4 = 127 €.

Au troisième trimestre (paiement le 15 novembre), l'URSSAF régularise la cotisation en fonction de l'assiette réelle de l'année A et ajoute la moitié de cette régularisation à la cotisation provisionnelle.

Dans notre exemple :
$(8\,864 - 6\,258) \times 5{,}4\,\%/2 = 70$ €

Total de l'année A + 1 : $84 + 127 + 127 + (127 + 70) = 535$ €.

S'installer à son compte

Tableau 2

	Années		A		A + 1		A + 2	
	Euros	Début activité au 1ᵉʳ janvier						
A	**Chiffre d'affaires *encaissé***		15 000		30 000		45 000	
B	Frais d'exploitation (25 %)		3 750	25 %	7 500	25 %	11 250	25
		Forfaits, un semestre						
C	AF	253			535		832	
D	CSG déductible	239			566		964	
D'	CSG non déductible/CRDS	136			322		548	
E	Formation professionnelle	0			45		45	
F	Assurance maladie maternité	559			695		1 903	
G	Retraite base*	538			794		762	
H	Retraite complémentaire*	720			720		720	
I	Invalidité-décès*	76			76		228	
J	Cotisations sociales obligatoires (C+D+D'+E+F+G+H+I)		2 522	17 %	3 752	13 %	6 002	13
K	Assiette des cotisations sociales obligatoires (N+M)	8 864			19 070		28 296	
L	Revenu net pour le calcul de la CSG/CRDS (N+M+J–D')	11 250			22 500		33 750	
M	Protection sociale facultative		500	3 %	4 000	13 %	4 000	9
N	Revenu net imposable (A–B–J–M+D')		8 364	56 %	15 070	50 %	24 296	54
O	Après abattement de 20 %		6 691		12 056		19 437	
P	Impôt direct pour un célibataire sans enfant, 1 part		Payé l'année suivante		166	1 %	985	2
Q	**Gains nets après impôts**		**8 228**	**55 %**	**14 582**	**48 %**	**22 764**	**51**

Les pourcentages indiqués sont relatifs au chiffre d'affaires.
* Cotisation recouvrée par la CIPAV, pas d'abattements demandés
Tous les calculs (cotisations, contributions et impôts) sont effectués à partir des taux, plafonds et forfaits de l'année 2004. Dans la réalité bien sûr, les taux et plafonds changent chaque année.

Annexe G

	A + 3		A + 4		A + 5	
					Baisse des recettes !	
	60 000		70 000		50 000	
	15 000	25 %	17 500	25 %	12 500	25 %
1 417			1 902		2 305	
1 578			2 152		2 630	
897			1 223		1 495	
45			45		45	
1 848			2 392		2 728	
1 640			1 844		1 973	
720			720		1 440	
228			228		380	
	8 372	14 %	10 506	15 %	12 996	26 %
37 525			43 218		26 000	
45 000			52 500		37 500	
	4 000	7 %	4 000	6 %	4 000	8 %
	33 525	56 %	39 218	56 %	22 000	44 %
	26 820		31 374		17 600	
	2 825	5 %	5 178	7 %	6 881	14 %
	29 803	**50 %**	**32 816**	**47 %**	**13 624**	**27 %**

Assiette de la cotisation = ligne K, taux = 5,4 %, recouvrement annuel en 4 fractions :
(25 % de la cot. A) + (25 % de la cot. A + 1) +
(25 % de la cot. A + 1) + (25 % de la cot. A + 1)
+ 50 % de la régularisation (cot. A + 1 – cot. A)
+ 50 % de la régularisation (cot. A + 2 – cot. A + 1)

Assiette de la cotisation = ligne L, taux = 5,1 %, recouvrement annuel en 4 fractions :
(25 % de la cot. A) + 50 % de la régularisation
(cot. A + 1 – cot. A) + (25 % de la cot. A + 1)
+ (25 % de la cot. A + 1) + (25 % de la cot. A + 1)
+ 50 % de la régularisation (cot. A + 2 – cot. A + 1)

Assiette de la cotisation = ligne L, taux = 2,9 %, recouvrement annuel en 4 fractions :
(25 % de la cot. A) + 50 % de la régularisation
(cot. A + 1 – cot. A)) + (25 % de la cot. A + 1)
+ (25 % de la cot. A + 1) + (25 % de la cot. A + 1)
+ 50 % de la régularisation (cot. A + 2 – cot. A + 1)

Contribution : 0,15 % du PSS

Assiette = ligne K, taux = 6,5 % jusqu'à PSS, 5,9 % au-delà jusqu'à 5 × PSS (cot. A + 2)

Assiette = ligne K, taux proportionnel = 8,6 % jusqu'à 25 255 €, 1,6 % au-delà jusqu'à 148 560 € (cot. A + 1)

Classe I

Classe B

Assiette = ligne O année précédente

« À moins d'être en état d'ébriété avancée, on ne risque pas
de voir les prélèvements baisser. »
E. Landormy

S'installer à son compte

La cotisation du quatrième trimestre, identique, sera payée le 15 février de l'année suivante.

CSG/CRDS

À titre d'exercice, faites le calcul (identique) vous-même, en tenant compte que le taux (CSG + CRDS) est de 8 % et que l'assiette, identique lors des forfaits, est basée au réel sur la ligne L du tableau (et non K où se trouve l'assiette des autres cotisations).

La partie déductible correspond au taux de 5,1 % et la partie non déductible à 2,4 %. La CRDS, au taux de 0,5 % est non déductible.

Formation professionnelle

Elle n'est payée que le 15 février de l'année A + 1. Montant : 0,15 % du plafond annuel de la Sécurité sociale (29 712 × 0,15 % = 45 €).

Maladie maternité

Année A

Rappel : l'année « CANAM » court du 1er avril d'une année au 31 mars de l'année suivante.

La première échéance tombera 90 jours après l'enregistrement : 1er mai (au lieu de 1er avril les années suivantes). Elle porte sur le premier trimestre (1er janvier A au 31 mars A) : 6 258 * 6,5 % * 90/365 = 100 €, plus une provision pour les 2e et 3e trimestres A : 6 258 * 6,5 % * 183/365 = 204 €. Total : 304 €. Deuxième appel : l'année « CANAM » (du 1er avril A au 31 mars A + 1) est divisée en deux : la cotisation du 1er avril au 31 décembre A, basée sur l'assiette 6 258 € : 6 258 * 6,5 % * 275/365 = 306 €, celle du 1er janvier au 31 mars A + 1 sur l'assiette forfaitaire 9 387 € :

9 387 × 6,5 % * 91/365 = 152 €. On y retranche le montant de la provision versée lors du premier appel (204 €). Total du deuxième appel : 306 + 152 – 204 = 254 €.

Année A + 1

La première échéance de l'année A + 1 tombe le 1er avril, elle correspond à une provision sur les six prochains mois (1er avril au 31 septembre) basée sur l'assiette forfaitaire de la deuxième année, 9 387 € : 9 387 * 6,5 % * 183/365 = 306 €.

La deuxième est plus complexe : elle comporte un ajustement sur l'année CANAM en cours (1er avril A + 1 à 31 mars A + 2) en fonction de l'assiette réelle de l'année A (8 864 €), soit 8 864 * 6,5 % = 576 € moins la provision versée le 1er avril, 306 €. Ajustement : 576 – 306 = 270 €. S'y rajoute la régularisation de l'année A (1er avril A au 31 mars A + 1) en fonction de l'assiette réelle, 8 864 €. Vous auriez dû payer 8 864 * 6,5 % = 576 €, vous n'avez réellement payé que 204 + 254 (cotisations payées en année A pour la période allant du 1er avril A au 31 mars A + 1) = 458 €, vous devez donc 576– 458 = 118 €. Total du deuxième appel : 270 + 118 = 388 €.

Total de l'année A + 1 : 306 + 388 = 694 € (695 en tenant compte des arrondis).

Retraite de base (CIPAV)

Année A

Forfait première année : 538 €.

Année + 1

Forfait deuxième année : 794 €.

● *Retraite complémentaire*

Sans abattement demandé (afin d'acquérir 4 points par an), le montant de la cotisation de classe 1 est de 720 €.

Annexe G

• *Invalidité-décès*

Classe A obligatoirement la première année = 76 €.

L'année suivante, vous pouvez choisir une classe supérieure. Mais il vaut peut-être mieux attendre des jours meilleurs. Total année A + 1 = 76 €.

À partir de A + 2
• *Allocations familiales*

Le paiement de la première échéance de l'année A + 2 (15 février) correspond à la cotisation due pour le 4e trimestre de l'année A + 1 : 197 € (*cf.* plus haut).

À partir de la deuxième échéance (15 mai, correspondant au premier trimestre de l'année A + 2), on rentre dans le calcul courant. Le montant de cette échéance, ainsi que celui de la troisième (15 août), est égal à l'assiette des cotisations sociales de l'année A, multipliée par le taux (5,4 %), divisé par quatre. Soit 8 864 × 5,4 %/4 = 120 €.

La quatrième échéance (15 novembre) se corse : on va entamer la régularisation concernant l'année A + 1. Dans ce but, on commence par calculer la différence entre l'assiette A + 1 et l'assiette A, que l'on multiplie par le taux (5,4 %), et que l'on divise par deux pour appliquer la régularisation sur deux échéances. Soit (19 070 – 8 864) × 5,4 %/2 = 276 €. On y rajoute ensuite les 120 € calculés pour les échéances précédentes.

Au total, on a donc une échéance reprise de l'année A + 1, plus trois échéances issues de l'assiette de l'année A, plus une moitié de la régulation A + 1 par rapport à A. Soit : 197 + 120 + 120 + (120 + 276) = 833 (832 en tenant compte des arrondis).

Même calcul pour les années suivantes.

• *CSG/CRDS*

Le mécanisme est rigoureusement similaire à celui des allocations familiales, aux taux près (5,1 % pour la partie déductible, 2,9 % pour la partie non déductible) et à l'assiette (ligne L au lieu de K : réintégration des cotisations sociales obligatoires).

• *Formation professionnelle*

Pas de surprise, puisque le calcul est le même que pendant les premières années, *cf.* plus haut.

• *Maladie maternité*

Le mécanisme est simple : la première échéance (1er avril) est une provision sur les six prochains mois (1er avril au 31 septembre) basée sur le revenu de l'année N-2. La deuxième (1er octobre) prend en compte l'assiette de l'année précédente, multipliée par le taux : 6,5 % jusqu'au PSS (29 712 €) ; 5,9 % ensuite jusqu'à cinq fois le plafond (148 560 €), moins la provision versée en avril.

La troisième année (A + 2) applique directement ce mécanisme. Première échéance, assiette A, cotisation provisionnelle pour six mois : 8 864 × 6,5 % × 183/365 = 289 €. Deuxième échéance, assiette A+1, cotisation de l'année moins la provision versée en avril : 19 070 × 6,5 % – 289 = 951 € ; plus la régularisation de l'année précédente, ce qui aurait dû être payé moins ce qui a réellement été payé pour la période : 19 070 × 6,5 % – 576 = 664 €. Total de l'année : 289 + 951 + 664 = 1 904 €.

Les années suivantes, en simplifiant, on calcule directement la cotisation à partir de l'assiette de l'année précédente, mais en tenant compte, éventuellement, du seuil du

PSS (29 712 €) pour appliquer le taux : 6,5 % en dessous, 5,9 % au-dessus.

Retraite de base

Elle est basée sur l'assiette de l'année N-2, ce qui permet de calculer les cotisations dès le 1er janvier. Calcul : assiette N-2 × 8,6 % jusqu'à 25 225 €, 1,6 % ensuite jusqu'à 148 506 €.

Retraite complémentaire

Option pour la classe 2 en (N+5) : 1 440 €.

Invalidité-décès

Le choix est laissé de la classe de cotisation. Il a été choisi la classe A (76 €) les années A et A + 1, la classe B (228 €) ensuite, la classe C (380 €) l'année A + 5 alors que les affaires semblaient bien marcher.

CALCUL DES ASSIETTES ET DU REVENU NET IMPOSABLE

Les assiettes de cotisations sociales obligatoires sont simples à calculer : résultat net imposable plus cotisations sociales facultatives payées dans l'année. Pour l'assiette de la CSG/CRDS, il faut y réintégrer en plus les cotisations sociales obligatoires.

Les primes des assurances complémentaires (santé, prévoyance, retraite) ont été évaluées largement, à 4 000 € les années courantes, et 500 € la première année. Elles sont déductibles du revenu net imposable mais pas de l'assiette des cotisations sociales obligatoires.

Le revenu net imposable est ensuite la différence entre les recettes et toutes ces dépenses d'exploitation : frais d'exploitation, cotisations sociales obligatoires et facultatives. Sauf pour la CSG/CRDS dont une partie seulement est déductible : il faut donc réintégrer la partie non déductible dans la sommation.

Sur ce revenu net imposable, le fisc va procéder à un abattement de 20 % si vous adhérez à une Association Agréée. Le calcul direct de l'impôt suit les règles habituelles. N'oubliez pas cependant que vous payez l'impôt l'année suivant l'obtention des revenus.

COMMENTAIRES

TVA

Certains s'étonneront de ne pas voir apparaître la Taxe sur la Valeur Ajoutée dans cet exemple. Le mécanisme est pourtant simple, la TVA étant strictement neutre pour la comptabilité du freelance : il la récupère auprès de ses clients, la verse à ses fournisseurs, et rembourse (se fait rembourser, le cas échéant) la différence au (par le) fisc. Qu'il exerce en micro-entreprise exonérée de TVA ne change rien à l'affaire, sinon qu'il impute ses achats TTC, et qu'il émet des factures HT. Il n'y a donc aucune rubrique « TVA » dans une gestion de freelance.

Protection sociale

Le tableau met en évidence une erreur souvent commise par les contempteurs des « charges sociales » : le taux de celles-ci n'est pas à prendre dans l'absolu (40 à 50 %, annoncent-ils), mais relativement à leur assiette, laquelle ne représente que 50 à 60 % des recettes du freelance. On voit donc que, même dans les années les plus défavorables (chute du chiffre d'affaires), elles n'atteignent qu'au pire 26 % des recettes. En règle générale, elles se situent plutôt entre 17 et 18 %. Elles sont plus faibles

Annexe G

dans notre cas du fait de la croissance soutenue (+ 100 %, + 50 %, + 33 %, + 17 %… quelle envolée !).

La protection sociale facultative, que nous avons quelque peu exagérée dans notre exemple, se situe, elle, aux alentours de 5 % de ces recettes.

Que se passe-t-il dans les pays où les « charges sociales » sont faibles (Irlande, Grande-Bretagne, États-Unis, etc.) ? Les proportions y sont simplement inversées : les charges obligatoires étant faibles ne procurent qu'une protection proportionnelle. Le freelance est dans l'obligation, s'il veut se protéger et protéger ses proches des aléas de santé, et préparer une retraite confortable, de cotiser lui-même à des assurances complémentaires.

Le résultat est similaire, sauf à précariser le freelance qui ne prendrait pas les précautions nécessaires. Statistiquement, cette dernière attitude est suicidaire.

Variation des recettes

Le risque majeur encouru par le freelance, on le voit, est la variation brutale des recettes d'une année sur l'autre. Le mécanisme de paiement des charges et des impôts (sans compter les taxes professionnelles et autres qui sont camouflées dans les « frais d'exploitation » de notre exemple) avec une ou deux années de décalage entraîne une chute brutale des revenus nets après impôts à la première diminution des recettes. Surtout compte tenu de la progressivité des impôts directs.

Pire sans doute est l'euphorie qui peut gagner le freelance dont les recettes augmentent d'une année sur l'autre. Durant cette phase, il paye en effet des cotisations, taxes et impôts basés sur des revenus plus faibles que ceux de l'année des bonnes recettes… Dure sera la chute !

Deux moyens seulement pourraient remédier à cette situation : le lissage des revenus sur une certaine période (trois ans par exemple, c'est une opportunité offerte aux agriculteurs) ou la possibilité de mettre en réserve une partie des bénéfices d'une année. Les sommes ainsi économisées seraient soumises à un impôt forfaitaire (à l'égal de l'impôt sur les sociétés, minoré pour les bénéfices non distribués), quitte à ce que cet impôt soit régularisé si ces réserves sont utilisées plus tard pour soulager la trésorerie du freelance.

En attendant, nous ne saurions trop conseiller aux freelances de réaliser des économies les bonnes années.

Précautions

Le tableau présenté semble permettre de prévoir facilement le montant des cotisations, des taxes et des impôts des futures années. Nous devons donc répéter l'avertissement déjà émis : les taux, forfaits, plafonds, etc. utilisés ici ne sont malheureusement pas aussi stables dans la réalité. Le décalage des paiements a cet effet pervers qu'il applique *a posteriori* des nouveaux paramètres à des anciens revenus. Or, comme le dit avec réalisme Émile Landormy : « *À moins d'être en état d'ébriété avancée, on ne risque pas de voir les prélèvements baisser.* » Méfiez-vous donc de voir vos haricots d'un jour fondre avec les années…

© Éditions d'Organisation

S'installer à son compte

Annexe H

Revenu des freelances 2003

Le tableau suivant est issu des statistiques recueillies par l'UNASA, fédération d'Associations Agréées, bien placées pour connaître exactement les revenus déclarés par les professionnels indépendants.

Il faut toutefois y apporter deux précisions :
- les professionnels à faibles revenus, surtout s'ils ont choisi le statut fiscal de la micro-entreprise, ne confient pas leurs résultats comptables aux Associations Agréées ;
- les statistiques reflètent une situation figée, une année particulière ; n'y figurent pas les variations de résultats d'une année sur l'autre. On a pu constater dans l'Annexe G précédente combien ces variations peuvent influencer le revenu réel.

Sinon, ce tableau est particulièrement intéressant à consulter. Il autorise les constatations suivantes :
- le revenu moyen (avec les réserves émises plus haut) des freelances est de bonne qualité. Il représente 70 % du salaire net des cadres de la même année (42 356 €) ;
- un rapide calcul que nous ne développerons pas ici montre que leurs charges sociales personnelles atteignent environ 18,5 % des recettes ;
- le résultat imposable net correspond à 47,3 % des recettes, et le montant des frais d'exploitation (achats, charges de personnel, impôts et taxes, charges externes hors les charges sociales) à 24,2 % – peu variable avec la profession –, ce qui confirme les calculs théoriques que nous avons développés dans le présent ouvrage ;
- les achats, charges de personnel et dotations aux amortissements représentent 7 % des recettes, preuve s'il en est que le capital nécessaire pour exercer des prestations intellectuelles n'est pas élevé.

Merci à l'UNASA de nous offrir ce miroir de nos résultats.

Annexe H

Tableau 3 *(Année 2001)*

Code APE	Agent commercial	Conseil en systèmes informatiques	Conseil en affaires et gestion	Ingénieur conseil	Dessinateur industriel
	511TA	721ZA	741G	742CC	748FB
Échantillon	2 433	1 089	2 393	789	400
Ensemble des adhérents					
Recettes (€)	64 702	76 629	68 998	81 998	58 264
Achats	1,6 %	0,8 %	1,7 %	0,7 %	1,7 %
Charges de personnel	1,8 %	0,9 %	3,4 %	6,2 %	4,7 %
Impôts et taxes	4,9 %	6,2 %	5,1 %	5,6 %	5,6 %
Charges externes	48,8 %	33,7 %	41,8 %	39,6 %	38,8 %
dont charges sociales perso*	14,4 %	16,7 %	13,5 %	13,4 %	13,8 %
Dotation aux amortissements	1,3 %	1,6 %	1,8 %	2,2 %	3,0 %
Bénéfice en %	42,3 %	56,7 %	46,6 %	45,8 %	45,9 %
Bénéfice en €	27 381	**43 481**	32 181	37 535	26 745

S'installer à son compte

	Interprète, traducteur	Formateur	Dessinateur graphiste	Photographe indépendant	Moyenne
Code APE	**748FC**	**804CA**	**923AG**	**924ZE**	
Échantillon	644	908	943	398	9 997
Ensemble des adhérents					
Recettes (€)	42 150	56 999	49 252	65 276	64 550
Achats	0,4 %	0,8 %	5,5 %	**9,0 %**	2,0 %
Charges de personnel	0,5 %	4,5 %	1,9 %	1,0 %	3,0 %
Impôts et taxes	6,2 %	5,2 %	3,9 %	4,2 %	5,0 %
Charges externes	36,9 %	43,1 %	34,3 %	38,1 %	41,0 %
dont charges sociales perso*	16,1 %	12,8 %	8,4 %	5,5 %	13,0 %
Dotation aux amortissements	2,0 %	2,4 %	3,6 %	5,7 %	2,0 %
Bénéfice en %	54,3 %	44,4 %	50,8 %	42,5 %	47,0 %
Bénéfice en €	22 894	25 312	25 036	27 773	30 377

Statistiques **UNASA 2003**

* À rajouter, 4,8 % de CSG/CRDS (8 % du bénéfice + charges sociales perso).

Annexe I

Document d'enregistrement

S'installer à son compte

www.ingramcontent.com/pod-product-compliance
Lightning Source LLC
Chambersburg PA
CBHW052049220426
43663CB00012B/2503